Hartmut Sommer

Die bedeutendsten Mystiker

Hartmut Sommer

Die bedeutendsten Mystiker

marixverlag

Bibliografische Information der Deutschen Nationalbibliothek
Die Deutsche Nationalbibliothek verzeichnet diese Publikation in der
Deutschen Nationalbibliografie; detaillierte bibliografische Daten sind im
Internet über
http://dnb.d-nb.de abrufbar.

© by marixverlag GmbH, Wiesbaden 2013
Lektorat: Dr. Bruno Kern, Mainz
Covergestaltung: Nicole Ehlers, marixverlag GmbH
nach der Gestaltung von Thomas Jarzina, Köln
Bildnachweis: akg-images GmbH, Berlin
Satz und Bearbeitung: C&H Typo-Grafik, Miesbach
Gesetzt in der Palatino Linotype
Gesamtherstellung: CPI books GmbH, Ulm
Printed in Germany

ISBN: 978-3-86539-976-2

www.marixverlag.de

Der Rückzug in die Wüste kann aus fünf Stationen Untergrundbahn am Schluss eines Arbeitstages bestehen, an dem wir den Schacht zu diesen kurzen Augenblicken gebohrt haben. Dagegen kann uns die Wüste selber keine Sammlung bieten, wenn wir gewartet haben, um erst in ihr die Begegnung mit dem Herrn zu ersehnen.

Madeleine Delbrêl
La Joie de Croire

Inhalt

Vorwort

Mit der Unmittelbarkeit ihrer religiösen Erfahrung ist die Mystik der glühende Kern im Erbe des Christentums, der darauf wartet, von der Asche des Vergessens befreit zu werden. Sie ist ein geistiger Schatz, der wirklich und wahrhaftig bereichert, während die unsäglichen Rezepte der Esoterik, vom Kartenlegen bis zur Engelbeschwörung, die heute vor allem die Regale der Buchläden füllen, nur Falschgold bieten, nichts als kommerzielle Angebote für die schnelle Selbstbeglückung. Ihre Versprechungen erweisen sich bald als Mogelpackung und oft sogar als gefährlich und seelisch verstörend.

Der vorliegende Band behandelt vor allem Mystiker im engeren Sinne, die entsprechende eigene Erfahrungen hatten, aber auch einige große Theologen, die zum Verständnis der mystischen Schau beigetragen haben. Mit unglaublicher Authentizität und Frische treten uns selbst noch die frühchristlichen und mittelalterlichen Mystiker in ihren Schriften entgegen, insbesondere in autobiografischen Zeugnissen wie den *Bekenntnissen* des Kirchenvaters Augustinus oder den Aufzeichnungen der großen Begine Mechthild von Magdeburg mit dem Titel *Das fließende Licht der Gottheit*, die immer noch unmittelbar und eindringlich zu uns sprechen. Der Schauspieler Gérard Depardieu etwa, der lange Jahre ein seelisch zerrissener Sucher war, hat in der Begegnung mit Augustins *Bekenntnissen* etwas gefunden, was ihn in seinem Innersten umwandelte. Es war für Depardieu ein Anliegen, mit einer öffentlichen Lesung in der Pariser Kathedrale Notre-Dame davon Zeugnis zu geben. Zu den ersten Sätzen, die er vortrug, gehörten die berühmten Zeilen: „Denn auf dich hin [Gott] hast du uns gemacht, und unruhig ist unser Herz, bis es ruht in dir."

Es sind die Schriften der Mystiker selbst, auf die sich der vorliegende Band vor allem stützt. Schlüsseltexte daraus werden im Anschuss an die Kapitel zitiert, um auch die Stimmen der Mystiker selbst in ihrer Eigenheit erklingen zu lassen. Als Gesamtdarstellungen wurden insbesondere herangezogen: *Bernhard McGinn: Die Mystik im Abendland. Bd. 1–4, Freiburg i.B., 1994–2008* und *Kurt Ruh: Geschichte der abendländischen Mystik. Bd. 1–4, München 1990–1999*. Für das theologische Verständnis der mystischen Erfahrung ist besonders eine Schrift von Karl Rahner über *Visionen und Prophezeiungen* erhellend, 1958 in Freiburg in der Reihe *Quaestiones Disputatae* erschienen.

Hinweisen möchte ich auch auf mein Buch *Die großen Mystiker – Orte ihres Wirkens, Darmstadt, 2008*. Es erschließt Leben und Werk großer Mystiker ausgehend von der einfühlenden Imagination in ihre Lebenswelt an den Orten ihres Lebens und Wirkens.

Bad Honnef im März 2013

Einführung in die christliche Mystik

Alles nebelhaft Unklare oder auch die Restmenge des beunruhigend Unerklärlichen wird heute gerne mit dem Etikett „Mystik" belegt und damit zugleich abgelegt und auf Distanz gehalten. Hier schimmert nur noch eine Ahnung auf vom eigentlichen mystischen Erleben, mit dem Jenseitiges, Göttliches, ja Gott selbst in unsere Erfahrungswelt einbrechen. Die großen Mystiker aller Zeiten und Religionen haben es erfahren und versucht, uns das Unsagbare dieser Erfahrungen in Bildern und Symbolen mitzuteilen. Mystik ist danach die Begegnung mit dem ganz Anderen, dem alles Übersteigenden, jenseits von Endlichkeit, von Raum und Zeit.

Eine Vorstufe der Mystik ist die religiöse Erfahrung im allgemeinen Sinne. Dabei handelt es sich um Bewusstseinsblitze, die uns unvermittelt aus unserem alltäglichen, selbstverständlichen Leben wecken und im Innersten erschüttern. Diese Erfahrung kann beglückend sein, wenn wir uns mit einem sogenannten ozeanischen Gefühl aufgehoben fühlen im Ganzen der Natur oder auch beängstigend, wenn wir verunsichert meinen, dass wir willkürlich in dieses Leben geworfen sind und einsam vor der Frage stehen, wozu wir hier sind. In der Literatur finden sich vielfältige Berichte über solche Erfahrungen, und die meisten Menschen können auf Ähnliches zurückblicken. Damit meldet sich bereits etwas an, was unsere raum-zeitliche, natürliche Welt übersteigt; es weist auf etwas Jenseitiges, Übernatürliches hin, das sich jedoch noch nicht selbst zeigt.

Nähe und Berührung Gottes im Seelengrund

In der Mystik dagegen berührt den Menschen das Jenseitige selbst. Nach christlicher Sicht zeigt sich damit die seltene und nur gnadenhaft erfahrbare Nähe Gottes, die sich unmittelbar im innersten Seelengrund dem Menschen mitteilt. Es ist die Begegnung der menschlichen Person mit dem Du des personalen und dreieinigen Gottes. In dieser göttlichen Berührung werden liebende Einheit und Nähe erfahren, ohne dass der Unterschied von Geschöpf und Schöpfer aufgehoben wird. Mystik in diesem Sinne meint nicht Auflösung des Ich im Göttlichen wie ein Tropfen im Meer, sondern Einheit in Liebe. Wäre die Begegnung mit dem Göttlichen ein Verlöschen des bewussten Ich in der Vereinigung mit einem All-Einen, wie es asiatische Heilslehren anstreben, könnten wir nach dem flämischen Waldmönch und Mystiker Jan van Ruysbroeck (1293–1381) in der mystischen Erfahrung nicht seliger sein als ein Stein.

Die mystische Theologie spricht nach altchristlicher Lehre auch von der *Gottesgeburt* im tiefsten Seelengrund und von der *Ankunft des göttlichen Wortes*. Meister Eckhart (1260–1328) nennt den dafür empfänglichen Teil der Seele das *Bürglein* oder das *Seelenfünklein*. Tastend nach Worten und Bildern versuchen die Mystiker das Unsagbare ihrer Erfahrung doch mitzuteilen. In Predigten über das Hohelied, eine in den Kanon des Alten Testamentes aufgenommene altorientalische Liebesdichtung, verwendet Bernhard von Clairvaux (1090–1153) das Gleichnis der Brautschaft für die zarte Annäherung von Seele und göttlichem Wort. Unfasslich und nur andeutbar ist für Jan van Ruysbroeck die Begegnung mit dem *göttlichen Bräutigam*; sie ist *geistliche Hochzeit*, letztlich unerreichbares Geheimnis der Anwesenheit des dreieinigen Gottes in der *Verborgenheit des Geistes*. Für Mechthild von Magdeburg (1207–1282) ist es vor allem das Bild des Fließens oder das *fließende Licht*, das ihr besonders angemessen erscheint, um die liebende Nähe Gottes zu umschreiben. Darum nannte sie ihr Buch, in dem sie davon berichtet, *Das fließende Licht der Gottheit*. Verschwenderische, fließende, quellende göttliche Fülle ist auch für die Helftaer Mystikerin Mechthild von Hackeborn (1241–1299) ein Grunderleben ihrer Gottesbegegnung. Teresa von Ávila (1515–1582), die große spanische Mystikerin, vergleicht die Seele mit einer Burg, in deren verborgener innerster Kammer man Gott begegnen kann.

Die Sinne der Seele und der Leib

Was der Mystiker erfährt, kommt nicht von außen durch die Augen oder die Ohren herein, wie Bernhard von Clairvaux verdeutlicht, denn es ist nicht durch die äußeren Sinne vermittelt, sondern bildet sich im Seelengrund als direkte Einwirkung der göttlichen Berührung. Von dort steigt es vermittelt über die inneren geistlichen Sinne der Seele auf in das Bewusstsein. Die Lehre von den geistlichen Sinnen der Seele hat vor allem der frühchristliche Theologe Origenes (um 185–254) entfaltet, aber schon im Alten Testament spricht der Psalmist vom *Schmecken* Gottes. Die Selbstzeugnisse der Mystiker bestätigen diese geistliche Sinnlichkeit der mystischen Erfahrung mit vielfältigen Vergleichen und bildhaften Annäherungen. Und sie weisen immer wieder darauf hin, dass die göttliche Berührung ganzheitlich ist, Seele *und* Leib erfasst, bis in die tiefsten Tiefen durchdringt, durchströmt, durchglüht.

Zarteste, anschmiegende Berührung ist die göttliche Nähe bei Gertrud von Helfta (1256–1302). Hildegard von Bingen (1098–1179) sieht bei ihren Schauungen mit den Augen der Seele und hört mit den inneren Ohren. Die geistliche Sehkraft ist auch nach Bernhard von Clairvaux ein besonderes Vermögen, das uns die mystische Schau ermöglicht. In seinen Predigten über das Hohelied erklärt er es am Bild von den *Taubenaugen der Braut* als Fähigkeit der Seele, die ihr in der Einigung mit dem himmlischen

Bräutigam geschenkt wird. Nach den mystischen Selbstzeugnissen Heinrich Seuses (1295–1366) zeigt sich die
göttliche Nähe in himmlischem Glanz und Duft. Licht,
Wonnegefühl und durchdringenden Geschmack erfährt
der Mystiker nach Jan van Ruysbroeck mit den inneren,
geistlichen Sinnen im Zustand der mystischen Erhebung.
Meister Eckhart verwendet das biblische Bild vom *Schmecken Gottes* im Gegensatz zu einem nur gedachten Gott.
Und er spricht, wie viele andere Mystiker auch, von den
inneren Augen der Seele. Wonneschmerz während der
mystischen Erfahrung wie von einer heftigen inneren
Verwundung wird von vielen Mystikern berichtet, unter anderem von Heinrich Seuse und Teresa von Ávila.
Darin zeigt sich das Überfließen eines kaum fasslichen
seelischen Erzitterns bis in den Leib. Das Erwecken der
geistlichen Sinne durch den Glauben an Christus ist für
Bonaventura (1221–1274) ein entscheidender Schritt auf
dem Pilgerweg zur Gottesschau.

Mystische Visionen

Kern der mystischen Erfahrung ist die unmittelbar
über die geistlichen Sinne wahrgenommene göttliche Berührung im Seelengrund. Treten dabei Visionen auf, von
denen vor allem die mittelalterlichen Mystiker berichten,
sind sie nur Begleiterscheinung der viel innerlicheren
Gottesbegegnung. Als ihr Abglanz und seelischer Widerhall können sie jedoch etwas von der überströmenden
Fülle des Erfahrenen in sinnlichen Bildern übermitteln.
Die von visionären Mystikern überlieferten Texte zeigen
ihr Ringen mit dem kaum Mitteilbaren und ihre vorsich-
tige Annäherung an das mystische Erleben. Und gerade
die großen Meister bleiben nüchtern und selbstkritisch,
sie warnen vor Fehldeutungen, da echte mystische Visionen nur schwer von Erinnertem und Eingebildetem zu
unterscheiden sind. Visionen werden von ihnen daher
nur mit großer Zurückhaltung gedeutet. Jan van Ruysbroeck etwa sieht die Gefahr der Selbsttäuschung, wenn

Falsches und Subjektives leichtgläubig für göttliche Eingebung gehalten wird. Wahr kann an solchen Visionen nur sein, was mit der biblischen Botschaft in Einklang steht. Prüfstein für die Echtheit einer mystischen Erfahrung – und auch hierin sind sich die großen Meister der Mystik einig – ist die Umwandlung des Menschen zum Guten, eine liebevolle Gelassenheit, die sich danach einstellt. Bleibt sie aus, ist eher Täuschung oder Einbildung anzunehmen. So lehrten es unter anderem Teresa von Ávila und die Begine Mechthild von Magdeburg.

Während der moderne Mensch seine Empfangsfrequenzen nur noch auf das rational Fassbare und Erklärbare eingestellt hat, war die Antenne des mittelalterlichen Menschen vor allem auf das Jenseits ausgerichtet, voller Sorge um das eigene Seelenheil. Was bei uns Heutigen im Rauschen der Alltagsbetriebsamkeit untergeht oder rasch als Fehlleistung des Nervensystems beiseite geschoben wird, hat der mittelalterliche Mensch mit hoher Empfindsamkeit und Aufmerksamkeit wahrgenommen. Wenn es dem modernen Menschen aber gelingt, sein inneres Auge für das Göttliche zu öffnen, das ihn ansprechen will, erfährt er die mystische Begegnung eher bildlos und damit durchaus näher am Eigentlichen dieses höchst innerlichen Geschehens. Der Mathematiker und Physiker Blaise Pascal (1623–1662) notierte sich nach einem mitternächtlichen Zustand der Entrückung: „Feuer … Gewissheit, Gewissheit, Empfinden: Freude, Friede." Simone Weil (1909–1943), sozialistische Aktivistin und Philosophin, spricht von der *Gegenwart einer Liebe,* Dag Hammarskjöld (1905–1961), schwedischer Politiker und zweiter UN-Generalsekretär, von einer alle Grenzen auflösenden Geborgenheit, die Philosophin und Karmelitin Edith Stein von einem *belebenden Zustrom.*

DER MYSTISCHE AUFSTIEG

Die christliche Mystik versteht sich im Unterschied zu asiatischen Heilslehren nicht als Weg, den wir selbst aus eigener Kraft bis zu Ende gehen können, denn mystische Erfahrung ist immer göttliches Geschenk. Aber die Meister der Mystik wollen mit ihren Schriften den Weg dahin ebnen, indem sie beschreiben, wie sich die Seele bereit machen soll für die Einkehr des göttlichen Gastes. Vor allem muss die Lebensumkehr des Menschen am Anfang stehen, mit einer Konzentration auf das Wesentliche. Allerdings machen sie sehr deutlich, dass sich dabei auch mit noch so frommen Gebets- oder Meditationsmethoden nichts erzwingen lässt. Der christliche Weg ist Aufbruch einer Suche nach dem eigentlichen Sinn, der nur in Gott zu finden ist. Damit ist er ein Heilsweg, auch wenn nur wenigen Menschen die göttliche Nähe in der außerordentlichen Form einer mystischen Vereinigung geschenkt wird. Der altüberlieferte Dreischritt des mystischen Weges beginnt dementsprechend mit der *Reinigung,* also mit einer grundlegenden Läuterung, dann erst folgen *Erleuchtung* und *Einigung.* Die Mystiker beschreiben verschiedene Stufenwege des mystischen Aufstiegs, die bis zu einer tiefen Versenkung und Sammlung führen können, aber nie zur eigentlichen mystischen Einigung und Schau, die wir nur durch gnadenhaftes Herabneigen Gottes erlangen können. Gänzliche Weltabkehr, übertriebene Askese, ja Selbstkasteiung bis hin zur Selbstzerstörung waren bei vielen mittelalterlichen Mystikern ein unchristliches Bestreben, sich damit mystische Gnaden verdienen zu wollen. Die große Teresa von Ávila warnt vor solchen übertriebenen Bußübungen und künstlichen Meditationstechniken, die von der schlichten Aufmerksamkeit für das, was uns im Innersten ansprechen will, nur ablenken kann. Aber nicht nur in der Innenwelt der Seele lässt sich Gott finden. Insbesondere die von Franziskus von Assisi (1181–1226) beeinflussten Mystiker sehen in der vielgestaltigen Schönheit der Natur zugleich Bild und Gleichnis des göttlichen Schöpfers.

DIE GRENZEN DER MYSTISCHEN ERFAHRUNG

Endliches aber kann Absolutes nie vollkommen erfassen. Eine wesenhafte Schau Gottes *von Angesicht zu Angesicht*, von der an manchen Stellen im Alten Testament die Rede ist, muss daher im übertragenen Sinne verstanden werden. Die großen Meister der Mystik wussten das und haben es in ihren Selbstzeugnissen immer wieder betont. Heinrich Seuse etwa erläutert als erfahrener Mystiker, dass die Fassungskraft der menschlichen Seele begrenzt ist und Gott sich daher nur *sanft* vor den inneren Blick der Seele stellt, seinen *Sonnenglanz* in milden menschengemäßen Bildern verhüllend wie *in ein Tuch*. Hildegard von Bingen hat in einer sehr präzisen Selbstanalyse ihrer mystischen Erfahrungen erklärt, dass sie das göttliche Licht nicht direkt schauen kann, so wie man nicht direkt in die Sonne zu sehen vermag. Auch der flämische Waldmönch Jan van Ruysbroeck vergleicht das Überwältigende der göttlichen Berührung mit dem blendenden Licht der Sonne. Gott gibt sich uns daher in der mystischen Erfahrung so, wie es unserer seelischen Sehkraft gemäß ist. Mechthild von Magdeburg hat das Beseligende der mystischen Erhebung erfahren, kennt aber auch deren Grenzen. Gott, so sagt sie, mildert seinen unendlichen Lichtglanz herab, damit die endliche Seele nicht vor ihm vergeht. Erst im Auferstehungsleib, im jenseitigen Leben wird uns die wahre Schau Gottes zuteil. In diesem Leben, so Bernhard von Clairvaux in Übereinstimmung mit der christlichen Theologie und den großen Meistern der Mystik, können wir nur verschiedene gleichnishafte Hindeutungen erkennen, die dem begrenzten Vermögen unserer leib-seelischen Natur gemäß sind. Der Apostel Paulus schon fasst dies im ersten Korintherbrief (13,12) in das Bild des *Spiegels*, in dem wir nur *rätselhafte Umrisse* erkennen können. Meister Eckhart, der Gott wesenhaft in seinem tiefsten Grund erfassen will, weicht damit vom großen Hauptstrom der christlichen Mystik ab.

Tätiges und kontemplatives Leben

Die christlichen Mystiker geißeln das egoistische Kreisen um sich selbst, das andächtige Gefühle und spirituelle Sensationen um ihrer selbst willen herbeizuführen versucht. Reines Streben nach spiritueller Beglückung, mit welchen Mitteln auch immer, ist für sie nichts als unreifes Haften am eigenen Ich. Man bleibt nach einem Bild des Johannes vom Kreuz (1542–1591) darin gefangen „wie die Fliege, die am Honig klebt". Das unterscheidet die christliche Mystik grundlegend vom kommerziellen Esoterikrummel, dessen abstruse Praktiken immer nur die schnelle Selbstbeglückung im Blick haben. Nicht die Selbstbeglückung, sondern die Liebe ist für alle christlichen Mystiker der Schlüssel zur Vervollkommnung – die Liebe zu Gott und die Liebe zum Mitmenschen, denn beides gehört zusammen und findet im Ausgleich des tätigen und des kontemplativen Lebens ihren harmonischen Zusammenklang – so predigt es etwa Johannes Tauler (1300–1361). Aus der überwältigenden Liebeserfahrung der göttlichen Berührung wachsen den Mystikern Kräfte zu, mit denen sie in tätiger Mitmenschlichkeit in die Welt wirken und dabei auch vor unüberwindlich scheinenden Schwierigkeiten nicht zurückschrecken. Die Lebensumkehr und Wandlung eines Menschen zum Guten nach einer mystischen Erfahrung ist für sie sogar das wichtigste Kennzeichen dafür, dass es sich dabei um eine wirkliche göttliche Berührung gehandelt hat.

Kirchenväterzeit und frühes Mönchtum

Die Suche nach den geheimsten göttlichen Mysterien ist Ausdruck einer allgemeinmenschlichen Sehnsucht, die zurückreicht bis in das Dunkel vorgeschichtlicher Zeit. Gottesschau und Gottesbegegnung waren auch in den Jahrhunderten vor Christus das Anliegen griechisch-orientalischer Mysterienkulte, platonisch-philosophischer Spekulation und jüdischer Überlieferung. Das radikal Neue des Christentums ist die Botschaft, dass Gott selbst sich in seinem Sohn den Menschen offenbart hat, in Jesus Christus. Mit dem Sakrament der Eucharistie, das Jesus im Brotbrechen des letzten Abendmahles gestiftet hat, ist nach christlichem Glauben seine bleibende Gegenwart verbürgt. Wer Christus in Liebe und im Glauben nachfolgt, erlangt Anteil am göttlichen Leben, denn der Gottessohn und Gottvater sind eins – wie es Jesus in seiner Fürbitte für alle Glaubenden ausgedrückt hat: „Alle sollen eins sein: Wie du, Vater, in mir bist und ich in dir bin, sollen auch sie in uns sein, damit die Welt glaubt, dass du mich gesandt hast. Und ich habe ihnen die Herrlichkeit gegeben, die du mir gegeben hast; denn sie sollen eins sein, wie wir eins sind." (Joh 17,21–22) Im christlichen Glauben war damit von Anfang an ein mystischer Zug, der seine theologischen Lehrer bereit machte für die Aufnahme mystischen Gedankengutes aus anderen religiösen Strömungen und philosophischen Lehren. Insbesondere neuplatonische Vorstellungen von der Rückkehr der Seele zum absoluten Einen Gottes auf dem Wege der Versenkung, wie sie Plotin (205–270) ausgeformt hat, lieferten philosophische Denkmuster, die zur Entfaltung einer christlichen Theologie der Mystik beigetragen haben.

Schon die großen Theologen der ersten Jahrhunderte, die sogenannten Kirchenväter, steckten dabei klar den

Rahmen ab, in dem Mystik als christlich zu bezeichnen ist. Sie haben überlieferte philosophisch-theologische Lehren ihrem Denken anverwandelt, soweit dies für ein christliches Verständnis der Mystik hilfreich war, vom Unvereinbaren jedoch grenzten sie sich scharf ab. Origenes (um 185–253) formulierte bereits im dritten Jahrhundert wichtige theologische Grundlagen der Mystik. Bei Augustinus (354–430) im vierten Jahrhundert ist die reife christliche Mystik bereits da. Gregor der Große (540–604) im sechsten Jahrhundert hat sie weiterentwickelt und zur Mystik des Mittelalters übergeleitet, die im zwölften und dreizehnten Jahrhundert ihren Höhepunkt erreicht hat. Außerordentlich einflussreich waren Schriften, die wahrscheinlich ein syrischer Mönch des sechsten Jahrhunderts unter dem Pseudonym *Dionysius Areopagita* geschrieben hat. Seine vom Neuplatonismus angeregte sogenannte negative Theologie, nach der man sich dem dunklen, schweigenden Urgrund Gottes nur über die Erkenntnis dessen annähern kann, was er nicht ist, wurde von den Mystikern angesichts der Unsagbarkeit ihrer Erfahrung vielfach herangezogen.

Die Kirchenväter waren es auch vor allem, die immer wieder theologische Irrlehren korrigierten, denn erst langsam entstand in den ersten Jahrhunderten nach Christi Kreuzestod und Auferstehung ein festes gemeinsames Fundament der Christenheit: Der Kanon der Schriften des Neuen Testaments war Ende des zweiten Jahrhunderts festgeschrieben, und es entwickelte sich eine ausgeformte Liturgie mit der Feier der Eucharistie als Mittelpunkt. Die Konzilien von Nizäa (325), Konstantinopel (381) und Chalcedon (451) schafften Klarheit darüber, wie die Dreieinigkeit Gottes und die Göttlichkeit Christi zu verstehen seien. Insbesondere die wild wuchernde Spekulation der sogenannten Gnosis griff vielfach auf die noch ungefestigten christlichen Gemeinden über. Deren geheimnisvoll erscheinende, aus verschiedensten Mysterien und eigenwillig umgeformtem christlichem Gedankengut gewobene Lehre versprach einen sicheren

Weg zur Selbsterlösung und zur Vergöttlichung der in die Geheimnisse Eingeweihten. Zentralgedanke ist die dualistische Vorstellung, nach der in der Welt ein böses und ein gutes Prinzip miteinander ringen. Die materielle Welt, unsere leibliche Existenz eingeschlossen, gehört zur Welt des Bösen, aus der die Seele erlöst werden muss. Bis ins Hochmittelalter waren entsprechende Lehren verbreitet. Sekten wie die besonders in Südfrankreich aktiven Katharer konnten zeitweise in ihrem Einflussbereich die Kirche fast vollständig verdrängen. Die Bewegung der *Brüder und Schwestern des freien Geistes* fand Anhänger selbst in christlichen Klöstern. Auch christliche Mystiker wie Marguerite Porete und hochgelehrte Theologen wie Meister Eckhart ließen sich von ihren Vergottungsfantasien anstecken und gerieten in das Fahrwasser problematischer Irrlehren. In Abgrenzung gegen die fantastische Spekulation und schwärmerische Übersteigerung dieser Bewegungen festigte sich früh die gemäßigte, theologisch höchst durchdachte Position der christlichen Mystik. Gottes Gegenwart wird danach allen Glaubenden in kirchlicher Gemeinschaft im Sakrament der Eucharistie geschenkt, nicht nur wenigen Auserwählten, die in eine Geheimlehre eingeweiht sind. Mystische Erhebungen als seltene und außerordentliche Erscheinungen sind ein besonderes Geschenk göttlicher Gnade, aber nicht heilsnotwendig.

In den ersten Jahrhunderten der Kirche entstand auch das Mönchtum als besonderer Mutterboden der christlichen Mystik. Seine Urform waren lose Zusammenschlüsse von Eremiten, die sich ab dem 3. Jahrhundert zum einsamen, Gott hingegebenen Leben in die Wüsten Ägyptens und Syriens zurückgezogen hatten. Die überlieferten Weisheiten dieser sogenannten Wüstenväter sind ein Schatz christlicher Spiritualität. Aus der Notwendigkeit, das Gemeinschaftsleben besser zu gestalten und die mönchische Lebensform auch für diejenigen zu öffnen, die dem harten Eremitenleben nicht gewachsen waren, entstanden organisierte Klöster. Von den unterschiedlichen Regelwerken, die sich die Mönchsgemeinschaften gaben, setzte sich schließlich die *Regula Benedicti* durch. Benedikt von Nursia (um 480–547) hat sie für sein 529 auf dem Monte Cassino gegründetes Kloster verfasst. Gregor der Große lebte bereits aus ihrem Geist. Sie wurde die allgemein für das Klosterwesen bestimmende Regel, und das Benediktinertum blieb als Kulturträger die vorherrschende Form des Mönchtums bis in das 12. Jahrhundert, in dem dann zahlreiche Reformbewegungen zu einer Neubestimmung des mönchischen Lebens aufbrachen.

ORIGENES (UM 185–253)

Origenes hat als theologischer Lehrer in den Gemeinden von Alexandria und Cäsarea gewirkt, als die junge Christenheit noch eine verfolgte Minderheit war. Der römische Staat betrachtete die christlichen Gemeinden als Fremdkörper und Bedrohung, weil sie die religiöse Verehrung des Kaisers verweigerten. Origenes selbst ist Opfer der immer wieder aufflammenden Christenverfolgungen geworden. Auch die theologischen Grundlagen der sich lebhaft über Kleinasien, Syrien und Ägypten ausbreitenden Kirche waren noch längst nicht gesichert. Um viele Grundfragen wurde heftig gestritten, und fremdes Gedankengut aus der hellenistischen Philosophie und den wild wuchernden Spekulationen der Gnosis drohten das ursprünglich Christliche zu überformen. Origenes hat den Wesenskern des christlichen Glaubens gegenüber den konkurrierenden philosophisch-theologischen Richtungen abgegrenzt, zugleich aber auch ihre Denkmuster übernommen, insbesondere die der platonischen Philosophie, wenn er damit das christliche Denken vertiefen konnte. Obwohl sein Werk nicht von Irrwegen frei ist und später in Teilen verurteilt wurde, blieb es über die Jahrhunderte äußerst fruchtbar für die Theologen nach ihm. Zum Verständnis der mystischen Erfahrung hat Origenes vor allem mit seiner Lehre von den geistlichen Sinnen der Seele beigetragen, und entsprechende Selbstzeugnisse lassen darauf schließen, dass er selbst ein erfahrener Mystiker war.

Immer bedroht und von einer unbeugsamen Gläubigkeit geprägt war das christliche Leben, in das Origenes um 185 in Alexandria als Sohn kirchentreuer, christlicher Eltern hineingeboren wurde. Zwanzig Jahre vor seiner Geburt war der bedeutende christliche Philosoph Justin den Märtyrertod gestorben. 202 wurde Origines' Vater Opfer der unter Septimius Severus (146–211) erneut verschärften Verfolgungen. Der erst siebzehnjährige Origenes konnte nur mit Mühe von seiner Mutter davon abgehalten werden, ihm freiwillig in das Martyrium zu folgen. Enthusiastisch und unter Anspannung all seiner Energien widmete er sich fortan dem Studium und der Verbreitung christlicher Lehren. Und er strebte nach radikaler Verwirklichung einer christlichen Lebensform, zu der nach seinem Verständnis die äußerste Bedürfnislosigkeit und gänzliche Abkehr von allem Weltlichen gehörte. Lange hielt sich das Gerücht, das wohl seine Gegner in Umlauf setzten, er habe sich selbst entmannt.

Die Grundlagen für seine umfassende theologisch-philosophische Bildung hat ihm der Athener Philosoph Clemens (140/150–vor 216) vermittelt, der um 200 in Alexandria eine freie christliche Gelehrtenschule eröffnete. Origenes wurde sein bedeutendster Schüler und Nachfolger. Diese sogenannte Schule von Alexandria hat in der Auseinandersetzung mit den hellenistisch-gnostischen Lehren die Theologie außerordentlich bereichert und zentrale Fragen der konkurrierenden geistigen Strömungen, etwa die nach der Entstehung der Welt und dem Aufbau des Kosmos, aus christlicher Sicht behandelt. Von Origenes wurde mit dem Gedanken, dass die Seele wieder zurück zu Gott aufsteigen will, ein platonisches Element in das christliche Denken eingeführt, das zum Grundmotiv der Mystik geworden ist. Anders als etwa im Neuplatonismus, dessen Gründer Plotin (205–270) ebenfalls in Alexandria, aber in der Philosophenschule des Platonikers Ammonios Sakkas († 242/243) studiert hat, bedeutet dieses christlich gewendete Motiv keine Selbsterlösung. Man kann sich jedoch für den Aufstieg der Seele bereit machen, indem man sein Leben christlich ordnet, „Geld und Reichtümer und selbst die Erde und den Himmel", die doch vergehen werden, gering schätzt und sich in die Liebe zu Gott vertieft. Zuletzt aber muss Gott seiner Geliebten, der Seele, entgegenkommen und zu ihr herabsteigen zur *geistlichen Umarmung*, also der mystischen Einigung als dem Ziel des Aufstiegs der Seele. In seinen Predigten zum Hohenlied, einer orientalischen Liebesdichtung aus dem Kanon der alttestamentlichen Schriften, hat Origenes die mystische Einigung in Bildern dieser Dichtung ausgelegt. Schon in der jüdischen Tradition war das Hohelied allegorisch auf einen geistlichen Sinn hin ausgelegt worden. Man deutete das liebende Spiel von Braut und Bräutigam symbolisch als Bild für das innige Verhältnis Gottes zu seinem auserwählten Volk Israel. Nach der christlichen Auslegung dieses Textes sah man in der Braut die Kirche oder die menschliche Seele, im Bräutigam Christus den Logos, das Wort Gottes. In diese Bilder übersetzt, ist für Origenes die höchste Stufe des Aufstiegs der Seele zu Gott der *Empfang des kommenden Bräutigams*, also des Gottessohnes, der sich zu seiner Braut, der Seele herabneigt.

Die liebende Annäherung des göttlichen Bräutigams im mystischen Erleben wird nach Origenes durchaus sinnlich erfahren und damit bewusst, allerdings im übertragenen Sinne einer geistlichen, „unsinnlichen" Sinnlichkeit der Seele, über die Gott dem Menschen seine Gegenwart mitteilen kann. Auf diese *Sinne des Herzens* ist Origenes auch in seinen Predigten und Bibelkommentaren immer wieder zurückgekommen. Die Seele erfährt so die Ankunft ihres göttlichen Bräutigams als Kuss und Umarmung, als Duft, der alle Duftstoffe übertrifft, als Süßigkeit und wahre Speise des göttlichen Logos, als Anblick „geheimnisvoller und verborgener Schätze" im Gemach des Königs, also in unmittelbarer Gegenwart Gottes, als gesungene „Worte der Liebe", als Wonneschmerz sehnender Gottesliebe, als sei man von einem „Pfeil verwundet". Die Seele also sieht, hört, schmeckt, riecht, und ertastet ohne die

Vermittlung körperlicher Sinne auf eine geistliche Weise die Nähe des göttlichen Bräutigams. Origenes hat damit der Theologie ermöglicht zu verstehen, wie der Mensch in seiner endlichen leiblichen Existenz berührt werden kann vom unendlich ihn übersteigenden geistigen Sein Gottes. Auch die *Gottesgeburt* in der Seele als ein Bild für die mystische Einigung ist bei Origenes bereits vorgebildet, also tausend Jahre vor Meister Eckhart, dessen Name damit vor allem in Verbindung gebracht wird. In seinen Predigten hat Origenes dieses zentrale Bild der christlichen Mystik geprägt. So heißt es bei ihm: „Wird nun also der Erlöser immerdar … vom Vater geboren, so gebiert auch dich, wenn du den Geist der Sohnschaft empfangen hast, Gott in ihm bei jeglichem Werke, bei jeglichem Sinnen, und also geboren wirst du immerdar als Sohn Gottes in Christus Jesus."

Origenes hat seine umfassenden Kommentare der biblischen Schriften und seine zahlreichen Predigten auf sechstausend Papyrusrollen niedergelegt. Immer suchte er hinter der wörtlichen Bedeutung den innersten geistlichen Sinn der von ihm ausgelegten Schriftstellen und ist damit wegweisend für die Exegese geworden. Der wohlhabende Christ Ambrosius unterstützte Origenes, indem er dessen Schriften kopieren und verbreiten ließ. Bischof Demetrios von Alexandria († 231/232) förderte ihn zunächst und berief ihn zum Katecheten, also zum Lehrer für die Unterweisung der dem christlichen Glauben zahlreich zuströmenden Taufbewerber. Die Kirche in Ägypten sollte bald hundert Bischofssitze zählen. Als Origenes aber um das Jahr 230 während einer Reise in Cäsarea ohne Genehmigung seines Bischofs die Priesterweihe empfing, wandte sich der verärgerte Demetrios von ihm ab. Er setzte durch, dass die Weihe für ungültig erklärt wurde und Origenes nicht mehr als kirchlicher Lehrer in Alexandria wirken durfte. So seines Lebenssinns beraubt, ging Origenes nach Cäsarea, wo ihm der dortige Bischof wohlgesinnt war, sodass er seine Lehrtätigkeit fortsetzen konnte. Origenes stand mit sechsundvierzig Jahren auf dem Höhepunkt seiner Schaffenskraft und blieb weitere zwanzig Jahre außerordentlich produktiv tätig, weiter gefördert durch den Laienchristen Ambrosius, der ihm Schreiber zu seiner Unterstützung an die Seite stellte. Es war keine geruhsam-beschauliche Zeit, in der Origenes seine letzten Jahre verbrachte. Unter Kaiser Maximinus Thrax (235–238) wurden wieder christenfeindliche Gesetze erlassen, was Origenes veranlasste, die Gläubigen mit einer seiner Schriften zur Standhaftigkeit zu ermutigen und auf das Martyrium vorzubereiten. Mit den antichristlichen Thesen des platonischen Philosophen Celsus (2. Jh.) setzte er sich in einer um 248 entstandenen ausführlichen Gegenschrift auseinander. Bei aller literarischen Wirksamkeit und rastlosen Lehr- und Predigttätigkeit führte Origenes ein verinnerlichtes religiöses Leben. In seiner Hohelied-Auslegung, die spätere große Mystiker wie Bernhard von Clairvaux und Wilhelm von Thierry inspiriert hat, findet sich einer der eindringlichen Berichte christlicher Mystiker über eigene Gottesbegegnungen: „Allerdings kann man das [die Begegnung von göttlichem Bräutigam und seiner Braut, der Seele] nicht erkennen, wenn man es selbst nicht erleidet. Häufig, Gott ist mein Zeuge, sah ich den Bräutigam sich mir nahen und ganz nahe bei mir sein. Doch plötzlich zog er sich zurück, und ich konnte ihn dann nicht finden, den ich suchte. Daher sehnte ich mich von Neuem nach seiner Ankunft, und manchmal kommt er wieder. Und wenn er erschienen ist und ich ihn mit meinen Händen erfasst habe, dann entgleitet er wieder. Wenn er entglitten ist, wird er von mir wieder gesucht. Und das tut er häufig, bis ich ihn wirklich festhalte und hinaufsteige."

Im Jahr 250 flammten unter Kaiser Decius (249–251) die Christenverfolgungen erneut auf. Papst Fabian erlitt gleich zu Beginn in Rom den Märtyrertod. Origenes wurde verhaftet und gefoltert. Zwar ließ man ihn wieder frei, doch er starb wenige Jahre später, 253 oder 254, an den Folgen der Misshandlungen. Die Theologen nach ihm bauten auf seinem riesigen Werk auf. Unklarheiten in seiner Lehre der Dreieinigkeit über das Verhältnis der drei göttlichen Personen – Vater, Sohn und Heiliger Geist –, die zu Origenes' Zeiten allerdings noch gar nicht voll entfaltet war, gaben im 4. und 6. Jahrhundert Anlass für heftige theologische Auseinandersetzungen um sein Werk. Origenes sah im Gegensatz zur später erst festgeschriebenen Lehre den Sohn als dem Vater untergeordnet. Auch manche Theorien der Gnosis sind in seine Lehre eingegangen, etwa die von der vorgeburtlichen Existenz der Seele und der Beseelung der Himmelskörper. 553, auf dem Konzil von Konstantinopel, wurden Teile seines Werkes als Irrlehren verurteilt und der Vernichtung überantwortet. Nur ein Drittel seiner Schriften ist daher überliefert.

Schlüsseltext aus dem Werk des Origenes:

Origenes hat mit seiner Lehre von den geistlichen Sinnen der Seele eine der wichtigsten Grundlagen für das Verständnis der mystischen Erfahrung geschaffen. Bilder der geistigen Sinnlichkeit, also des Sehens, Hörens, Schmeckens, Riechens, Fühlens der göttlichen Anwesenheit auf geistliche Weise, prägen die christliche Mystik. Origenes hat sie als Erster in aller Klarheit gesehen:

Obwohl Christus in seinem Wesen einer ist, so gibt er sich doch jedem Einzelnen verschieden, je nach dem Bedürfnis dessen, in dem er wirkt. Und es braucht nicht verwunderlich erscheinen, dass Christus, so wie er „Quell" ist und „Ströme lebendigen Wassers" aus ihm „fließen", wie er „Brot" ist und „das Leben gibt", er auch „Narde" ist und „duftet" und „Salbe" ist, mit der gesalbt man zum „Christ" wird – wie es im Psalm heißt: „Rührt meine Christe nicht an!" Und vielleicht macht sich Christus für solche, die nach dem Apostel „geübte Sinne zur Unterscheidung des Guten und Bösen" haben, jedem einzelnen der Seelen-Sinne zu etwas Eigenem. Darum nämlich wird er „Wahres Licht" genannt, damit die Seelen Augen haben, durch die sie eingestrahlt werden können, darum „Wort", damit sie „Ohren haben zu hören", darum „Brot", damit die Seelen einen Geschmack haben zu schmecken, darum wird er

*also auch „Salböl" oder „Narde" genannt, damit der Geruchs-
sinn der Seele offen sei dem Dufte des WORTES. Darum wird
das WORT, das „Fleisch geworden", auch „tastbar" und „mit
Händen berührbar" genannt, damit die innere Hand der Seele
„etwas vom Wort des Lebens ertasten" könne. Aber alles dies
ist ein und dasselbe WORT Gottes, das, in jeder dieser [Er-
scheinungen] den Neigungen des Gebetes angestaltet, keinen
seelischen Sinn von seiner Gnade unberührt lässt. (Origenes:
Geist und Feuer. Eine Auswahl aus seinen Schriften von Hans
Urs von Balthasar. Einsiedeln, 1991, S. 262f)*

Augustinus (354–430)

*Augustinus hat die christliche Theologie und Philosophie zu
einem ersten Höhepunkt geführt. Er übte bis zu seinem Tod
nur das bescheidene Amt eines Bischofs im unbedeutenden
nordafrikanischen Hippo aus, aber die tiefgründigen Fragen,
die er aufgeworfen und durchdacht hat, etwa nach dem Verhältnis von menschlicher Freiheit und Gottes vorausschauen-
dem Wirken, beschäftigen die Theologie bis heute. Vor allem
das Vorbild seiner radikalen Umkehr in der Lebensmitte, getrieben von der Sehnsucht nach einem sinnerfüllten Leben und
erschüttert von der Erfahrung göttlicher Nähe, hat die Mystiker nach ihm auf den Weg geschickt. Seine um das Jahr 400
verfassten „Bekenntnisse" sind eine Lebensbeichte, die seinen
Weg von verzweifelter Orientierungslosigkeit bis zur befreien-
den Glaubenssicherheit schildert. Es ist ein außerordentliches
Dokument religiöser Innerlichkeit, das bis heute mit zeitloser
Unmittelbarkeit berührt. Leitstern seines Lebens waren die berühmten einleitenden Worte seiner „Bekenntnisse": „Auf dich
hin [Gott] hast du uns gemacht, und unruhig ist unser Herz,
bis es ruht in dir."*

Augustinus stand Anfang seiner Dreißigerjahre, etwa
um 385, an einem Scheideweg: Sollte er die ungeahnten
Möglichkeiten ergreifen, die ihm einen Aufstieg bis in
höchste Verwaltungsämter versprachen, oder seiner im-

mer lauter sich meldenden inneren Stimme folgen, die ihn zu einem einfachen, sinnhaften Leben rief, fern von der Oberflächlichkeit eines an Macht und Geltung orientierten Strebens? Einflussreiche Freunde hatten dem aus bescheidenen Verhältnissen stammenden Nordafrikaner den Weg nach Mailand, in das damalige Machtzentrum des weströmischen Reiches, geebnet, indem sie ihm eine Anstellung als Rhetoriklehrer und Redenschreiber am kaiserlichen Hof verschafften. Einerseits war das der gesellschaftliche Erfolg, den er angestrebt hatte. Er trennte sich sogar von seiner langjährigen Lebensgefährtin, mit der er einen bereits zehnjährigen Sohn hatte, da diese nicht standesgemäße Liaison für seinen weiteren Aufstieg nachteilig gewesen wäre. Andererseits aber quälten ihn bereits länger Zweifel an seinem Weg, und ihm war klar, dass er mit seiner Tätigkeit als Rhetor am verlogenen, äußeren Schein weltlicher Eitelkeiten mitwirkte. Er selbst hatte schon immer nach einer Orientierung gesucht, die seinem Sehnen nach einer höheren, geistigen Erfüllung ein Ziel geben konnte. Als Kind war er von seiner Mutter christlich erzogen worden und fand Halt in einer naiven Gläubigkeit. Als junger Student der Rhetorik in Karthago entfernte er sich dann vom christlichen Glauben, denn die einfache Volksreligiosität, die er in seinem provinziellen Heimatort Thagaste (heute Souk Ahras in Algerien) kennengelernt hatte, konnte seinem intellektuellen Anspruch nicht mehr genügen. Er schloss sich den Manichäern an, einer aus Persien stammenden religiösen Strömung, die intellektuell-philosophisch argumentierte und mit einer esoterischen Geheimlehre ihren Adepten das Gefühl gab, Auserwählte zu sein, die den Schlüssel zur Selbsterlösung hatten. Sie lehrten, dass nur eine böse Seinsmacht die unvollkommene materielle Welt geschaffen haben könne. Diese böse Seinsmacht liege in einem unausgesetzten Kampf gegen das göttliche Gute, aus dem das lichthafte, geistige Sein stamme. Die Seele des Menschen gehöre dem guten, geistigen Sein an, sei aber mit ihrem Körper in der bösen materiellen Welt gefangen. Durch

strenge Enthaltsamkeit allen weltlichen Begierden gegenüber könne die Seele sich wieder dem Lichtreich des
Guten annähern, um mit ihm zu verschmelzen. Augustinus verkehrte neun Jahre in den Zirkeln der Manichäer
und erwarb sich ihre Anerkennung, obwohl die Enthaltsamkeit, insbesondere die sexuelle, nicht seine Sache war.
Schließlich aber erkannte er den grundlegenden inneren
Widerspruch der manichäischen Lehre: Zwei widerstrei-
tende göttliche Schöpfermächte sind nicht möglich, denn
könnte eine gleichwertige Macht Gott gegenüberstehen,
wäre er nicht Gott. Trotzdem ließ sich Augustinus gerne
von seinen manichäischen Freunden weiter protegieren
und nach Rom und schließlich nach Mailand empfehlen.

Mit schonungsloser Offenheit blickt Augustinus in
seinen *Bekenntnissen* zurück auf diese moralische Halt-
losigkeit. Er schildert seine Willensschwäche, die es ihm
lange unmöglich gemacht hatte, sich davon zu befreien.
Zweifellos befand er sich als Rhetor für den kaiserlichen
Hof in Mailand auf einem Höhepunkt seiner Möglichkeiten und doch zugleich in einer tiefen Krise. Als hohl
und leer, wie einen „Jahrmarkt der Geschwätzigkeit"
empfand er seine Aufgabe als Redenschreiber und Lehrer der Überredung durch wohlgesetzte Worte. Mehrere
Einflüsse verdichteten sich schließlich in einer umstür-
zenden Erkenntnis, die ihn zur radikalen Lebensumkehr
veranlasste: Angeregt durch seine Mutter, besuchte er
die Predigten von Bischof Ambrosius (339–397), der, wie
später Augustin auch, eine der prägenden Gestalten der
Kirchenväterzeit war. Augustin lernte bei ihm eine hoch
entwickelte christliche Theologie kennen, die mit den
Mitteln der Philosophie argumentieren konnte und hinter der wörtlichen Bedeutung der biblischen Schriften ihren geistigen Sinn erschloss. Als er dann noch entdeckte,
wie gut sich die Lehren der neuplatonischen Philosophen
Plotin (205–270) und Porphyrius (um 232–um 304) mit
der biblischen Botschaft zusammendenken lassen, fügte
sich für ihn alles zu einem klaren, überzeugenden Bild.
Die Fragen nach dem Bösen in der Welt, nach dem Weg

der Seele und nach Gott wurden für ihn nun am überzeugendsten von der christlichen Lehre beantwortet. Im Kopf war damit die Lebenswende vorbereitet, zu ihrem Vollzug mit der ganzen Person drängten ihn das Vorbild seiner tief gläubigen Mutter, die überzeugende Persönlichkeit des Ambrosius und die mitreißende Gläubigkeit der Mailänder Gemeinde. 384 erlebte Augustin, wie das Volk singend und betend die Basilika besetzte, um die Übereignung der Kirche an die Glaubensgemeinschaft der Arianer, die von Kaiser Valentinian unterstützt wurden, zu verhindern. Die Arianer lehnten die katholische Lehre vom dreieinigen Gott ab. Ambrosius hatte zum Widerstand gegen die Übereignung der Basilika aufgerufen und damit einen friedlichen Volksaufstand entfacht, vor dem auch die drohend aufziehende bewaffnete Macht schließlich kapitulieren musste.

Was Augustinus sich selbst trotz aller Anstrengung nicht hatte erarbeiten können, wurde ihm jetzt zugleich mit dem Verstand und seiner Gefühlskraft unzweifelhaft gewiss. Sein inneres Auge öffnete sich für die Wahrheit des einen Gottes und für die mystische Schau: „Ich trat also in mich ein", heißt es in seinen Lebenserinnerungen, „und mit dem Auge meiner Seele, so schwach es auch war, sah ich oberhalb dieses Seelenauges, oberhalb meines Geistes, das unveränderliche Licht." Die Schriften des Apostels Paulus führten ihn weiter in das Herz der biblischen Offenbarung. Im Sommer 386, in einer verzweifelten, einsamen Stunde im Garten seines Hauses in Mailand – zerrissen zwischen seinem alten Leben und der Sehnsucht nach einem neuen, aber unfähig zur endgültigen Entscheidung – hörte er eine geheimnisvolle Stimme, die ihn aufrief: „Nimm und lies, nimm und lies!" In der Bibel, die er daraufhin aufschlug, fiel sein Blick auf ein Wort des Apostels Paulus, das zu kompromissloser Lebensumkehr auffordert (Röm 13,13–14). Dieses Erlebnis endlich gab ihm die Kraft, sich von allen Bindungen an die Welt der Eitelkeiten zu lösen. Er nahm seinen Abschied als Rhetor und zog sich auf das Landgut eines

Freundes im Hügelland nördlich von Mailand zurück, um sich über seinen weiteren Weg klar zu werden. Seine Mutter Monnica, sein Sohn Adeodat und eine kleine Schar naher Verwandter und Freunde begleiteten ihn. In langen philosophischen Gesprächen mit ihnen während des Herbstes und des folgenden Winters vergewisserte sich Augustinus, dass sein neu gewonnener christlicher Glaube auch kritischem Fragen standhalten konnte. Die während dieser Zeit aufgezeichneten Gespräche *Über das Glück* (*De beata vita*) und *Über die Unsterblichkeit der Seele* (*De immortalitate animae*) im Stile platonischer Dialoge sind seine ersten philosophischen Schriften.

Im Frühjahr 387 kehrte Augustinus nach Mailand zurück und ließ sich zu Ostern zusammen mit seinem Sohn Adeodat und seinem Freund Alypius von Bischof Ambrosius taufen. Da ihn nach seinem Abschied vom Rhetoramt nichts mehr in Mailand hielt, machte er sich auf den Weg zurück in seine nordafrikanische Heimat. Im Hafen von Ostia, während der Wartezeit auf ein Schiff für die Überfahrt, in einem Augenblick stillen, innigen Einverständnisses mit seiner Mutter, erfuhr er mit ihr zusammen eine außerordentliche mystische Erhebung. Beide zugleich berührten mit dem ganzen „Aufzucken" des Herzens die göttliche Weisheit, so schildert Augustinus diese Begebenheit in seinen *Bekenntnissen*. Es ist eines der eindrücklichsten Selbstzeugnisse christlicher Mystiker. Für Augustin war es wie ein Aufscheinen der ewigen Seligkeit. Tatsächlich mag seiner Mutter die Vorahnung ihres nahen Todes einen Blick darauf gewährt haben, und die innige Verbundenheit mit ihr ließ ihn daran teilhaben. Wenige Tage später bekam sie Fieber und starb bald darauf.

388 war Augustinus wieder in seiner Heimatstadt Thagaste. Im bescheidenen Anwesen seiner Eltern gründete er eine religiöse Gemeinschaft, um in stiller Zurückgezogenheit als christlicher Schriftsteller zu wirken. Aber seine herausragende Persönlichkeit konnte nicht im Verborgenen bleiben. Schon 391 drängte ihn die Gemeinde

von Hippo (dem heutigen Annaba in Algerien), kräftig
unterstützt von ihrem Bischof Valerius, bei ihr Priester
zu werden. Valerius überließ ihm ein Grundstück für die
Gründung eines Klosters, weihte ihn zum Priester und
baute ihn als seinen Nachfolger auf. Nach dem Tod des
Valerius im Jahr 396 übernahm Augustinus das Amt des
Bischofs von Hippo und führte seine Gemeinde durch die
schweren, krisenhaften Zeiten. Unter anderem musste er
sich immer wieder mit den Donatisten auseinandersetzen. Diese fundamentalistische Gruppe wollte nur reine,
gänzlich sündlose Menschen in ihren Reihen dulden und
hatte die Kirche in Nordafrika gespalten. Sie rivalisierte
mit der katholischen Kirche und schreckte dabei auch vor
Gewalt nicht zurück.

Neben seinen umfangreichen und oft aufreibenden organisatorischen, kirchenpolitischen und seelsorgerischen
Aufgaben schuf er ein gewaltiges philosophisch-theologisches Werk. Im dankbaren Rückblick auf seinen verschlungenen Weg zur beglückenden Glaubenssicherheit
und Gottesnähe verfasste er die *Bekenntnisse*, seine Lebensbeichte. Als Mittel der theologischen Auseinandersetzung entstanden Kampfschriften gegen die Manichäer,
denen er ja selbst einmal angehört hatte, und gegen die
verschiedenen Abirrungen von der katholischen Lehre.
Unter dem Eindruck der Wirren, in denen die weltliche
Ordnung versank, schrieb er sein Werk *Vom Gottesstaat*
(*De civitate Dei*). Die fünfzehn Bände von *Über die Dreifaltigkeit* (*De trinitate*) entwickeln sein theologisches Denken
in ganzer Fülle. Dabei blieb er trotz aller Arbeitslast und
allen Verstrickungen in weltliche Angelegenheiten, denen
er sich wie viele große Mystiker mit seiner ganzen Kraft
stellte, stets bemüht, sich immer tiefer in die göttlichen
Geheimnisse zu versenken. In seinen *Bekenntnissen* lässt
er anklingen, dass ihm regelmäßig mystische Erfahrungen zuteil wurden: „Und zuweilen schickst du mich auf
den Weg zu einer ganz ungewöhnlichen inneren Erfahrung, zu einem unbekannten Wohlbefinden, das, wenn
es sich in mir vollenden würde, ich weiß nicht was wäre;

gewiss wäre es nicht mehr das irdische Leben. Aber in dieses falle ich zurück durch quälende Gewichte." Insbesondere der Hinweis auf die leidvoll erlebte Rückkehr aus der Entrückung ist ein sicheres Indiz für die Echtheit seiner Erfahrungen. Viele große Mystiker berichten Ähnliches.

Außerordentlich erhellend ist die Einteilung der mystischen Visionen, die Augustinus im zwölften Buch seiner Schrift *Über den Wortlaut der Genesis* (*De Genesi ad litteram*) darlegt. Er stützt sich auf Beispiele aus den biblischen Schriften, schöpft aber wohl auch aus eigener Erfahrung. Zu unterscheiden sind danach körperliche, einbildliche und verstandesmäßige Visionen. Körperliche Visionen sind bildliche Erscheinungen außerhalb des Körpers, die von den leiblichen Sinnen wahrgenommen werden. Augustinus nennt als Beispiel die Erscheinung von Feuer und Rauch über dem Sinai, in denen sich der Herr dem Mose zeigte (Ex 19,18). Einbildliche Visionen entstehen direkt in der Seele als bildliche Vorstellung, ohne Beteiligung leiblicher Sinne. Augustinus führt die großen Visionen des Jesaja von Gottes Thronsaal und die apokalyptischen Bilder der Offenbarung des Johannes als Beispiele an. Verstandesmäßige Visionen sind die höchste erreichbare Stufe der mystischen Schau. Sie sind bildlose und unmittelbare geistige Erfahrungen der Nähe Gottes, aber immer nur, „soweit es eben menschlicher Verstand mit Hilfe der Gnade des emporhebenden Gottes zu fassen vermag". Augustinus vergleicht sie nach einem Wort aus dem alttestamentlichen Buch Numeri (12,8) mit einer unmittelbaren Rede „von Mund zu Mund". Diese Lehre von den drei Arten der mystischen Visionen ist Grundbestand der mystischen Theologie geworden und bis heute unüberholt geblieben.

Fast vierzig Jahre hat Augustinus als Priester und Bischof gewirkt. Währenddessen taumelte das Römische Reich altersmüde seinem Untergang entgegen. Es konnte den herandrängenden Germanen immer weniger entgegensetzen. 410 standen die Westgoten unter Alarich zum dritten Mal vor Rom. Diesmal fiel die Stadt und wurde geplündert. Der Niedergang der Westhälfte des Reiches war danach nicht mehr aufzuhalten. 429 setzten die Vandalen unter Führung ihres Königs Geiserich von Spanien aus nach Afrika über und stießen entlang der Küste nach Osten vor. 430 erreichten sie Hippo. Augustinus starb während der Belagerung der Stadt. Seit dem 8. Jahrhundert ruhen seine sterblichen Überreste in Pavia in der Basilica di S. Pietro in Ciel d'Oro. Er wird als Heiliger verehrt und gilt als Kirchenlehrer.

Schlüsseltext aus dem Werk des Augustinus:

Scharf hebt Augustinus die Gottesliebe, von der er lebenslang verzehrt wurde, gegen die Liebe des Sinnlichen dieser Welt ab. Und doch erscheint auch ihm die göttliche Nähe in der Seele analog zu den Eindrücken aus den leiblichen Sinnen, allerdings auf eine alles Zeitliche und Endliche übersteigende Weise:

Nichts von alledem [irdischen] liebe ich, wenn ich meinen Gott liebe. Und doch liebe ich eine Art von Licht, von Stimme, von Wohlgeruch, von Speise und von Umarmung, wenn ich meinen Gott liebe, denn er ist das Licht, die Stimme, der Wohlgeruch, die Speise und die Umarmung meines inneren Menschen. Hier leuchtet meiner Seele auf, was kein Raum fasst. Hier klingt etwas auf, was keine Zeit wegreißt; hier verbreitet sich ein Wohlgeruch, den kein Windhauch zerstreut; hier schmeckt etwas, das keine Essgier vermindert; hier vereinigt sich etwas, das keine Befriedigung trennt. Das ist es, was ich liebe, wenn ich meinen Gott liebe. (Augustinus: Bekenntnisse. Stuttgart, 1996, S. 256)

Dionysius Areopagita (um 500)

Die Schriften des sogenannten „Corpus Dionysiacum" sind vermutlich das Werk eines gelehrten syrischen Mönchs und wurden gegen Ende des 5. und Anfang des 6. Jahrhunderts verfasst – soweit sich die Forschung der Identität des geheimnisvollen Autors überhaupt annähern kann. Sie wurden unter dem Namen des Athener Ratsherren Dionysius Areopagita verbreitet, der vom Apostel Paulus bekehrt wurde (Apg 17,34) und der erste Bischof von Athen geworden sein soll. Der Einfluss der Schriften ist weitreichend und tiefgreifend. Sie haben die christliche Philosophie und Theologie bis ins Mittelalter beeinflusst und sind grundlegend für die Mystik. In schöpferischer Weise hat ihr Autor neuplatonische Philosophie mit christlichem Denken verbunden und den Weg der negativen Theologie erschlossen, auf dem man sich der Gotteserkenntnis nicht durch Zuschreibung von Eigenschaften nähert, sondern durch deren Verneinung, weil Gott das für uns Vorstellbare unendlich übersteigt.

Alle Versuche, die Identität des Autors der Schriften des Corpus Dionysiacum zu entschleiern, sind bisher gescheitert. Lange hat man geglaubt, er sei mit dem Dionysius Areopagita der Apostelgeschichte identisch. Die Schriften stützen diese Fiktion, indem sie Bezug nehmen auf Geschehnisse aus der Zeit der frühen Christenheit, als sei der Autor dabei gewesen. Sie sprechen von Personen des Neuen Testamentes wie von Zeitgenossen oder sogar Freunden des Autors, so etwa von Timotheus, dem Begleiter des Apostels Paulus. 533 wurden die Schriften des Areopagiten, wie der Autor des Schriftcorpus auch genannt wird, zum ersten Mal in einer theologischen Disputation herangezogen. Noch blieb ihnen die Anerkennung versagt, und man zweifelte an der frühchristlichen Identität des Autors. Erst die Kirchenväter Gregor der Große (um 540–604) und Maximus Confessor (580–662) machten seine Schriften für die christliche Theologie fruchtbar. Fast kanonischen Rang bekamen sie dadurch, dass man dann ab dem neunten Jahrhundert in ihrem Autor den Dionysius der Apostelgeschichte sah, als den er sich ausgab, und ihn zudem als identisch glaubte mit dem ersten Bischof von Paris, einem Märtyrer namens Dionysius. Ihre Verbreitung wurde durch eine Übersetzung des griechischen Urtextes ins Lateinische gefördert, die Hilduin, der Abt von Saint Denis und zeitweise Erzkanzler Ludwigs des Frommen, anfertigen ließ. Ende des 19. Jahrhunderts gelang dann der Nachweise, dass die Schriften des Areopagiten nicht frühchristlichen Ursprungs sein können, denn sie fußen eindeutig auf dem Werk des Neuplatonikers Proklos, der erst im 5. Jahrhundert gewirkt hat. Der Autor des Corpus Dionysiacum wird seitdem auch als Pseudo-Dionysius Areopagita bezeichnet.

Warum sich der Autor hinter der Maske des frühchristlichen Dionysius verbarg, lässt sich nur vermuten. Möglicherweise wollte er seinen Schriften damit mehr Gewicht geben, vielleicht hatte er aber auch guten Grund, seine Identität zu verbergen, denn die neuplatonische Philosophie, auf die er sich stützt, war aus christlicher Sicht Irrglaube und Konkurrenzbewegung. Die von Plotin (um 205–270) begründete, von Porphyrius (um 232–um 304) und Proklos (412–485) weitergeführte Philosophie des Neuplatonismus bot eine schlüssige und umfassende Welterklärung mit faszinierendem religiösem Tiefgang und Aussicht auf mystische Erfüllung. Alles einzelne Seiende der erscheinenden Welt fließt danach aus dem über allem Sein stehenden göttlichen Einen hervor. Dieses Ausfließen ist ein Abstieg in immer größere Entfernung vom göttlichen Ursprung bis hin zur untersten Stufe, der Materie. Das so von Gott getrennte Seiende will wieder zurückfließen in den einen ungeteilten Urgrund. Die menschliche Seele findet diesen Weg zurück, indem sie sich ganz vergeistigt und vom Stofflichen löst. „Tu alle Dinge fort!", heißt es bei Plotin (Enneade V,3). Sie erreicht dann eine Erleuchtung, in der sie eins wird mit dem Einen als Endziel der Seele.

Der Areopagit hat diese Gedankenwelt in seine christliche Philosophie integriert, ohne ihre Irrtümer zu übernehmen. Auch für ihn bringt die *Urgottheit*, die vor und über allem Sein ist, die Vielfalt des Geschaffenen durch „stets unvermindertes Ausströmen" hervor. Aus überströmender Liebe ist sie aus sich herausgetreten. Dieser *göttliche Eros* ist es, der alles Geschaffene wieder an sich zieht, sodass es zurück will zum einig-einen Anfang, von dem es ausgegangen ist. Die sich verströmende Gottheit bleibt dabei aber einig mit sich selbst, ohne irgendetwas von sich zu verlieren. Sie ist in allem Geschaffenen, ohne sich mit ihm zu vermischen. Sie ist das „Einig-Einzige-Ewige-Selbst". Damit werden vom Areopagiten klar pantheistische Deutungen abgewiesen, nach denen Gott und seine Schöpfung zusammen die eine Allgottheit sind. Bündig fasst er das in die prägnante Formel: „Alles Sein gehört Gott, aber Gott gehört nicht dem Sein." Abgewiesen wird auch die Annahme vermittelnder, untergeordneter Gottheiten, die am Schöpfungsprozess teilhaben, wie im Neuplatonismus. Gott ist der Allurheber der Schöpfung, allein und unmittelbar. Eindeutig ist dementsprechend auch die Abgrenzung gegenüber den dualistischen Weltentwürfen der Gnosis, nach denen ein böses, mit Gott konkurrierendes Prinzip die unvollkommene materielle Welt erschaffen hat. Alles stammt vielmehr aus der einen guten, aus Liebe sich verströmenden Allursache und hat damit Anteil am Guten. Für den Areopagiten kann auch die Materie nicht böse sein, denn sie ist göttliche Schöpfung, sie „nährt" die Natur. Das Böse hat keine eigene Wesenheit, es ist nur Schwächung und Mangel am gut geschaffenen Sein.

Dem Streben des gesamten Seins aus der Vielheit zurück zum ungeteilten Einen folgt auch die Seele. Sie will aufsteigen zum höchsten erreichbaren Gipfel der mystischen Erfahrung, wo göttlicher Friede herrscht. Die Anrufung: „Oh Dunkel des Schweigens!" steht am Anfang der kurzen, aber äußerst dichten Schrift *Die mystische Theologie* (*De mystica theologia*) aus dem *Corpus Dionysiacum*. Unendlich unsere Fassungskraft übersteigend ist dieser dunkle göttliche Urgrund, für dessen unerreich-

bares Übersein der Areopagit immer neue Umschreibungen findet wie das *Unfasslich-Allumfassende* und das
Unaussprechlich-Geheime. Und doch können wir aufsteigen zu einer Erkenntnis Gottes. Wir können ihm uns auf
bejahende oder verneinende Weise nähern, also indem
wir ihm Eigenschaften zusprechen, oder indem wir sie
ihm absprechen. Die erste Weise ist die der positiven, die
zweite die der negativen Theologie. Positive Theologie
ist möglich, weil Gott selbst uns seine Namen offenbart
hat und wir sie durch die biblischen Schriften kennen.
Diese Namen lassen uns etwas erfassen von seinen Eigenschaften. Er heißt *der Gute* und zugleich *das Licht, das
Schöne, der Seiende, das Leben, die Weisheit*. In seinem Werk
Die Namen Gottes (*De divinis nominibus*) legt der Areopagit sie aus, ja er feiert sie mit außerordentlicher sprach-
licher Schönheit wie mit einem Hymnus, denn in ihnen
ist uns von dem göttlichen Licht mitgeteilt, das erleuchtet
und verwandelt. Sie bleiben aber nur Annäherungen und
Hindeutungen auf das, was letztlich unfassbar ist für uns.
Will man weiterkommen, muss man die aus dem Sinnlichen genommenen Namen und Analogien verneinen.
Dieses Verneinen bedeutet, dass in ihnen jede Endlichkeit verneint wird. Zu verneinen ist nicht etwa, dass Gott
das Gute ist, er ist vielmehr „das Mehr als Gute, Mehr als
Göttliche, Mehr als Wesentliche, Mehr als Lebensvolle,
Mehr als Weise, und so weiter". Verneinen bedeutet hier
also immer das Überschreiten und Überragen aller Endlichkeit. Dieser Weg der negativen Theologie ist der Königsweg für den Areopagiten, der zuletzt zur mystischen
Einigung führt, wobei aber die eigentliche, höchste Schau
nur denen gewährt wird, die Gott zu sich emporhebt, um
ihnen die „Geheimnisse des Dunkels" zu enthüllen. Sie
treten dann in einen Bereich ein, der dem Verstand verschlossen ist, „wo die Dunkelheit des Schweigens über
alles Licht hinaus die Wahrheit erhellt".

Über eigene mystische Erfahrungen berichtet der Areopagit nicht direkt. Seine von tiefer Ergriffenheit sprechenden Bilder und Vergleiche, mit denen er versucht,

sich dem Wesen der mystischen Erfahrung zu nähern, lassen aber erahnen, dass er mehr weiß, als man mit dem Verstand erschließen kann. Und möglicherweise meint er eigene Erfahrungen, wenn er als Ursprung der Lehre des von ihm zitierten weisen Lehrers Hierotheus auch die Erhebung „zum unlehrbaren Glauben und zum mystischen Einswerden mit dem Göttlichen" nennt. Hierotheus ist wahrscheinlich eine vom Areopagiten erfundene Gestalt, jedenfalls gibt es in der Überlieferung keinerlei Hinweise auf ihn. Er ist vermutlich eine weitere Maske, unter der hier der Areopagit von sich selbst spricht, wenn er schreibt, dass Hierotheus „Göttliches nicht bloß lernte, sondern lebte".

Das Werk des Areopagiten ist ein ausgreifender theologischer Systembau, der die biblischen Schriften ebenso aufnimmt wie die kirchliche, liturgisch-sakramentale Überlieferung und die neuplatonische Philosophie. Neben seinen für die Mystik wichtigen Werken *Die Namen Gottes* und *Die mystische Theologie* sind auch seine Werke *De ecclesiastica hierarchia* über die kirchliche Hierarchie und *De caelesti hierarchia* über die Rangordnung der Engel in den sogenannten Engelschören über Jahrhunderte einflussreich gewesen. Die Lehre des Areopagiten ist ausgewogen. Er sieht Gott auch in der Schönheit und Ordnung der Schöpfung, ja selbst in der Materie. Er erkennt weise, dass wir in unserer begrenzten leiblichen Existenz Vermittelndes benötigen, um uns zur göttlichen Wahrheit erheben zu können: Symbole und Namen, die uns zur Andacht leitende kirchliche Liturgie und das sich herabneigende Wirken Gottes in den Sakramenten. Selbst naive Bilder von Gott „mit grauweißen Haaren als auch in jugendlicher Gestalt", wie sie sich im Alten Testament finden, können uns als Vergleich dienen für Gottes Sein vor aller Zeit und zugleich jenseits aller Zeit. Das *Corpus Dionysiacum* ist mit seinem zweifachen Weg der positiven und der negativen Theologie in die großen scholastischen Systeme von Albertus Magnus und Thomas von Aquin eingeflossen. In ihnen sind beide Wege zum Ausgleich gebracht. Immer wieder aber wurde einseitig an die negative Theologie des Areopagiten angeknüpft. Meister Eckhart etwa übersteigert in seiner mystischen Theologie mit seiner Verneinung des Geschöpflichen und der Ablehnung alles Bildhaften und Vermittelnden den negativen Weg.

Schlüsseltext aus dem Werk des Dionysius Areopagita:

An seinen angeblichen Schüler Timotheus gerichtet, erläutert der Areopagit den Weg zum letzten Überstieg, der die mystische Schau gewährt. Um dahin zu gelangen, muss man sich zuletzt von allem Endlichen lösen, wozu auch die Mittel unseres menschlichen Denkens gehören, denn Gott ist jenseits des Endlichen und damit auch jenseits unserer endlichen Verstandeskraft:

Lass nicht davon ab, dich in mystischer Schau zu üben, entsage den Künsten des Verstandes, tue ab von dir, was immer noch den Sinnen oder der Klugheit verhaftet ist, befreie dich vollkommen von allem Sein oder Nichtsein, und erhebe dich, wenn du kannst, bis zur Höhe des Nichts-mehr-Unterscheidens, über das All hinaus, bis dicht an die Schwelle des Verschmelzens mit Dem, der über jedem Wesen und über jedes Wissen ist.

Denn erst wenn du dich von allem ganz entäußert hast, vornehmlich aber von dir selbst, unaufhaltsam und absolut, und ohne jeden Rest leer bist, erst dann wirst du dich in reinster Ekstase bis zu jenem dunkelsten Strahl erheben können, der aus der Urgottheit vor aller Erschaffung kam, jenseits von aller Welt und jenseits von allem Sein, entblößt auch noch von dem, was jedes und dich selbst erst zum Wesen macht. (Dionysius Areopagita: Mystische Theologie und andere Schriften. München-Planegg, 1956, 161f)

41

GREGOR DER GROSSE (UM 540–604)

Gregor I. war der zweite Papst nach Leo I., der den Ehrentitel „der Große" erhalten hat. Leo führte während seines Pontifikats (440–461) die Kirche unbeschadet, ja sogar gestärkt durch die kriegerischen Wirren während der Germaneneinfälle, die schließlich 476 zum Untergang des weströmischen Reichs geführt haben. Gregor ist es zu verdanken, dass die Kirche dann in den neuen, von den siegreichen germanischen Völkern beherrschten Reichen Wurzeln schlagen konnte. Damit hat er den Übergang von der antiken zur christlich-abendländischen Kultur des Mittelalters eingeleitet. Gregor übte das Amt des Papstes mit großer Tatkraft aus, obwohl er es nur widerstrebend angenommen hat, denn er fühlte sich zum mönchischen Leben hingezogen. Es ist ihm gelungen, trotz seiner aufreibenden Aufgaben einer religiösen Innerlichkeit verbunden zu bleiben und bedeutende theologische Werke zu schaffen. Seine Anleitungen für ein der mystischen Schau hingegebenes Leben und die von ihm verfasste Lebensgeschichte des Mönchsvaters Benedikt von Nursia hat die Klosterspiritualität des Mittelalters maßgeblich geformt.

Als Gregor um 540 in Rom geboren wurde, war die christliche Kirche bereits römische Volkskirche. Die Adelsfamilie, der er entstammte, hatte zwei Päpste hervorgebracht (Felix III. und Agapet I.), und ihre Mitglieder bekleideten hohe Staatsämter. Auch Gregor selbst wurde 573 als noch recht junger Mann *Praefectus urbi*, der höchste Verwaltungsbeamte Roms. Die antike Welt, der er nach Abstammung und Bildung ganz zugehörte, lag bereits in Trümmern. Rivalisierende germanische Stämme kämpften auf dem Boden des untergegangenen weströmischen Reichs um die Vorherrschaft und rissen es in Stücke. Seit 568 drangen die Langobarden in Italien immer weiter vor. Gregor sollte das Ende ihres ausdauernden Eroberungskrieges nicht mehr erleben. Bis auf eine kurze Periode während seiner Jugend, in der Italien vom oströmischen Kaiser Justinian I. noch einmal für fünfzehn Jahre (553–568) zurückerobert und befriedet werden konnte, war seine Lebenszeit von Kriegen geprägt.

So schon früh über die Flüchtigkeit und Zerbrechlichkeit des Seins belehrt, kehrte er sich 575, nach seinen eigenen Worten „von himmlischer Sehnsucht erfüllt", vom weltlichen Streben ab, das er angesichts des Schwindens aller festen Autorität und Sicherheit nur noch als „Schiffbruch dieses Lebens" empfinden konnte. Er lebte fortan als Mönch, allerdings in recht standesgemäßer Form, nämlich im eigenen, von ihm selbst im elterlichen Palast auf dem Caelius in Rom gegründeten Kloster. Damit blieb er ein prominentes Mitglied der römischen Gesellschaft, und es war nur natürlich, dass ihn die Kirche für höhere Aufgaben im Auge behielt. Er entstammte einer der angesehenen altchristlichen Familien, hatte eine hohe Bildung und Verwaltungserfahrung. Ein guter Griff also von Papst Pelagius II. (579–590), dass er Gregor 579, gleich nach Antritt seines Pontifikats als Botschafter nach Konstantinopel entsandte, in die kaiserliche Hauptstadt von Byzanz, der hochgefährdeten und erschöpften, aber immerhin noch intakten östlichen Hälfte des Römischen Reiches. Der Kaiser des byzantinischen Reichs verstand sich zugleich als Oberhaupt der christlichen Staatskirche. Damit bekleidete Gregor das damals wohl wichtigste politische Amt, das der Papst zu vergeben hatte. Er verließ nicht gerne die stille Zurückgezogenheit auf dem Caelius, ließ sich aber pflichtbewusst in den Dienst nehmen und übte seine Aufgabe zuverlässig und mit großem Geschick aus. Dabei musste er stets mit seiner angeschlagenen Gesundheit kämpfen, denn als Folge einer extrem asketischen Fastenpraxis während der Zeit seiner mönchischen Zurückgezogenheit litt er unter chronischen Magenbeschwerden.

Auch auf seinem Botschafterposten war er bestrebt, zusammen mit einigen Mitbrüdern, die ihn begleitet hatten, das klösterliche Leben fortzusetzen und durch Versenkung in das göttliche Wort der Erfüllung seiner

„himmlischen Sehnsucht" näherzukommen. Neben seinem Amt schrieb er einen umfassenden Kommentar zum Buch Ijob, hier schon seiner Vorliebe für die alttestamentlichen Schriften und deren Auslegung als Vorausdeutung auf das Neue Testament folgend. Wie es Origenes gelehrt hatte, wollte er zum geistlichen Sinn der heiligen Schriften vorstoßen. Gregor sah ihn in Allegorien verschlüsselt, weil die stumpfe Seele des gefallenen Menschen das direkte göttliche Wort nicht erfassen kann. Wir müssen den verborgenen Sinn hinter den uns bekannten Bildern der Allegorien lesen, „denn in Dinge, die uns bekannt sind und durch die die Allegorien gebildet werden, werden die göttlichen Gedanken gekleidet, und während wir die äußeren Worte wiedererkennen, gelangen wir zur inneren Einsicht", erläutert Gregor in der Einleitung zu seiner Hohelied-Auslegung. Den Kuss des Bräutigams etwa in dieser altorientalischen Liebesdichtung legt er als innere Berührung durch die göttliche Gnade aus. Auch in der allegorischen Auslegung des Hohenliedes war er von Origenes angeregt. Alles Streben danach, immer tiefer in den eigentlichen Sinn der Schrift einzudringen, ist letztlich darauf angelegt das *Innerste Gottes* zu schauen. So wie sich die Kirche im Allgemeinen auf die Ankunft des Herrn vorbereitet, so muss sich jede Seele bereit machen für „den Einzug Gottes in ihr Herz". Anders als für die scholastischen Philosophen und Theologen des Hochmittelalters ist für Gregor und die Mönchstheologie nach ihm diese Herzensschau mit dem Mittel der symbolisch-allegorischen Schriftauslegung der wahre Weg zur Gotteserkenntnis. Philosophie dagegen ist ihm lediglich „Weisheit der Welt", die sich in maßloser Selbstüberschätzung über die begrenzten Möglichkeiten des Verstandes erheben will.

Nach siebenjähriger Tätigkeit auf seinem Auslandsposten konnte Gregor 586 in seine römische Heimat zurückkehren. Er diente Pelagius nun als politischer Berater und enger Vertrauter. Im Jahr 590 wurde Rom von einer schweren Pestepidemie heimgesucht, die auch den Papst hinwegraffte. Gregor war als erfahrener Kirchenpolitiker und durch seinen vorbildlichen christlichen Lebenswandel höchst geeignet für die Nachfolge und wurde mit großer Zustimmung zum neuen Papst gewählt. Er sträubte sich zunächst, bedeutete dieses höchste Kirchenamt doch den endgültigen Abschied von einem zurückgezogenen, rein kontemplativen Leben. Schließlich aber nahm er die Wahl an und ging mit der ihm eigenen Weltklugheit und Entschlossenheit unverzüglich ans Werk. Die zu lösenden Aufgaben waren gewaltig und überwiegend weltlicher Natur, denn das schwache Byzanz hatte Rom und Italien weitgehend sich selbst überlassen. Der Kirche wuchsen damit Aufgaben als Ordnungsmacht zu, die sie zwar stärkten, aber auch mit weltlicher Macht und Besitz ausstatteten oder vielmehr belasteten, was später zu verhängnisvollen Fehlentwicklungen führen sollte. Gregors Wirken jedenfalls war segensreich. Noch wütete die Pest, als er sein Pontifikat antrat, und vor den Stadtmauern türmten sich die Leichenberge. Mit einer großen Bittprozession stärkte er die Hoffnung der Menschen auf ein Abklingen der Seuche. Es wird berichtet, während der Prozession sei ihm in einer Vision der Erzengel Michael über der Engelsburg erschienen, der ihm bedeutete, dass die Seuche bald vorbei sein würde, indem er sein Schwert in die Scheide steckte. Der Name „Engelsburg" ist darauf zurückzuführen. Entschlossen und umsichtig ergriff er die notwendigen Maßnahmen, wo immer es nötig war, um Not und Leid zu lindern. Er baute eine Armenfürsorge auf, sorgte für die zahlreichen, vom Krieg aus ihrer Heimat vertriebenen Flüchtlinge und sicherte die prekäre Nahrungsmittelversorgung, indem er die landwirtschaftlichen Güter der Kirche neu ordnete und zu höchst leistungsfähigen Betrieben umgestaltete. Er setzte all sein diplomatisches Geschick ein, um die Langobarden von der Eroberung Roms abzuhalten, was ihm durch Zusage von Tributzahlungen und der Aushandlung eines Friedensabkommens auch gelang. Die mehr als achthundert erhaltenen Briefe von seiner Hand zeu-

gen von umfangreichen diplomatischen und seelsorgerischen Aktivitäten.

Die größte Leistung Gregors als Papst aber ist seine
Hinwendung zu den germanischen Völkern, deren zukünftige Rolle als neue Führungsmächte er klar erkannte.
Er festigte umsichtig die Beziehungen zu diesen jungen,
wilden Völkern, die mit der Taufe des Frankenkönigs
Chlodwig I. (466–511) im Jahr 496 ihren Anfang genommen hatten. Den von ihm nach England entsandten Missionaren schärfte er ein, den heidnischen Traditionen und
Kultstätten der Angelsachsen mit Respekt zu begegnen,
um sie dann aber christlich umzudeuten. Die Mission
erwies sich als durchschlagender Erfolg. Gregor erlebte
noch, dass Augustinus, der Prior des Andreasklosters in
Rom und Leiter der Missionen in England, das Bistum
von Canterbury gründen konnte. Bald wurden die Angelsachsen selbst zu äußerst aktiven und erfolgreichen
Missionaren bei den Sachsen und Friesen. Gregor hat
damit die Wende zur christlich-abendländischen Kultur
des Mittelalters vorbereitet, die ihre besondere Prägung
aus der Einheit von Germanentum und antik-römischer
Tradition der Kirche empfangen hat.

In seinen Schriften klagt er über die Ablenkungen, die
von den vielen weltlichen Aufgaben ausgehen, denn so
„vermag sich die Seele nicht immerfort in sich selbst zu
sammeln, weil sie in so vielerlei geteilt ist". Vor allem
sieht er die Gefahr, dadurch vom Eigentlichen seines
„Wächteramtes" abgezogen zu werden, das er uneinge-
schränkt angenommen hat. Er selbst als Papst und jeder
Geistliche ist für ihn „Wächter", der mit seinem unta-
deligen Vorbild vor allem die Seelen auf den richtigen
Weg, das heißt zum Glauben führen soll, woraus dann
erst richtiges Handeln folgen kann. Kontemplatives, der
Glaubensversenkung hingegebenes Leben und das der
Welt zugewandte, tätige Leben müssen im Gleichgewicht
sein. Die äußere Wache über die weltlichen Angelegenheiten verliert Maßstab und inneren Schwerpunkt, wenn
die innere Wache über das geistliche Leben verloren

geht. Das kontemplative Leben steht für ihn über dem tätigen Leben, denn es erlaubt bereits in diesem Leben eine Vorahnung der beseligenden Schau, die wir im ewigen Leben erfahren werden. Es gewährt bereits jetzt „die kommende Ruhe in innerem Verkosten". Aber er sieht auch das tätige Leben in seinem Eigenwert, durch das man auch „ohne Beschauung ins himmlische Vaterland eingehen" kann. Tätige, gute Werke sind unabdingbar für unser Heil, während die mystische Schau zwar eine hohe göttliche Gnade, aber verzichtbar ist. Dies ist eine der wesentlichen Lehren Gregors für das Leben aller Gläubigen. Obwohl er in Geistlichen und Ordensleuten einen herausgehobenen Stand sieht, der am ehesten zur mystischen Schau befähigt ist, betont er doch, dass niemand von der „Gnade der Beschauung ausgeschlossen werden könnte; so kann jeder, der sein Herz in innerer Sammlung bewahrt, vom Licht der Beschauung erleuchtet werden".

Seine von weiser Lebenspraxis, Menschenkenntnis und tiefem Glauben geprägten Verhaltensregeln für Geistliche hat Gregor in seiner *Regula pastoralis* zusammengefasst, die zur verbindlichen Richtschnur für Priester wurde. Seine vier Bücher über das Leben und Wirken von Heiligen haben die Volksfrömmigkeit nachhaltig geprägt; insbesondere seine darin enthaltene Lebensbeschreibung des Mönchsvaters Benedikt von Nursia war wirkmächtig, indem sie die Klosterspiritualität des Mittelalters im Sinne der benediktinischen Auffassung des Klosterlebens beeinflusste. Seine Predigten über die Evangelien wurden bis in die Neuzeit gelesen. Mystische Theologie hat Gregor vor allem in seinen Predigten über das alttestamentliche Buch Ezechiel und über das Hohelied entwickelt. Für Gregor ist es die Herzensschau, die uns über den geistigen Schriftsinn zur mystischen Erhebung voranschreiten lässt. Dies verlangt eine zunehmende Schärfung unserer inneren, geistlichen Wahrnehmungsfähigkeit. Üblicherweise sind wir ganz in unsere weltlichen Belange und Bestrebungen verstrickt, wir hören nur mit dem leiblichen

Gehör die *Stimme des Fleisches*. Wenden wir uns nach innen, indem wir die gegenständlichen Bilder aus uns vertreiben, hören wir die *Stimme der Seele* als Widerklang des Göttlichen in uns. Versenken wir uns in die Welt der geistigen Wesen, der Engel, „wie sie der Seligkeit anhängend selig sind", hören wir bereits die *Stimme vom Firmament* und nähern uns dem göttlichen Geheimnis weiter an, erreichen es aber noch nicht. Erst wenn wir alles Geschaffene übersteigen und alle Aufmerksamkeit „im Licht des Glaubens" allein auf Gott richten, hören wir die *Stimme oberhalb des Firmamentes*, die göttliche Stimme in uns. Dann verstehen wir, dass Gott ein Sein ist, „welches alles hält, alles erfüllt, alles umfasst, alles übersteigt, alles trägt. Nicht anders trägt er, als er übersteigt, nicht anders erfüllt er, als er umfasst, vielmehr erfüllt er im Umfassen, umfasst im Erfüllen, übersteigt im Tragen und trägt im Übersteigen".

Gregor ist diesen mystischen Weg wohl selbst zu Ende gegangen. Wenn er von der Entrückung der Seele zur *Schau des Göttlichen* spricht, fügt er traurig an, dass sie danach unweigerlich „vom Gewicht ihrer Sterblichkeit" wieder zurückgezogen wird in ihr altes Leben. Ein sicheres Indiz dafür, dass er aus eigenem Erleben spricht. Von Augustinus etwa und vielen anderen erfahrenen Mystikern kennen wir ähnliche Berichte.

Im Jahr 604 ist Gregor in Rom gestorben. Er zählt zu den bedeutendsten Päpsten und Kirchenlehrern. 1295 wurde er heiliggesprochen.

Schlüsseltext aus dem Werk Gregors:

Gregor steht mit dem großen Vorbild seiner Person für den harmonischen Ausgleich zwischen dem kontemplativen, Gott zugewandten und dem tätigen, der Welt zugewandten Leben. In großer Klarheit hat er in seinen Schriften ihre Bedeutung und Zusammenordnung erläutert:

Nun gibt es zwei Lebensformen der heiligen Glaubenslehrer, die aktive und die kontemplative. Die aktive ist zeitlich frü-

*her als die kontemplative, weil die guten Werke der Einsatz-
punkt für die Beschauung sind. Doch ist die kontemplative von
größerer Verdienstlichkeit als die aktive, denn diese müht sich
in gegenwärtigen Dienstleistungen, während jene bereits die
kommende Ruhe in innerem Verkosten genießt … Beide Lebensformen sind uns, solange wir unter Menschen leben, als
Gnadengeschenk gegeben, das eine als auferlegte Pflicht, das
andere nach unserem Ermessen. Nur wer zuvor gute Werke
verrichtet, wird Gott erkennen und in sein Reich eingehen.
Wer also die guten Werke, die in seiner Macht stehen, nicht
vernachlässigt, kann auch ohne Beschauung ins himmlische
Vaterland eingehen. Ohne tätiges Leben kann er jedoch nicht
eintreten, wenn er die in seiner Macht stehenden guten Werke
vernachlässigt. Diese Lebensform ist somit unerlässlich, jene
freigestellt. (Gregor der Große: Homilien zu Ezechiel. Einsiedeln, 1983, 70f)*

Zisterziensische Mystik

Das Hochmittelalter war geprägt von einer außerordentlichen religiösen Erregbarkeit. Wallfahrten zu den heiligen Stätten der Christenheit erlebten eine Blüte. Die Wiedereroberung (1099) und dann die Verteidigung Jerusalems durch die Kreuzfahrer bewegten die Gemüter zutiefst. Man suchte nach vertieften Formen der Spiritualität, denn das benediktinische Mönchtum, bis dahin die einzige Form des klösterlichen Lebens im Abendland, verlor zunehmend seine Anziehungskraft. Mit einer vom burgundischen Kloster Cluny ausgehenden Reformbewegung hatte das Benediktinertum ab dem zehnten Jahrhundert noch einmal gewaltigen Aufschwung genommen, war dann aber in der Routine eines oft äußerlichen Zeremoniells erstarrt. Das Leben in den großen, reich gewordenen Klöstern mit ihren machtvollen Bauten und durchorganisierten Wirtschaftsbetrieben entsprach nicht dem Ideal der vollständigen religiösen Hingabe und Askese, dem viele Menschen nachstrebten. Aus der Suche nach einem Neuaufbruch entstanden Reformorden. Romuald von Ravenna (950–1027) gründete die Kamaldulenser, Bruno von Köln (1030/1035–1101) die Kartäuser, Robert von Molesme (um 1028–1111) die Zisterzienser und Norbert von Xanten (1082–1132) die Prämonstratenser. Kamaldulenser und Kartäuser knüpften an das eremitische Leben der frühen Mönche an, Zisterzienser und Prämonstratenser wollten das Leben in klösterlichen Mönchsgemeinschaften reformieren und wieder zu seinen Ursprüngen zurückführen.

Aus kleinsten Anfängen in einer abgelegenen Abtei in Cîteaux bei Dijon entwickelte sich mit dem Zisterzienserorden noch zu Lebzeiten seiner ersten prägenden Köpfe eine der einflussreichsten kirchlichen Organisationen, die mit Eugen III. bereits 1145 einen Papst stellte. Die charismatische Persönlichkeit des Bernhard von Clairvaux

(1090–1153), der mit seiner unermüdlichen Tatkraft 165 Klöster des neuen Ordens gründete, hat entscheidend zu diesem Erfolg beigetragen. Vor allem aber zog die Zisterzienserspiritualität mit ihrer ganz Gott zugewandten, alle Äußerlichkeiten abstreifenden Innerlichkeit die Menschen an. Bernhard hat sie mit dem Vorbild seiner Person und mit seinen mystischen Schriften geprägt. Er war der größte Organisator und ist zugleich der größte Mystiker des Ordens. Seine Mystik ist einfache Schau, vermittelt durch biblische Bilder und ganz auf Christus ausgerichtet, ohne philosophischen Begriffsapparat, wie ihn spätere, scholastisch geschulte Mystiker verwenden sollten. Wilhelm von St. Thierry (um 1085–1148) ist der zweite bedeutende Mystiker des Zisterzienserordens. Er steht Bernhard nahe, hat aber mit seiner geistzentrierten Trinitätslehre einen eigenen, außerordentlich fruchtbaren Zugang zur mystischen Theologie geschaffen.

BERNHARD VON CLAIRVAUX (1090–1153)

Bernhard hat in seltener Doppelbegabung ein hochkontemplatives Leben mit tatkräftigem kirchenpolitischem Wirken verbinden können. Die zisterziensische Reformbewegung, die das klösterliche Leben zur Einfachheit ihrer Anfänge zurückführen wollte, prägte er spirituell und formte sie zu einer kirchenpolitischen Macht. Sein mystisches Hauptwerk, eine Predigtreihe über das Hohelied, hat die erotische Bildsprache dieses alttestamentlichen Textes für die Beschreibung mystischer Erfahrungen, die Bernhard selbst in außerordentlicher Form zuteil geworden sind, fruchtbar gemacht. Viele Mystiker nach ihm erkannten in dieser sogenannten „Brautmystik" ihre eigenen Erfahrungen wieder und nutzten deren Bilder, um sich darin auszudrücken.

Als Sohn eines Lehnsmannes des Herzogs von Burgund ist Bernhard 1090 auf einer Burg bei Dijon geboren worden. Während seine Brüder bereits zusammen mit dem Vater in die kriegerischen Händel des Herzogs eingebunden waren, suchte er erst noch eine Lebensorientierung. Stets schwankte er zwischen dem praktisch Zupackenden nach väterlichem Vorbild und der Empfindsamkeit inniger Religiosität, zu der seine Mutter ihn erzogen hatte. Nach Abschluss seiner schulischen Ausbildung war noch ganz unklar, welche Seite die Oberhand gewinnen würde. Im Jahr 1111 schließlich, auf dem Weg zu seinem Vater und den Brüdern, die an der Grenze zur Champagne mit den Kriegscharen des Herzogs die Burg eines verfeindeten Grafen belagerten, fiel beim Gebet in einem einsamen Bauernkirchlein aller Zweifel von ihm ab. Er war sich nun sicher, dass er zu geistlichem Leben berufen war, und fasste den Entschluss, Mönch zu werden. Aber er wählte keine der großen und reichen Benediktinerabteien, in denen er als Adeliger rasch in die Ränge der führenden Kleriker aufgestiegen wäre. Das entsprach nicht der vollständigen Selbsthingabe an die Gottesliebe, zu der er sich entschlossen hatte, denn in den Benediktinerklöstern waren Prunk und Pracht an die Stelle der mönchischen Schlichtheit getreten. Bernhard dagegen wollte den harten und kompromisslosen Weg der Askese gehen. In einem abgelegenen Waldgebiet bei Dijon gab es eine Klostergründung, die sich genau dies zum Ziel gesetzt hatte. Robert von Molesme (1028–1111) war 1098 nach Cîteaux gezogen, um mit einer kleinen Schar Gleichgesinnter in völliger Abgeschiedenheit und Einfachheit wieder im ursprünglichen Geist der benediktinischen Regel zu leben. *Ora et labora*, Gebet und Arbeit, sollten gleichgewichtig das mönchische Leben der Gemeinschaft bestimmen. Hier fand Bernhard, was er suchte. 1113 trat er in Cîteaux als Novize ein und verschrieb sich mit jugendlicher Radikalität dem Reformprogramm des Klosters. Zeitgenossen berichten von seiner ungewöhnlichen Willenskraft und zwingenden Ausstrahlung trotz einer allgemeinen körperlichen Schwäche. Nur so ist es zu erklären, dass ihm fast alle Familienmitglieder auf dem Weg ins Kloster folgten. Mit ihm zusammen traten dreißig seiner Verwandten in Cîteaux ein. Dem jungen

Kloster, das mit seinen Reformgedanken bis dahin noch wenig Widerhall gefunden hatte, gab dieser Zuwachs einen kräftigen Impuls. Und vor allem Bernhards Tatkraft ist es zu verdanken, dass sich die von Cîteaux ausgehende Reformbewegung bald dynamisch als Zisterzienserorden zu einer in ganz Europa präsenten kirchenpolitischen Macht entwickelte.

1115 wurde Bernhard, der kaum den Novizenstand hinter sich gelassen hatte, bereits Abt der Tochtergründung Clairvaux. Wie immer, wenn die Zisterzienser neue Klöster gründeten, wählten sie eine unwirtliche und einsame Gegend, die sie zunächst urbar machen mussten. So waren die Verhältnisse während der Anfänge in Clairvaux schon hart genug. Die ersten primitiven Bauten boten wenig Schutz vor der Witterung, und die kärgliche Rohkost bei harter Arbeit reichte kaum hin. Bernhard lud sich noch zusätzliche Lasten auf, indem er immer wieder ausdauernd fastete. Seine schwache Konstitution hielt dem nicht Stand, sodass er schließlich schwer erkrankte. Auf Anordnung der Äbteversammlung musste er seine extremen asketischen Bußübungen abbrechen. In einer vom Kloster abgesetzten Hütte pflegte man ihn, bis er sich erholt hatte. Kaum genesen, war er wieder rastlos für das zisterziensische Reformwerk tätig. Er überzeugte mit der Glaubwürdigkeit seiner Person. Aber er trieb mit zähem Willen und außerordentlicher Organisationsgabe die Dinge auch praktisch voran. So konnten schon 1118 und 1119 mit Trois-Fontaines und Fontenay die ersten Tochterklöster von Clairvaux aus gegründet werden – der Beginn einer langen Reihe weiterer zisterziensischer Gründungen in ganz Europa. Bei Bernhards Tod hatte der Orden 350 Klöster, 165 davon gingen direkt oder mittelbar von Clairvaux aus. Ein effektives Organisationskonzept sicherte Erfolg, Zusammenhalt und Einheitlichkeit des Ordens: Jedes Kloster hatte die von ihm gegründeten Tochterklöster zu beaufsichtigen, und eine Äbteversammlung regelte zentral alle Fragen von übergreifender Bedeutung. Tochterklöster gründeten wiederum weitere

Tochterklöster – ein stets sich weiter vervielfältigendes Netzwerk. Alle Klöster versorgten sich selbst aus den Erträgen eigener landwirtschaftlicher und handwerklicher Betriebe, sodass eine große Anzahl Laienbrüder aufgenommen werden konnte.

Bernhard spielte bald eine zentrale Rolle im Orden und wurde der geistig prägende Kopf der zisterziensischen Reformbewegung. Er nutzte seinen wachsenden innerkirchlichen Einfluss, seine Bekanntheit als integere, geistliche Autorität und die zunehmende Macht der Zisterzienser, um sich auch außerhalb des Ordens für eine Reform der Kirche einzusetzen. Wo immer möglich, hat er Machtmissbrauch und kirchliche Verfallserscheinungen bekämpft. Wenn es etwa galt, unwürdige Bischöfe abzusetzen, konnte er politisch außerordentlich geschickt agieren, um sein Ziel zu erreichen. Oft rief man ihn auch als Vermittler und Friedenstifter an. Zuletzt war er der mächtigste Mann der Kirche neben dem Papst. Und noch zu Lebzeiten Bernhards wurde 1145 mit Eugen III. der erste Zisterzienser zum Papst gewählt. Bernhard konnte es sich leisten, ihm mit der Schrift *De consideratione* Ratschläge und Empfehlungen für seine Amtsführung zu geben. Vor allem mahnt er ihn, die Sammlung auf den eigentlichen geistlichen Sinn des päpstlichen Amtes nicht zu vernachlässigen und sein Handeln daran auszurichten.

Trotz der Ablenkungen durch viele Reisen und Aktivitäten außerhalb des Klosters blieb Bernhard ein kontemplativer Mensch. Die Liebe zu Gott war es vor allem, um die es ihm ging, eine Liebe, die zuletzt so selbstlos werden muss, dass man von jeder Eigenliebe frei wird und Gott um seiner selbst willen liebt. Wer sich so von allem Flüchtigen der Welt gelöst hat, ist bereit für die liebende Vereinigung mit Gott in der mystischen Erhebung. In Clairvaux fand Bernhard immer wieder die Stille, der er für sein spirituelles Leben zutiefst bedürftig war. Aber auch unterwegs zu Konzilien, Klostervisitationen und -gründungen oder auf Reisen in politischer Mission konnte er sich in eine innere Schau versenken, die ihn aus der Welt entrückte. So ist überliefert, er habe sich nach einem Tagesritt auf dem Weg zu einem Kloster bei Genf nicht an den See erinnern können, an dem er und seine Begleiter stundenlang vorbeigeritten waren. In seiner Predigtreihe über das Hohelied berichtet er, dass er oft während solcher Zeiten der Selbstvergessenheit zu mystischer Schau erhoben wurde. Die Predigtreihe hat Bernhard ab 1135 für die Mönche von Clairvaux verfasst. Sie ist sein mystisches Hauptwerk. Das Hohelied, das er darin auslegt, ist eine altorientalische Liebesdichtung, die in den Kanon der Schriften des Alten Testaments aufgenommen wurde, weil man sie schon früh symbolisch verstanden hat. Bereits die Kirchenväter haben Gleichnisse für die Gottesbegegnung daraus geschöpft und ihre Bildsprache genutzt. Bernhard versucht, mit Bildern dieser Dichtung das Unsagbare der göttlichen Nähe mitzuteilen, die ihm in seinen mystischen Entrückungen geschenkt wurde. Die zarte Annäherung von Braut und Bräutigam, ihre liebende Umarmung versinnbildlichen die Ankunft des göttlichen Bräutigams in der Seele als seiner liebenden Braut. Die mystische Vereinigung ist höchste Einheit, in der Braut und Bräutigam, Seele und göttliche Gegenwart sich unmittelbar berühren. Sie ist ein tiefinnerliches, von Gott gewirktes Ereignis, das der unruhigen Seele „wahrhaftige Ruhe" schenkt, denn: „Der ruhige Gott beruhigt alles, und ihn in seiner Ruhe zu erblicken bedeutet zu ruhen", wie es bei Bernhard heißt. Gott zeigt der Seele damit seine Anwesenheit an, als Ankunft des göttlichen Wortes, das mit Christus bei ihr eingekehrt ist. Dies bedeutet jedoch kein Verschmelzen, kein Einswerden, wie Gottvater und der Gottessohn wirklich Eines sind, aber höchste liebende Nähe durch vollständiges Einschwingen in den Willen Gottes. Die besondere Würde der von Gott ebenbildlich geschaffenen Seele ermöglicht äußerste Annäherung an ihr göttliches Urbild, aber geschaffenes Sein kann niemals wesenhaft werden wie Gott.

Die Liebe zu Christus und die Vergegenwärtigung seines Leidens sind für Bernhard der Weg zur Annäherung an Gott, den uns der Gottessohn mit seiner Menschwerdung eröffnet hat. Zeitgenössische Darstellungen zeigen ihn unter dem Kreuz, von dem sich Christus zur innigen Umarmung zu ihm herabneigt. Die Rückkehr aus Momenten der Entrückung, in denen Bernhard sich ganz in göttlicher Liebe aufgehoben fand, war für ihn schmerzhaft, denn die Welt erschien ihm danach kalt und grau, hatte ihn doch die mystische Vereinigung höchste Fülle erfahren lassen. Dabei gibt sie nur eine Vorahnung der beseligenden Schau Gottes „von Angesicht zu Angesicht", die uns erst im jenseitigen Leben geschenkt wird, denn sie überschreitet die Fassungskraft unserer leibgeistigen Existenz.

Noch ganz einer symbolischen, allein am biblischen Wort ausgerichteten Theologie verbunden, ist Bernhard mit all seinem Einfluss gegen den Theologen und Philosophen Peter Abaelard aufgetreten, der das kritische philosophische Hinterfragen der kirchlichen Überlieferung in die Theologie eingeführt hatte. Mit einer Intrige, nicht mit dem Mittel der besseren Argumente, erwirkte er die Verurteilung Abaelards durch den Papst. Dies war nicht der einzige Vorgang, in dem er eine problematische Rolle gespielt hat. 1146 ließ er sich in die Vorbereitungen für den zweiten Kreuzzug einspannen, obwohl ihm zweifellos bekannt war, in welch grausamem Blutbad der erste gegipfelt hatte. Am 31. März trat er im Wallfahrtsort Vézelay in Burgund vor eine unübersehbare Menschenmenge, die dort zusammengeströmt war, um der Ausrufung des neuen Kreuzzuges beizuwohnen. Allein der Anblick der hageren Gestalt des Asketen und Mystikers mit der zwingenden Ausstrahlung des stets ganz von seiner Sache beseelten Willensmenschen ließ schon den Funken der Begeisterung auf die Menge überspringen. Als der französische König Ludwig dann das Zeichen der Kreuzfahrer aus der Hand Bernhards entgegennahm, war kein Halten mehr. Tausende folgten seinem Beispiel in einer für uns heute nicht mehr nachvollziehbaren Hochstimmung und hefteten sich die ausgeteilten Stoffkreuze an den Mantel. Der Kreuzzug scheiterte und endete mit der fast vollständigen Vernichtung des voller Begeisterung ausgezogenen Heeres. Wenige Jahre später, am 20. August 1153, starb Bernhard, ausgezehrt und erschöpft. Die 86. Predigt über das Hohelied, an der er gearbeitet hatte, blieb unvollendet. 1174 wurde er heiliggesprochen.

Bernhard war ein leicht entflammbarer Willensmensch, der, einmal in Bewegung gesetzt, seine Machtmittel, deren Handhabung er früh schon auf der Burg seines Vaters gelernt hatte, durchaus auch rigoros einsetzte. Immer hat er das Gute gewollt und oft auch bewirkt, so bei der Reform seines Ordens und der Bekämpfung kirchlicher Verfallserscheinungen. Wo er fehlgeleitet war, etwa bei seinem Einsatz für den zweiten Kreuzzug, muss man berücksichtigen, dass auch er als Kind seiner Zeit mittelalterlichen Vorstellungen wie dem gerechten Glaubenskrieg anhing. Mit seinen mystischen Werken hat er eine religiöse Bildsprache geschaffen, die, vermittelt über zahlreiche volkstümliche Schriften, außerordentlich einflussreich war. In seiner Brautmystik konnten sich die tiefreligiösen Menschen des Mittelalters wiedererkennen und ihr eigenes Erleben in deren Symbolik übersetzen. Sie findet sich bei vielen Mystikern nach ihm.

Schlüsseltext aus dem Werk Bernhards:

Bernhard von Clairvaux hat erst spät über seine mystischen Erfahrungen berichtet. In seiner 74. Predigt über das Hohelied offenbarte er dann aber seinen Brüdern, was ihm in solchen seltenen Augenblicken begegnet ist. Er umkreist das, was kaum in Worte zu fassen ist, mit sprechenden Bildern, die nur eine Ahnung davon geben können, wie zart diese direkte göttliche Berührung sein muss, wie überwältigend die Ankunft des göttlichen Wortes in der Seele. Der Text ist einer der großen mystischen Selbstzeugnisse.

Ich gestehe, dass das Wort auch zu mir gekommen ist, und zwar öfters. Als Narr rede ich (2 Kor 11,17). Und obwohl es öfters bei mir eintrat, merkte ich mehrere Male nicht, als es eintrat. Ich merkte, wenn es da war, ich erinnere mich, dass es da gewesen ist; manchmal konnte ich auch sein Eintreten vorausahnen, fühlen niemals, nicht einmal sein Fortgehen (Ps 120,8). Denn woher es in meine Seele kam oder wohin es wegging, wenn es sie wieder verließ, aber auch, auf welchem Weg es eintrat und ausging, das, ich gestehe es, weiß ich auch jetzt nicht, gemäß jenem Wort: „Du weißt nicht, woher er kommt und wohin er geht." (Joh 3,8) Aber das ist nicht zu verwundern, denn es ist der, zu dem gesagt wird: „Doch niemand sah deine Spuren." (Ps 76,20) Bestimmt trat es nicht durch die Augen ein, denn es ist nicht farbig; aber auch nicht durch die Ohren, denn es klang nicht; auch nicht durch die Nase, da es sich nicht mit Luft vermischt, sondern mit dem Geist; und es tauchte nicht ein in die Luft, sondern es erschuf sie; aber auch nicht durch die Kehle, denn es ist nicht zu essen oder trinken; auch mit dem Tastsinn nahm ich es nicht wahr, denn es lässt sich nicht berühren. Auf welchem Weg kam es also herein? Oder vielleicht kam es gar nicht herein, weil es nicht von draußen kommt? Denn es ist nicht eines von den Dingen, die draußen sind (1 Kor 5,12). Endlich kam es auch nicht aus meinem Inneren, denn es ist gut, und ich weiß, dass in mir nichts Gutes ist. Ich stieg auch in mein Höheres hinauf, und siehe, das Wort überragte auch dieses. Auch in mein Tieferes stieg ich als neugieriger Forscher hinab und fand trotzdem das Wort noch tiefer. Wenn ich hinausblickte, erfuhr ich, dass es außerhalb meines Äußersten war; blickte ich in mein Inneres, so war es noch innerlicher. Und ich erkannte, wie wahr es ist, was ich gelesen hatte: „Denn in ihm leben wir, bewegen wir uns und sind wir." (Apg 17,28) Aber selig ist jener, in dem das Wort ist, der ihm lebt, der von ihm bewegt wird. (Bernhard von Clairvaux: Sämtliche Werke, Bd. 6, Innsbruck, 1995, 499,501)

WILHELM VON ST. THIERRY (UM 1085–1148)

Wilhelm von St. Thierry ist wie sein Freund Bernhard von Clairvaux ein Mystiker der Liebe. Allein der sehnenden Liebe zu Gott wollte er sich hingeben. Darum verzichtete er auf eine Laufbahn als angesehener Gelehrter und wurde Mönch. Das Amt des Abtes, zu dem man ihn berief, streifte er so bald wie möglich wieder ab und lebte bis zu seinem Tod als einfacher Mönch ein zurückgezogenes gottergebenes Leben. Er hat bedeutende theologische Werke und mystische Schriften verfasst, stand aber im Schatten seines umtriebigen und einflussreichen Freundes Bernhard, sodass seine Schriften später Bernhard zugeschrieben wurden. Dabei ist Wilhelms Mystik eigenständig und hat mit ihrer Deutung des Heiligen Geistes als einendes Band von Gottvater und Gottsohn, an dem wir Anteil erhalten können, ein tiefsinniges Verständnis der mystischen Einigung von Mensch und Gott erschlossen.

Der um 1085 in Lüttich geborene Wilhelm war bereits Ende zwanzig und hochgebildet, als er 1113 in die Benediktinerabtei Saint-Nicaise in Reims eintrat. An der Domschule in Reims hatte er intensive philosophisch-theologische Studien absolviert, und zweifellos wäre dem aus angesehenem adeligem Hause stammenden Wilhelm hier ein glänzender Aufstieg bis zum Magister möglich gewesen. Wichtiger aber als Wissen war für ihn ein unmittelbares Gottesverhältnis, zu dem er sich als Mönch auf den Weg machen wollte. Die Macht und Prachtentfaltung des Benediktinertums seiner Zeit und die Unruhe des Pilgerbetriebes in der Abtei Saint-Nicaise, die zugleich eine überlaufene Wallfahrtsstätte war, müssen ihn enttäuscht haben. So war die Begegnung mit dem asketischen, von seiner Sendung beseelten Bernhard, die wahrscheinlich 1119/20 am Hof des Bischofs Wilhelm von Champeaux in Châlons stattgefunden hat, für ihn wegweisend. Das zisterziensische Reformprogramm, das Bernhard wie kein anderer verkörperte, entsprach eher seinen Vorstellungen von einem gottgeweihten Leben. Er hätte sich Bernhard wohl gerne sofort angeschlossen, aber auch im Benediktinerorden erkannte man seine Begabung und berief ihn 1120 zum Abt der Abtei von St. Thierry, die im stillen Hügelland nordwestlich von Reims lag. Hier entstanden seine ersten Werke: *De contemplando Deo* (*Über die Gottesschau*) und *De natura et dignitate amoris* (*Über die Natur und die Würde der Liebe*). Es sind Meditationen über den Aufstieg der sehnenden Seele auf den mystischen *Berg des Herrn*, wo wir ihn schauen können. Wie zwei Augen der Seele ergänzen sich Vernunft und Liebe bei diesem Aufstieg, aber die Liebe schaut weiter, sie sieht den Gipfel, wo die Vernunft nur Schemen erfassen kann. Die Vernunft kann keine Begriffe bilden, die dem alles übersteigenden Sein Gottes angemessen sind, sie kann sich dem nur indirekt annähern, indem sie erkennt, was es nicht ist. Die Liebe dagegen ist eine Erkenntniskraft unserer Seele, die Gott unmittelbar schaut. Wilhelm bringt das Verhältnis der beiden Seelenkräfte auf folgende knappe Formel: „Die Vernunft hat mehr Nüchternheit, die Liebe mehr Seligkeit." Aber auch die Liebe ist nicht fähig zur Schau Gottes „von Angesicht zu Angesicht", also zur Schau dessen, was er wesenhaft ist, wie Wilhelm übereinstimmend mit der Tradition des Hauptstromes christlicher Mystik erläutert. Was wir in diesem Leben in kurzen Augenblicken mystischer Erhebung erfahren können, ist nur ein Abglanz seiner Herrlichkeit.

Anfang der 1120er Jahre fand eine legendäre Begegnung zwischen Bernhard und Wilhelm auf der Krankenstation von Kloster Clairvaux statt, der ersten Gründung Bernhards. Die beiden kränklichen Äbte – Bernhard dazu noch geschwächt durch extreme, selbstschädigende Askese – sollten sich hier erholen. Im Krankenstand von ihren Aufgaben als Äbte entlastet, fanden sie Zeit für ausführliche Gespräche und gemeinsame theologische Erörterungen. Insbesondere befassten sie sich mit dem Hohenlied und möglicherweise auch mit der von Origenes überlieferten Auslegung dieser altorientalischen

Liebesdichtung aus dem Kanon der alttestamentlichen Schriften. Man kann sich vorstellen, wie der theologisch hochgebildete Wilhelm und der tief spirituelle Bernhard einander dabei in kongenialer Weise ergänzten und zu außerordentlichen gemeinsamen Erkenntnissen gelangten. Beide haben später ihre mystische Theologie an ausführlichen Interpretationen des Hohenliedes entfaltet. Bernhards Auslegung wurde sein Hauptwerk, das die gesamte Mystik des Mittelalters tief geprägt hat. Auch Wilhelms Hohelied-Auslegung steht zentral in seinem Werk. Der Keim dafür mag in diesem für beide Äbte nachhaltig anregenden Austausch gelegt worden sein.

Diese erneute Begegnung mit Bernhard und die intensive Berührung mit dessen Geisteswelt werden dazu beigetragen haben, dass Wilhelm sich 1124 entschlossen darum bemühte, endlich die schwarze Kutte der Benediktiner ablegen zu dürfen, um sich Bernhards Reformorden der Zisterzienser anschließen zu können. Es war Bernhard selbst, der ihn davon abhielt, denn er brauchte und förderte überall führende Köpfe, die an ihrem Platz den Reformgedanken weitertrugen. Wilhelm konnte als Abt eines Benediktinerklosters in diesem Sinne in seinen Orden hineinwirken. Er hat das dann offenbar in seinem Konvent auch versucht, wohl aber mit geringem Erfolg. Wir wissen jedenfalls aus den *Meditationen*, die er in dieser Zeit geschrieben hat, dass er mit erheblichem Widerstand zu kämpfen hatte. Erst 1135, fünfzehn Jahre nach der ersten Begegnung mit Bernhard und einer für ihn aufreibenden Zeit als Abt, erhielt er die Genehmigung, den weißen Habit der Zisterzienser anzulegen. Fortan lebte er als einfacher Mönch der neu gegründeten Zisterzienserabtei Signy, die weltabgeschieden in den Wäldern der Ardennen lag. Es wurde eine fruchtbare Zeit, der wir seine großen mystischen Hauptwerke verdanken.

Frucht der gemeinsamen Meditation mit Bernhard über das Hohelied war seine *Expositio super Cantica canticorum*, die er bald nach seinem Übertritt nach Signy begann. Wie Bernhard, der etwa zeitgleich seine Predigtreihe über das

Hohelied aufnahm, liest Wilhelm die Annäherung von Braut und Bräutigam dieser Liebesdichtung als Bild für den Aufstieg der Seele zur mystischen Einigung mit Gott. Die Liebe ist wie in seinen frühen Schriften die eigentliche Erkenntniskraft, die uns die Gottesschau ermöglicht, wenn Gott sie uns gewährt. Es muss eine gereinigte Liebe sein, die sich von allem Schlechten der Welt gelöst hat, damit wir in vollständigem Einklang mit dem Willen Gottes sind.

Bedeutend für die mystische Theologie sind auch Wilhelms Schriften *Speculum fidei* (*Der Spiegel des Glaubens*) und *Aenigma fidei* (*Rätsel des Glaubens*), mit denen sein Werk zur Reife kam. Wilhelm war hoch in den Fünfzigern, als er sie schrieb. Seiner Sehnsucht nach der Gottesschau gibt er hier noch einmal Ausdruck, unterscheidet aber wieder sorgfältig zwischen der Schau, die uns in unserem irdischen Leben möglich ist, und der viel vollkommeneren, die wir erst in unserer verklärten Existenz im Jenseits erfahren können. Seine Lehre von der göttlichen Trinität – Vater, Sohn und Heiliger Geist – und sein Verständnis der mystischen Einigung, die er in diesen Schriften darstellt, ergänzen sich. Der Heilige Geist ist nach Wilhelms theologischer Auffassung das einende Band von Vater und Sohn. Liebe und Wille von Vater und Sohn sind eins im Heiligen Geist, und zwar in einer absoluten, vollkommenen Weise. In einer auf unsere menschliche Fassungskraft beschränkten Weise können wir Anteil haben am göttlichen Leben, wenn der menschliche Geist sich im liebenden Erkennen mit dem Heiligen Geist eint und damit auch mit der göttlichen Dreieinigkeit, denn der Heilige Geist ist die Einheit von Vater und Sohn. Als Abbild des dreieinigen Gottes sind wir von Natur aus auf ihn hin erschaffen und scheinen „dem Ewigen und Göttlichen durch eine naturhafte Verwandtschaft verbunden zu sein". Zur vollen Ebenbildlichkeit aber müssen wir uns durch liebendes Streben, Lebensumkehr und Läuterung erst erheben. Diese Ebenbildlichkeit bleibt auch in ihrer Vollendung im Jenseits nur anteilhaft, denn wir können als geschaffenes, endliches Sein Gott nicht wesenhaft gleich werden. Wilhelm hat mit seinem Verständnis der mystischen Erhebung als Einigung mit Gott im Heiligen Geist eine eigene geistzentrierte Mystik entwickelt, während für Bernhard und die meisten christlichen Mystiker die Liebe zu Christus und die Christusnachfolge der Königsweg zur Einigung sind.

Auch in der Abgeschiedenheit von Signy blieb Wilhelm nicht verborgen, dass neue, ungewohnte Stimmen in der Theologie laut wurden. Mit den Schriften des Pariser Philosophen und Theologen Peter Abaelard (1079–1142), die sich bis in das abgelegene Signy verbreitet hatten, kündigte sich ein neuer Geist an, der die Vernunft über den Glauben stellte. Wilhelm, für den die Vernunft sich immer dem Glauben und der Liebe unterordnen muss, war dadurch tief beunruhigt. Ihm war aber wohl klar, dass ihm Durchsetzungskraft und Einfluss fehlten, um dagegen anzugehen. Er schaltete daher Bernhard ein, der unter Einsatz all seiner Möglichkeiten 1141 schließlich die Verurteilung Abaelards durch den Papst erwirkte.

Sein letztes Lebensjahrzehnt konnte Wilhelm als Zisterzienser in der Stille von Signy verbringen, sehnte sich aber nach einem noch kargeren, noch innerlicheren Leben. Er bewunderte die eremitische Lebensform des Kartäuserordens, den Bruno von Köln 1084 in einer weltentlegenen Einsiedelei im Gebirge bei Grenoble gegründet hatte. Kartäusermönche leben bis auf wenige Zusammenkünfte im Wochenablauf allein in Einsiedeleien, die um die Kirche und die Gemeinschaftseinrichtungen herum angelegt sind. Fernab der Weltläufe sind sie in Schweigen und Einsamkeit dem Gebet und der Nachfolge Christi hingegeben. *Das Kreuz steht, während die Welt sich dreht* (*Stat crux, dum volvitur orbis*), ist ihr Wahlspruch. Auch das Interesse am eremitischen Leben verband Wilhelm mit seinem Freund Bernhard, der 1127 die große Kartause, die Mutter aller Kartausen, besucht hatte. Wilhelm hielt sich 1143/44 für einige Zeit in der Kartause von Mont-Dieu auf. Zwei Tagesmärsche von Signy entfernt lag sie im Ardennenwald versteckt. Mit sehnsuchtvollem Rückblick auf das Leben dort schrieb Wilhelm seinen *Brief an die Kartäuser von Mont-Dieu* (*Epistola ad fratres de Monte-Dei*), der als *Goldener Brief* (*Epistola aurea*) später unter Bernhards Namen als Anleitung für ein geistliches Leben weit verbreitet war. Das letzte Werk, das Wilhelm begann, war eine Biografie seines Freundes und Vorbildes Bernhard von Clairvaux. Bevor er sie vollenden konnte, starb er am 8. September 1148 in Signy.

Schlüsseltext aus dem Werk Wilhelms von Thierry:

Nach Wilhelms geistzentrierter mystischer Theologie ist es der Heilige Geist, in dem Vater und Sohn geeint sind, der uns Anteil gibt am Leben des dreieinigen Gottes. Diese *wundersame Herablassung* schenkt uns eine Vorahnung der beseligenden Schau, die uns im ewigen Leben erwartet:

Doch bedurfte der Heilige Geist noch einer besonderen Bezeichnung, da Er nicht sosehr der Geist eines der beiden ist, vielmehr in Ihm die Gemeinschaft beider erscheint. Und diese Besonderheit von Geist teilt der Heilige Geist dem Menschen mit, damit nach des Apostels Wort der Mensch Gottes mit Gott zusammen ein Geist werde, durch die Gnade des Namens und die Wirkung der Kraft des Heiligen Geistes; und zwar nicht ein Einzelner nur, sondern zahlreiche Menschen, die in Ihm ein Herz besitzen und eine Seele, abgeleitet von jener allerhöchsten Liebe, in deren Quelle der Grund sich findet, weshalb die Dreieinigkeit Einheit ist.

Und hierin besteht die wundersame Herablassung des Schöpfers, die große Gnade, die unausdenkliche Güte, die ehrfürchtige Hingabe des Geschöpfs an den Schöpfer, der köstliche Aufstieg, die Wonne des guten Gewissens: dass der Mensch sich gleichsam in der Mitte vorfindet der Umarmung und des Kusses zwischen Vater und Sohn, der der Heilige Geist ist, dass er in der wesenhaften Liebe mit Gott geeint wird, in welcher der Vater und der Sohn eins sind, wobei er in Dem geheiligt wird, der die wesenhafte Heiligkeit beider ist. Die Erfahrung dieses

Gutes und das Auskosten dieser Süße ist, soweit es in diesem armen, falschen Leben möglich ist, wenn auch nicht vollendet, so dennoch wahres und wahrhaft seliges Leben. (Wilhelm von St. Thierry: Der Spiegel des Glaubens. Mit den Traktaten „Über die Gottesschau" und „Über die Natur und die Würde der Liebe". Einsiedeln, 1981, S. 89f)

Mittelalterliche Frauenmystik

Der Beginn der mittelalterlichen Frauenmystik im 12. Jahrhundert ist noch klösterlich geprägt. Die frühen Mystikerinnen, wie Hildegard von Bingen (1098–1179) und Elisabeth von Schönau (1129–1164), lebten als Nonnen. Sie waren eingebunden in die strengen Formen klösterlichen Lebens und den Rhythmus kirchlicher Liturgie. Ihre Schriften sind in Latein verfasst, unter Mithilfe und Anleitung geistlicher Begleiter.

Eine breite, im 13. Jahrhundert entstandene religiöse Volksbewegung, die mit unbändigem Eifer und tiefem Ernst nach neuen, christlichen Lebensformen suchte, löste die Mystik aus ihrer klösterlich-liturgischen Einbindung. In Italien hat Franziskus von Assisi (1181–1226) ihr mit seiner Armutsbewegung Gestaltung und Ziel gegeben. Im Norden Europas wurden vor allem Frauen von diesem religiösen Aufbruch erfasst. Kirchliche Organisationsformen, die ihrem radikalen Streben nach einem einfachen, vorbildhaften Leben in der Christusnachfolge Raum und Formung hätten geben können, bestanden nicht. Die monastischen Orden wie die Zisterzienser waren ebenso wie die neuen Bettelorden der Franziskaner und Dominikaner überfordert mit der Vielzahl der spontan entstehenden religiösen Frauengemeinschaften, die sich ihnen anschließen wollten. Lange wehrten sich die Orden gegen die Aufnahme neuer Frauenklöster und gegen die ihnen von der Kirche auferlegte Frauenseelsorge, die *cura monialium*. So entstanden schließlich aus dieser Not geborene Formen der Selbstorganisation, die Beginen. Ihre Gemeinschaften lebten nach einer selbstgewählten, religiös geprägten Ordnung in eigenen Häusern und trugen eine der Ordenstracht nachempfundene Kleidung, legten aber kein Gelübde ab. Für ihren Unterhalt sorgten sie selbst mit Handarbeiten wie Spinnen, Klöppeln, Weben und – entsprechend ihrem den christlichen Werten verschriebenen Lebensprogramm – durch Übernahme von Aufgaben in der Krankenpflege. Die Gemeinschaften konnten wenige Frauen umfassen oder sogar groß genug sein, um ein eigenes Hospital zu betreiben. In Flandern und Holland lebten die Beginen in umfriedeten Bereichen der Städte mit zahlreichen Häusern und eigener Kirche, den Beginenhöfen. Daneben gab es aber auch verwahrloste, vagabundierende Gruppen, die bettelnd und weit entfernt von ihrem ursprünglichen Ideal umherzogen und nicht selten zum öffentlichen Ärgernis wurden. Insbesondere sie waren in ihrer religiösen Erregbarkeit leichte Beute für die überall im Land auftretenden Sektenprediger der *Brüder und Schwestern des freien Geistes* und anderer Gruppen, die auf dem fruchtbaren Boden der im ausgehenden Mittelalter allgemein verbreiteten Ängste und seelischen Unruhen kräftig gedeihen konnten. Das Beginentum in seiner Aufbruchszeit war also keineswegs eine Versorgungseinrichtung für Witwen und bedürftige Frauen, die in betulich verschlafener Idylle ihre Zeit mit Klöppeln und Spinnen verbrachten, wie es heute in den Museen der flämischen und niederländischen Beginenhöfe an Bildern aus der Spätzeit der Bewegung vorgeführt wird. Beginen waren im Gegenteil vielfach sogar Frauen aus wohlhabenden und adeligen Familien, die ihr Leben in Reichtum und behütetem Gleichmaß verlassen hatten, um es freiwillig einzutauschen gegen ein einfaches, aber sinnerfülltes religiöses Leben. Dabei scheuten sie keine Schwierigkeiten und Härten. Oft mussten sie Anfeindungen und Ausgrenzung erdulden, denn ihr Stand zwischen den Laien und Ordensleuten fügte sich nicht in das streng gegliederte Gesellschaftssystem des Mittelalters. Ihre Arbeit war hart, und in den Siechenhäusern, in denen sie als Pflegerinnen ihren Dienst verrichteten, konnten sie sich selbst an einer der vielen Seuchen anstecken.

Aus diesen unabhängigen Beginengemeinschaften sind Mystikerinnen hervorgegangen, die Werke ganz eigener Prägung geschaffen haben. Anders als Klosterfrauen schrieben sie in ihrer Muttersprache: Die Brabanter Begine Hadewijch (Mitte 13. Jh.) auf Niederländisch, Mechthild von Magdeburg (um 1207–1282) auf Deutsch und Marguerite Porete († 1310) im Französisch ihrer Zeit. Bildkräftig und wortschöpferisch suchten sie einen eigenen Zugang zu ihrem mystischen Erleben. Marguerite Porete nennt Gott den *Loingprès*, den Fernnahen; Mechthild von Magdeburg spricht vom *fließenden Licht der Gottheit*. Ihre Erfahrungswelt war das volkstümliche Alltagsleben im lebhaften Treiben einer mittelalterlichen Stadt. Es spiegelt sich in ihren Schriften und vermittelt ihnen etwas sehr Frisches, Ursprüngliches. Ihr selbstständiger mystischer Weg brachte sie oftmals in Konflikt mit den kirchlichen Autoritäten. Mechthild von Magdeburg musste sich ins Kloster zurückziehen, Marguerite Porete starb auf dem Scheiterhaufen der Inquisition.

Die klösterliche, liturgisch geprägte Mystik blieb daneben weiter bestehen. Eine ihrer Hochblüten erlebte sie am Kloster Helfta mit den Mystikerinnen Mechthild von Hackeborn (1241–1299) und Gertrud von Helfta (1256–1302).

HILDEGARD VON BINGEN (1098–1179)

Hildegard von Bingen hat fast drei Jahrzehnte in der Abgeschlossenheit einer Klause auf dem Disibodenberg gelebt, bevor sie als selbstbewusste Visionärin an die Öffentlichkeit trat. Ihrer Sendung und der Wahrheit ihrer Schauungen gewiss scheute sie sich nicht, selbst Kaiser und Papst zur Ordnung zu rufen. Heute wird sie als Werbeträger für die Esoterik und teilweise fragwürdige Naturheilverfahren missbraucht, aber sie hat weit mehr zu bieten als die mittelalterliche Naturheilkunde. Im Zentrum ihres Werkes stehen große Visionsschriften, die mit einer beeindruckenden Bildwelt etwas von dem Glanz ihrer überwältigenden Schauungen mitteilen. Neben einem intensiven spirituellen Leben hat sie zwei Klöster gegründet und zur Blüte geführt, sie hat kirchenpolitisch Einfluss genommen, heilkundliche Schriften verfasst und über die Gregorianik hinausweisende Musikwerke geschaffen.

1098 wurde Hildegard in einer niederen Adelsfamilie auf einem Landgut bei Alzey am Rhein geboren. Bereits mit drei Jahren hatte sie erste visionäre Gesichte, die sie beängstigten. Ihre damit überforderten Eltern gaben sie in die Obhut der religiös erfahrenen Uda von Göllheim, die sie zusammen mit der ebenfalls spirituell hochbegabten Grafentochter Jutta von Sponheim erzog und religiös anleitete. Beide Mädchen waren von religiösem Eifer beseelt, in dem sie sich gegenseitig weiter bestärkten. Bald schmiedeten sie Pläne für ein gottgeweihtes Leben, die sie entschlossen und mit Unterstützung ihrer Eltern dann auch umsetzen konnten. 1112 ließen sie sich mit einem weiteren Mädchen als Inklusen in einer Klause auf dem Disibodenberg beim dortigen Benediktinerkloster einschließen – die äußerste Form der Weltabkehr, denn Inklusen verließen die Welt radikal und für immer. Die Einschließung wurde im Beisein der Eltern wie eine Beerdigung feierlich zelebriert und endete mit der Vermauerung des Zuganges zur Klause. Bis zu ihrem Tod sollten die gottgeweihten Frauen ihre Klause nicht mehr verlassen. Nur schmale Maueröffnungen ermöglichten den Kontakt zur Außenwelt und die Versorgung mit dem Lebensnotwendigen. An einem Fenster zur Klosterkirche konnten die Inklusen den Stundengebeten und Messen der Mönchsgemeinschaft folgen. Ein kleiner, umfriedeter Garten bot nur wenig Raum für Bewegung in Licht und Luft. Jutta war zwanzig, Hildegard erst vierzehn Jahre alt; so ergab sich natürlich, dass Jutta die Leitung der Gemeinschaft übernahm. Hochasketisch bis hin zur Selbstzerstörung, starb sie 1136 nach 24 Jahren Abgeschlossenheit in der Klause, von den Narben ihrer Selbstkasteiungen gezeichnet. Hildegard trat ihre Nachfolge als Vorsteherin an. Vom heiligmäßigen Leben in der Klause auf dem Disibodenberg angezogen, hatten sich inzwischen weitere Frauen der Gemeinschaft angeschlossen, sodass mit der Zeit die strenge Abschließung gelockert werden musste und die Klause in ein Benediktinerinnenkloster umgewandelt wurde.

In der Stille weltabgeschiedenen Lebens hat sich Hildegards ohnehin hohe Empfänglichkeit für übernatürliche Erfahrungen weiter gesteigert und geschärft. Visionäre Gesichte kannte sie ja von frühester Kindheit an, doch was sie dann im Jahr 1141, ihrem dreiundvierzigsten Lebensjahr, plötzlich ergriff, war außerordentlich. Es war eine mystische Erfahrung, die ihren Leib durchzuckte und ihre Seele zutiefst erschütterte. In einer blitzartig sie ganz durchdringenden Erhebung hatte sie Schauungen, die sich unverlierbar einprägten, sodass sie von ihr später in allen Einzelheiten aufgezeichnet werden konnten. Sie wurde von einem *überhellen Glanz* geblendet, und eine unirdische Stimme sprach zu ihr. In mystischen Visionen sah sie Bilder von kosmischer Weite, in denen ihr die Schöpfungsordnung symbolisch gegenwärtig wurde. Es sind Schauungen von ganz unverwechselbarem Gepräge. So sah sie aus einem Urfeuer – „unendlich, unauslöschlich, ganz lebendig und voller Leben" – Himmel, Erde und schließlich den Menschen hervorgehen. In einer anderen Vision erschien ihr ein Bild der Heiligen Dreifaltigkeit in konzentrischen Feuerringen mit einer Menschengestalt in deren Zentrum. Sie berichtet darüber in ihrer ersten großen Visionsschrift, die mit Hilfe des Mönchs Volmar und mit Duldung des Abtes der Mönche vom Disibodenberg entstand. Alle ihre Visionen legte Hildegard darin selbst aus. *Das hellleuchtende Feuer* etwa, aus dem sie Himmel und Erde hatte hervorgehen sehen, deutete sie als Bild für den *allmächtigen und lebendigen Gott*. Aus dem verschollenen Rupertsberger *Scivias*-Codex sind Miniaturen überliefert, die Hildegards Visionen in eindrucksvoller Weise darstellen. Die Handschrift ist noch zu ihren Lebzeiten im Skriptorium ihres Klosters entstanden. Damit sind aller Wahrscheinlichkeit nach auch die Miniaturen von ihr persönlich inspiriert.

Sie zögerte und zweifelte lange, bevor sie mit der Niederschrift ihrer Visionen begann, aber die überirdische Stimme hatte ihr aufgetragen: „Verkünde es also laut, und schreib es so nieder!" Mit ihrem Werk, das dann

den Titel *Scivias* (*Wisse die Wege*) erhielt, musste sie also
der Welt bekannt machen, was ihr in den Schauungen
mitgeteilt worden war. Wahrscheinlich auch auf Fürsprache von Bernhard von Clairvaux, an den sie sich als
noch ganz unbekannte Nonne in ihren Nöten mit einem
Schreiben gewandt hatte, wurden ihre Aufzeichnungen
nach eingehender Prüfung während einer Synode in
Trier im Winter 1147/48 durch den Zisterzienserpapst
Eugen III. († 1153) als echte visionäre Eingebung aner-
kannt. Sie konnte ihr Werk also mit kirchlichem Segen
fortsetzen. Die bereits fünfzigjährige Nonne trat mit diesem Rückhalt nun als starke und unabhängige Frau aus
der klösterlichen Abgeschlossenheit hervor, in der sie
fast vier Jahrzehnte in völliger Weltabkehr gelebt hatte.
Sie kämpfte dafür, ihre Schwesterngemeinschaft aus der
Vormundschaft der Mönche vom Disibodenberg lösen
zu dürfen.

Gegen Widerstände setzte sie schließlich durch, dass
die Mönche ihre Gemeinschaft ziehen ließen, sodass sie
ein eigenes, unabhängiges Kloster gründen konnte. 1150
übersiedelte sie mit ihren Nonnen auf den Rupertsberg
bei Bingen. In einer schwierigen, kräftezehrenden Auf-
bauzeit entstand die Neugründung an herausgehobenem
Ort, auf einer Anhöhe oberhalb der Nahemündung, herr-
schaftlich über der mittelalterlichen Stadt thronend. Nur
adelige Frauen wurden in die Gemeinschaft aufgenommen, die durchaus standesbewusst auftraten, in Gewän-
dern aus feinem Tuch und an Festtagen mit einem langen
weißen Schleier über den offen getragenen Haaren. Der
Liturgie des Klosters gab Hildegard eine ganz eigene festliche Prägung. Dabei benutzte sie eine von ihr geschaffene
Musiksprache, die sich aus den überkommenen Formen
des gregorianischen Chorals löste. Sie dichtete und kom-
ponierte Lieder und ein komplettes religiöses Singspiel,
das von ihren Schwestern aufgeführt wurde. Die Kritik
anderer Klöster an diesem ungewöhnlichen Eigenleben
des Konvents auf dem Rupertsberg blieb nicht aus. Die
Gemeinschaft aber hatte regen Zulauf, sodass Hildegard

auf der gegenüberliegenden Rheinseite, bei Rüdesheim, ein weiteres Kloster gründen musste.

Ihr Ruf als große Visionärin, der bedeutende Rang des Klosters auf dem Rupertsberg und ihre charismatische Persönlichkeit verschafften ihr Einfluss und Anerkennung weit über die Grenzen ihrer rheinischen Heimat hinaus. Sie nutzte diesen Einfluss, dem Auftrag der Stimme ihrer Vision folgend: „Verkünde es also laut!", und unternahm vier große Predigtreisen. Dies allein war unerhört für eine Frau und Nonne ihrer Zeit, selbst wenn sie sich nur mit religiös erbaulichen Worten an die Menschen gewandt hätte. Dass man sie aber unbehelligt gegen Missstände der Kirche und den unchristlichen Lebenswandel des Klerus ihre Stimme erheben ließ, zeigt ihre ganz außergewöhnliche Sonderrolle. Sie scheute auch nicht die Konfrontation mit den Großen ihrer Zeit. Gegen Kaiser Friedrich I. Barbarossa, mit dem sie in Ingelheim sogar persönlich zusammengetroffen war, ergriff sie Partei im Streit um den vom Kaiser unterstützten Gegenpapst. Und sie wagte es, selbst Papst Eugen III. zu ermahnen, härter gegen kirchliche Missstände durchzugreifen.

Zwei weitere Visionsschriften entstanden im Kloster auf dem Rupertsberg ab 1158 *Liber vitae meritorum* (*Buch der Lebensverdienste*) und ab 1163 der *Liber divinorum operum* (*Buch vom Wirken Gottes*). Die darin aufgezeichneten Visionen hatte sie wiederum in zwei mystischen Entrückungen geschaut, die sie im Jahr 1158, in ihrem sechzigsten Lebensjahr, und fünf Jahre später erneut „zutiefst erbeben" ließen. Es sind wiederum großartige symbolische Bilder, die sie in ihren Schriften schildert, etwa das Weltenrad, in dessen Zentrum der Mensch steht, umfangen von der seinserhaltenden Macht des dreieinigen Gottes. Hildegard berichtet in ihrem Werk auch sehr präzise von den Begleiterscheinungen ihrer mystischen Erfahrungen, die in ähnlicher Weise auch von anderen Mystikern berichtet werden: das blendende Licht, die Erhebung der Seele wie zu einem Flug und zu einer alles erhellenden Schau, das Sehen mit den inneren Augen der Seele, die

starken leiblichen Empfindungen, die wie ein alles durch-
dringendes Brennen oder ein Wonneschmerz mit der seelischen Erfahrung einhergehen.

Auf den Zeitraum 1151–1158 sind die naturkundlichen
Schriften *Physica* und *Causae et curae* datiert, die Hildegard
nur teilweise zugeschrieben werden können, da vielfach
ergänzte Abschriften erst aus dem 13.–15. Jahrhundert erhalten sind. Heute wird sie vor allem mit diesen Schriften
in Verbindung gebracht, die lediglich das fehlerhafte na-
turkundliche Wissen der Zeit zusammenfassen und statt
präziser Beschreibungen oft nur Aberglauben wiederge-
ben. Es muss auch bezweifelt werden, dass sie als klau-
surierte Nonne mit umfangreichen Aufgaben bei der Leitung ihrer Klöster überhaupt Gelegenheit und Zeit hatte,
botanisierend durch Feld und Wald zu streifen. Bleibend
gültig ist aber ihre Anleitung zu einem ausgeglichenen
Leben im Einklang mit der kosmischen Weltenharmonie,
die ihr in den drei großen visionären Schauungen gegenwärtig geworden ist.

Am 17. 9. 1179 starb Hildegard in ihrem 82. Lebensjahr
auf dem Rupertsberg. Ihr Kloster dort wurde 1632 während des Dreißigjährigen Krieges zerstört. Auf den Höhen
oberhalb von Rüdesheim pflegt ein Benediktinerinnenkloster das Andenken Hildegards. Ihre Reliquien werden
in einem Schrein in der Kirche von Eibingen aufbewahrt,
wo sie ihr zweites Kloster gegründet hat. Im deutschspra-
chigen Raum verehrte man sie stets als Volksheilige, aber
erst 2012 wurde sie durch Papst Benedikt XVI. offiziell
zur Heiligen erhoben und zur Kirchenlehrerin ernannt.

Schlüsseltext aus Hildegards Werk:

Hildegard von Bingen ist eine der größten Visionärin-
nen der mittelalterlichen Mystik. Als gereifte Mystikerin
hat sie 1175 in einem Brief an den Mönch Wibert von
Gembloux auf dessen Drängen eine außerordentlich präzise Beschreibung der seelischen Vorgänge während ihrer
Entrückungen gegeben. Es wird darin deutlich, dass ihre
Visionen Ausstrahlung eines viel innerlicheren Vorgangs

sind. Sie nennt es den *Schatten des Lebendigen Lichtes*. Dabei sieht sie ihre Visionen unmittelbar in der Seele, aber mit „offenen leiblichen Augen", das heißt sie ist bei vollem Bewusstsein und kann die reale äußere Welt von den gleichzeitig gesehenen inneren Bildern unterscheiden:

Von meiner Kindheit an, als meine Gebeine, Nerven und Adern noch nicht erstarkt waren, erfreute ich mich der Gabe dieser Schau in meiner Seele bis zur gegenwärtigen Stunde, wo ich doch schon mehr als siebzig Jahre alt bin. Und meine Seele steigt – wie Gott will – in dieser Schau empor bis in die Höhe des Firmamentes ... Ich sehe aber diese Dinge nicht mit den äußeren Augen und höre sie nicht mit den äußeren Ohren, auch nehme ich sie nicht mit den Gedanken meines Herzens wahr noch durch irgendwelche Vermittlung meiner fünf Sinne. Ich sehe sie vielmehr einzig in meiner Seele, mit offenen leiblichen Augen, sodass ich dabei niemals die Bewusstlosigkeit einer Ekstase erleide, sondern wachend schaue ich dies, bei Tag und Nacht.

Das Licht, das ich schaue, ist nicht an den Raum gebunden. Es ist viel, viel lichter als eine Wolke, die die Sonne in sich trägt. Weder Höhe noch Länge noch Breite vermag ich an ihm zu erkennen. Es wird mir als der „Schatten des Lebendigen Lichtes" bezeichnet. Und wie Sonne, Mond und Sterne in Wassern sich spiegeln, so leuchten mir Schriften, Reden, Kräfte und gewisse Werke der Menschen in ihm auf. (Hildegard von Bingen: Briefwechsel. Salzburg, 1965, 226f)

MECHTHILD VON MAGDEBURG (UM 1207–1282)

Wie viele Frauen ihrer Zeit ist auch Mechthild von Magdeburg als junges Mädchen von der Begeisterung für ein ursprüngliches christliches Leben erfasst worden. Sie entschied sich gegen den Wohlstand, der ihr als Tochter aus gutem Hause sicher gewesen wäre, und wählte stattdessen ein einfaches, aber sinnerfülltes Leben. Mechthild verließ als junge Frau ihr Elternhaus und schloss sich in Magdeburg einer Gemeinschaft freier Beginen an. Während dieser Zeit führte sie eine Art geistliches Tagebuch über ihren Glaubensweg, ihre Krisen und mystischen Erfahrungen. Gealtert, schwach und aufgerieben von den Auseinandersetzungen um die Berechtigung der Lebensform freier Beginen, musste sie sich schließlich ins Kloster Helfta zurückziehen. Dort setzte sie ihre Aufzeichnungen fort und wurde zur spirituellen Lehrmeisterin der Helftaer Nonnen. Zwei der Nonnen, Gertrud von Helfta und Mechthild von Hackeborn, reiften unter ihrem Einfluss zu bedeutenden Mystikerinnen. Mechthilds sehr persönliche Aufzeichnungen mit dem Titel „Das fließende Licht der Gottheit" gehören zu den ursprünglichsten Werken der mittelalterlichen Frauenmystik.

Bereits mit zwölf Jahren wurde die um 1207 in einer adeligen Familie geborene Mechthild vom „Gruß des Heiligen Geistes" mit „überströmender Macht getroffen". So beschreibt sie ihr erstes mystisches Erleben im Bild der Verkündigung an Maria. Die Erfahrung göttlicher Nähe in diesem *Gruß* blieb ihr fortan, ja wurde stärker von Tag zu Tag – wurde „Flut aus dem Brunnen der sich verströmenden Dreifaltigkeit". Ein Leben in den gewohnten Bahnen mit standesgemäßer Verheiratung, Hausstand und Gesinde kam für sie nicht mehr in Frage. Alles, was sie an einem gottgeweihten Leben hinderte, wollte sie abstreifen: allen äußerlichen Besitz, familiäre Bindungen, Freunde; und sie sehnte sich danach, „ohne eigene Schuld erniedrigt zu werden" wie Jesus. Harten Widerstand hat sie wohl leisten müssen gegen die Versuche ihrer Familie, sie zu verheiraten. Solche Auseinandersetzungen jedenfalls sind von anderen jungen Frauen ihres Standes überliefert, die sich für ein Leben der vollständigen religiösen Hingabe entscheiden wollten, wozu nach dem Idealbild der Zeit die Ehelosigkeit und die frei gewählte Armut gehörten.

Als Mechthild dann im Jahr 1230, mit Anfang zwanzig, die elterliche Burg verließ, die wahrscheinlich in der Gegend von Zerbst zu lokalisieren ist, um alleine nach Magdeburg zu gehen, war es ein Weg ins Ungewisse. Die erste Zeit in der großen, von Leben und Unruhe erfüllten Stadt muss krisenhaft und voller Anfechtungen gewesen sein. Kriegsleute des Erzbischofs, der seit Jahren eine Fehde mit dem Herzog von Brandenburg ausfocht, machten ebenso die Gassen unsicher wie fahrendes Volk, das in der Stadt seinen Vorteil suchte. Durchziehende Händler lagerten mit ihrem Tross in der Stadt. Die Handwerker auf der großen Baustelle am Dom waren aus aller Herren Länder angeworben. Der Dolch saß mitunter locker in der überreizten Atmosphäre der überfüllten Stadt. Kein Ort für eine alleinstehende junge Frau. Mit gutem Grund hatten die Magdalenerinnen, die sich um verelendete und in die Armutsprostitution geratene Frauen kümmerten, 1230 in Magdeburg eine Niederlassung gegründet. Auch Mechthild könnte hier in ihrer Anfangszeit Hilfe erhalten haben, bis sie selbst Fuß gefasst hatte.

Wohl bald aber hat die willensstarke, von mystischer Erfahrung durchgeistigte junge Frau gleichgesinnte Gefährtinnen gefunden, mit denen sie sich zu einer Beginengemeinschaft zusammenschloss. Als ihre leitende Magistra führte sie dann zweifellos ein strenges Regiment, denn sie selbst legte sich eine so harte Askese auf, dass sie erkrankte. Umsichtig sorgte sie für die geistliche Betreuung ihrer Gemeinschaft, da die selbstorganisierten Beginenhäuser ohne feste institutionelle Einbindung und theologische Anleitung immer in Gefahr waren, ihren ursprünglichen Idealen untreu zu werden. Leicht konnten sie den überaus aktiven Sekten auf den Leim gehen, die den ansteckend faszinierenden Gedanken verbreiteten, dass sich der Mensch aus eigener Kraft zur völligen Einswerdung mit Gott erheben könne. Und so musste auch Mechthild in ihren Aufzeichnungen davon berichten, dass sie mit Problemen in ihrer Gemeinschaft zu kämpfen hatte. Und auch sie selbst war lange von innerer Unruhe umgetrieben, von Schuldgefühlen belastet und von ihrem mystischen Erleben verwirrt.

Erst 1250, nach zwanzig Jahren mit „Seufzen, Weinen, Beichten, Fasten, Wachen, Rutenschlägen und beständiger Anbetung", meist müde, krank und schwach, von „übermächtiger Liebe" in der Erfahrung göttlicher Nähe emporgehoben trotz des Gefühls, ihrer ganz unwürdig zu sein, fand sie zur Klarheit und Ordnung ihrer Gedanken. Bestärkt durch ihren geistlichen Betreuer, den Dominikaner Heinrich von Halle, fasste sie den Mut, die Bilder und Empfindungen, die schon lange in ihr lebten und nach Worten suchten, aufzuschreiben. Indem sie niederschrieb, was sie bewegte und ihr begegnete, befreite sie sich von dem, was sie belastete und in ihrer bisherigen „Einfältigkeit sehr elend" fühlen ließ. Ihre Aufzeichnungen, die sie fast bis zu ihren Tod fortführte, wurden ein Protokoll ihrer Krisen, ihrer Auseinandersetzungen mit Gegnern, ihrer Demütigungen, ihrer Selbsterziehung und vor allem ihres inneren Dialogs mit Gott. Sie verwendet darin vielfältige Gestaltungsformen: Gebete, Fürbitten, Visionsschilderungen, Reimsprüche, und Dialoge, wie es ihr gerade angemessen erschien. Besonders in den Dialogen lässt sie die „unbeschreibliche Vertrautheit" zwischen ihr und ihrem göttlichen Gesprächspartner nacherleben, als Gespräch zwischen Seele und Gott. Sie treten auf als Königin Seele und göttliche Liebe, als liebende Seele und Heiliger Geist oder als Braut und Bräutigam in der Tradition der Bernhard'schen Hohelied-Auslegung. Im Figurenpaar *Weltenherrscher und Ecclesia*, das 1250, also im Jahr, in dem sie ihre Aufzeichnungen begann, im Magdeburger Dom aufgestellt wurde, könnte sie die *Königin Seele* und den *himmlischen König* ihres mystischen Dialogs wiedererkannt haben. Im zarten Spiel der Annäherung von Braut und Bräutigam nach Bildern des Hohenliedes sieht Mechthild wie Bernhard von Clairvaux ein Bild für die mystische Vereinigung, aber mit deutlich stärkerer erotischer Färbung als bei ihm.

Mechthild schrieb in ihrer niederdeutschen Muttersprache, anders als Hildegard von Bingen und andere Klosterfrauen wie die gebildeten Nonnen von Helfta, die sich des Lateins bedienten. Manchmal lassen ihre Aufzeichnungen die Alltagssituation erkennen, aus der heraus sie entstanden sind: während der Arbeit „in dieser Küche", auf einer blühenden Wiese oder im Bett beim Kerzenschein, wo sie einen Abschnitt über die göttliche Liebe beendete mit der Nachschrift: „Gute Nacht, Liebe! Ich möchte nun schlafen. Alleluia." Diese Unmittelbarkeit und Frische prägt den unverwechselbar lebendigen Atem ihres Buches. Sie schrieb ihre Aufzeichnungen für sich selbst als Spiegel und Tagebuch, verstand sie aber auch als „Boten", den sie „wegen der Lehre, die dieses Buch enthält", in die Welt senden musste. Die Lehre sei zwar von einer „ungelehrten" Begine, wie sie sich selbst nennt, aufgezeichnet, jedoch zugleich „aus der lebendigen Gottheit in Schwester Mechthilds Herz geflossen". So wurde ihr Buch selbst Licht der Gottheit, „fließend in alle Herzen, die da leben ohne Arg", und so erhielt es auch den Titel *Das fließende Licht der Gottheit*. Dabei war Mechthild immer wieder zerrissen von Zweifeln an ihrer eigenen Berufung und an ihrer Fähigkeit, das Überwältigende, vor dem sie lieber verstummen wollte, in Worte zu fassen. Dann wieder gab sie sich ganz fest und selbstsicher, trumpfte geradezu auf gegenüber der Geistlichkeit. In einem ihrer Dialoge etwa sagt die göttliche Stimme: „Man findet viele schriftgelehrte Meister, die als Menschen vor meinen Augen Toren sind", und man glaubt zu hören, wie Mechthilds Stimme geradezu vor Zorn zittert, wenn man bei ihr liest: „Wer den Weg zur Hölle nicht kennt, der braucht nur auf die verdorbene Geistlichkeit zu schauen." Zur Zeit dieser Niederschrift wurden die Auseinandersetzungen um die Zulässigkeit des Beginenstandes härter, die Angriffe auf die Beginengemeinschaften schärfer. Gleichzeitig lieferten aber auch Verfallserscheinungen und sektiererische Abirrungen eines Teils dieser religiösen Bewegung Grund für berechtigte Kritik. Geschwächt durch Askese über Jahre hinweg, krank, gealtert und wohl nicht mehr stark genug, um sich gegen Auswüchse in der eigenen Beginengemeinschaft und den zunehmenden Druck des Klerus durchzusetzen, zog sie sich im Jahr 1270 auf Anraten ihrer geistlichen Begleiter ins Kloster Helfta zurück, wo man sich wahrscheinlich vorher vermittelnd für sie eingesetzt hatte.

Im Kloster Helfta entstand während der zwölf Jahre von ihrem Eintritt bis zu ihrem Tod im Sommer 1282 noch ein siebtes Kapitel ihres Buches mit Hilfe der bei ihrem Eintritt erst vierzehnjährigen Nonne Gertrud, die später selbst als die große Mystikerin Gertrud von Helfta mit Visionsschriften hervortreten sollte. In vielen Gesprächen hat Mechthild das junge Mädchen wohl in ihre Lehre der mystischen Brautschaft eingeführt. Aus Mechthilds Schrift kennen wir diese Lehre: Mit immer neuen Bildern versucht sie darin anzudeuten, wie Gott der Seele seine Nähe schenken kann. Vor allem ist es das Bild des Fließens, das ihr angemessen erscheint für den „Überfluss göttlicher Liebe, der niemals stillsteht, fließt immer ohne Unterlass, ohne jede Mühe in so süßem, andauerndem, unermüdlichem Fluss, dass unser kleines Gefäß voll wird und überfließt". So wird der ganze Mensch erfüllt von göttlicher Gegenwart. Die Augen der Seele schauen ihr Licht, ihre Berührung wird in Kuss und Umarmung fühlbar, in einer „unbegreiflichen Süßigkeit" lässt sie sich schmecken und verströmt in der Seele ihren Duft. Und allen Gliedern des Leibes teilt sich die göttliche Gegenwart mit, was uns Menschen über die Engel erhebt, denen diese ganzheitliche leib-seelische Erfahrung nicht möglich ist. Damit widerspricht sie einer theologischen Tradition, die im Leib ein Hindernis auf dem Weg zur Gottesnähe sieht, weil er dem Irdischen und der Sünde verhaftet sei. Dabei weiß sie jedoch, dass die unmittelbare Schau Gottes in diesem Leben nicht möglich ist und Gott seinen „Lichtglanz verbergen" muss, damit er das „Fassungsvermögen der Sinne" nicht überfordert. Manche ihrer Formulierungen könnten vermuten lassen, dass die mystische Vereinigung für sie ein vollständiges Untergehen des Ich in der Unendlichkeit Gottes bedeutet, etwa wenn sie das Bild von *Wasser und Wein* für das Aufgehen der Seele in der liebenden Begegnung mit dem göttlichen Bräutigam verwendet. Wie an vielen anderen Stellen wählt sie damit ein brautmystisches Bild für den Höhepunkt der mystischen Vereinigung, aber klar und deutlich heißt es bei ihr: „Unser beider Gemeinschaft ist das ewige Leben ohne Tod." Mechthilds brautmystische Sprache ist von großer Lebensnähe. Der jungen Gertrud wird es manchmal die Schamröte ins Gesicht getrieben haben bei erotisch gefärbten Bildern wie diesem: „Kommt um die Mittagszeit zum Brunnenschatten in das Bett der Liebe, dort sollt Ihr Euch mit ihm erquicken." Trotz ihres vertrauten Umgangs mit der göttlichen Gegenwart hat gerade Mechthild auch Phasen bitterer Gottesferne durchleiden müssen, die sie aber angenommen hat als Weg zur Vertiefung ihrer Christusnachfolge und als Durchgang hin zu einer umso beglückenderen Gegenwart Gottes.

Mechthilds *Fließendes Licht der Gottheit* war lange verschollen und vergessen, obwohl die mit ihr verbundenen Dominikaner schon bald nach ihrem Tod eine lateinische Übersetzung angefertigt haben. Heinrich von Nördlingen († um 1356) hat das Buch in einer oberrheinischen Übersetzung im Kreis der mystisch inspirierten „Gottesfreunde" um Johannes Tauler (um 1300–1361) und Rulman Merswin (1307–1382) bekannt gemacht. Eines der in diesem Kreis benutzten Exemplare überdauerte die Zeiten in abgelegenen Klausen der Waldschwestern im Hochtal von Einsiedeln und zuletzt in der dortigen Stiftsbibliothek. Erst Mitte des 19. Jahrhunderts wurde es wiederentdeckt und in seiner Bedeutung erkannt. Bald darauf hat man auch die lateinische Übersetzung in Basel aufgefunden.

Schlüsseltext aus dem Werk der Mechthild von Magdeburg:

Die von Gott ebenbildlich geschaffene Seele hat für Mechthild von Magdeburg eine höhere geistige Seekraft, ein geistiges Auge. Sie sieht das, was die körperlichen Augen nicht erkennen können.

Höre nun ein Gleichnis: Wie gute Augen ein Mensch haben mag – er kann nicht weiter als eine Meile sehen. Einen wie scharfen Verstand ein Mensch auch haben mag – er kann Übersinnliches nicht anders begreifen als durch den Glauben und tastet wie ein Blinder in der Finsternis. Die liebende Seele, die all das liebt, was Gott liebt, und all das hasst, was Gott hasst, besitzt ein Auge, das hat Gott erleuchtet. Damit blickt sie in die ewige Gottheit [und sieht], wie die Gottheit mit ihrer Natur in der Seele gewirkt hat. Er hat sie nach seinem Bilde geformt, er hat sie in sich selbst aufgenommen, er hat sich mit ihr am innigsten von allen Kreaturen vereinigt, er hält sie in sich [selbst] umschlossen und hat von seiner göttlichen Natur so viel in sie gegossen, dass sie nichts anderes sagen kann, als dass er in aller Verbundenheit mehr als ihr Vater ist. (Mechthild von Magdeburg: Das fließende Licht der Gottheit. Frankfurt a.M., 2003, 493f)

DIE FRAUEN VON HELFTA: GERTRUD VON HELFTA (1256–1302) UND MECHTHILD VON HACKEBORN (1241–1299)

Gertrud von Helfta und Mechthild von Hackeborn waren mit ihrer Mystik des „göttlichen Herzens" einflussreich bis in die Neuzeit. Kloster Helfta bei Eisleben, in dem sie gewirkt haben, wurde anders als die selbstorganisierten Beginengemeinschaften regulär nach kanonischem Recht im Jahr 1229 als Stiftung gegründet. Und anders als die Beginen, die sich frei für ein unabhängiges religiöses Leben entschieden, waren die Nonnen oft von ihren adeligen Familien schon im Kindesalter dem Kloster übergeben worden. Natürlich sollten sie auch dort ein standesgemäßes Leben führen. So ist ihre Spiritualität von Stil und Sitte des Adels geprägt, und in ihren mystischen Schriften benutzen sie bevorzugt Bilder des höfischen Lebens. Sie waren gebildet und schrieben auf Latein, während die Beginen sich in ihrer jeweiligen Muttersprache ausdrückten. Aber auch die Nonnen von Helfta waren vom Geist der religiösen Aufbruchsbewegung des 13. Jahrhunderts erfasst. Der Kon-

vent lebte nach der strengen zisterziensischen Reformregel, und seine geistlichen Betreuer kamen wie bei den Beginen aus den Bettelorden.

Gegenüber dem Stifter des Klosters, dem Grafen von Mansfeld, wahrten die Nonnen von Helfta selbstbewusst ihre Unabhängigkeit. Die Äbtissin Gertrud von Hackeborn hatte das ursprünglich in Mansfeld gegründete Kloster 1258 nach Helfta auf einen elterlichen Besitz verlegt, um sich dafür den Rückhalt zu verschaffen. Eine klostereigene Schule sorgte dafür, dass die Bildung der Nonnen weit über das damals für Frauen Übliche hinausging. Neben der besonders gepflegten musikalischen Ausbildung wurde mit den *Sieben Freien Künsten* der gesamte Kanon des mittelalterlichen Wissens vermittelt, von einem vertieften Lateinunterricht bis hin zur Naturkunde. Dies war der geistige Nährboden für die beiden bedeutenden Mystikerinnen des Klosters, die in der Blütezeit von Helfta gewirkt haben: Gertrud von Helfta und Mechthild von Hackeborn. Beide waren schon im Kindesalter von ihren Familien ins Kloster gegeben worden. Mechthild kam mit sieben Jahren, Gertrud war sogar erst fünf Jahre alt, als die Familie sie in die Obhut des Klosters gab. Die adeligen und wohlhabenden Eltern versorgten ihre Töchter mit einer guten Aussteuer, sodass sie sich in strenger Klausur ganz dem Gotteslob im Chorgebet widmen konnten, zu dem sich der Konvent nach benediktinisch-zisterziensischer Tradition vom ersten Gebet am frühen Morgen bis zur Komplet am Abend regelmäßig im Schwesternchor versammelte.

Ein bedeutendes Ereignis in der Geschichte des Klosters war der Eintritt der Begine und Mystikerin Mechthild von Magdeburg im Jahr 1270. Auf Anraten ihrer geistlichen Betreuer zog sie sich nach Helfta zurück, als die Lage der Beginen in Magdeburg prekär geworden war, weil deren Lebensform zunehmend unter Druck und in die Kritik des Klerus kam. In hagiografischer Überhöhung heißt es dazu in den Aufzeichnungen der Helftaer

Nonnen: „Einst kam eine Person, in göttlichen Offenba-
rungen sehr erprobt, durch den Wohlgeruch des guten
Rufes angezogen, aus weiter Ferne ins Kloster."

Mechthilds Aufnahme war nicht selbstverständlich,
denn trotz der guten Grundsicherung durch die Stiftung
des Grafen von Mannsfeld und die Familien der Nonnen
musste der starke Konvent von über sechzig Nonnen um
seinen Unterhalt besorgt sein. Viele Klöster nahmen ein
neues Mitglied nur dann auf, wenn eine Nonne gestorben war, damit die wirtschaftliche Basis für die Versorgung des Konventes gesichert blieb. Mechthild hatte das
Wenige, das sie erarbeitet hatte, nach der Regel der Beginen in ihrer Magdeburger Gemeinschaft zurücklassen
müssen. Sie war alt und gebrechlich und durch ihr offen
kritisches Auftreten in Magdeburg nicht unumstritten.
So blieben die Schwestern auf Distanz; allein die kleine
vierzehnjährige Gertrud, die unter Mechthilds Einfluss
zu der bedeutenden Mystikerin Gertrud von Helfta werden sollte, schloss sich ihr an, sicherlich fasziniert von der
großen alten Frau und ihrer lebendigen Art zu reden und
dann wieder in tiefer Kontemplation zu beten. Gertrud,
die schon als Kleinkind ins Kloster gekommen war, wird
die alte Begine immer wieder gedrängt haben, aus ihrem
Leben zu erzählen. Und sie war es wohl vor allem, die
der alten, kranken und blinden Frau mit ihren „Augen",
ihren „Händen" und ihrem „Herzen" diente, wofür sich
Mechthild in ihren Aufzeichnungen beim Herrn bedankt.
Das hochintelligente, geistig regsame Mädchen brachte
wieder Sinn in Mechthilds Leben. In der fremden Umgebung, völlig angewiesen auf Hilfe, hatte sie sich schon den
Tod gewünscht. Einer der Dialoge, die sie oft als Stilmit-
tel verwendet, schildert diese Wende: „Da bat sie: ‚Herr,
willst du nicht morgen meine Seele empfangen, sobald
ich deinen heiligen Leib empfangen habe?' ‚Nein', sagte
er, ‚du sollst noch reicher werden durch Leiden.' ‚Herr,
was sollte ich hier in diesem Kloster tun?' ‚Du sollst sie
erleuchten und lehren und sollst hoch geehrt unter ihnen
leben.'" Und so lehrte sie besonders die wissbegierige

Gertrud über viele Jahre in vielen Gesprächen, in denen sie das Mädchen und dann die junge Frau in die Mystik einführte. Nach anfänglichem Zögern setzte sie auch ihre Aufzeichnungen im Kloster fort. Ein siebtes Kapitel ihres Buches entstand mit Hilfe Gertruds während der zwölf Jahre vom Klostereintritt bis zu ihrem Tod im Sommer 1282.

Es brauchte eine lange Inkubationszeit, bis ihr Einfluss bei den Nonnen von Helfta wirksam wurde. Gertrud blieb zunächst die eher nüchtern intellektuelle junge Frau, die sich zwar für das Leben und die Erfahrungen der alten Begine interessierte, aber nach eigener Aussage selbst wenig spirituellen Tiefgang hatte. Erst 1281, kurz vor Mechthilds Tod, hatte sie erste eigene mystische Erfahrungen, die zu einer tiefgreifenden Umorientierung ihres Lebens führten. Ab 1289 schrieb auch sie ihre Erfahrungen auf. Anders als ihr Vorbild Mechthild benutzte sie als gebildete Nonne dafür die lateinische Sprache. Der *Legatus divinae pietatis* (*Gesandter der göttlichen Liebe*) entstand. Von ihrer eigenen Hand stammt allerdings nur das zweite Kapitel, weitere Visionen wurden von anderen Schwestern nach ihren Angaben aufgezeichnet und teilweise wohl überzeichnet. Zehn Jahre später berichtete dann auch die schwer erkrankte Mechthild von Hackeborn, die Schwester der Äbtissin und langjährige Kantorin des Konventes, auf dem Krankenlager von ihren Visionen und mystischen Erfahrungen. Gertrud und eine weitere, namentlich nicht bekannte Schwester schrieben sie ohne ihr Wissen auf. Als Mechthild von Hackeborn schließlich davon erfuhr, erkannte sie die Schrift jedoch als wahrheitsgemäße Wiedergabe ihrer Erfahrungen an. Es ist der *Liber specialis gratiae* (*Buch der besonderen Gnade*).

Sicher waren die Helftaer Frauen durch Mechthild von Magdeburg angeregt und durch ihr Vorbild sensibler geworden für ihre eigenen Erfahrungen, aber ihre Mystik ist ganz eigenständig. Sie spiegelt das festliche Gepräge der Liturgie und ist eingebunden in ein intensives Nacherleben des biblischen Heilsgeschehens im Festzyklus des Kirchenjahres mit seinen wiederkehrenden Höhepunkten, die immer auch mit einer besonderen Hochsteigerung des Erlebens und mit Ausfahrten ihrer Seele verbunden waren. Fast immer gehen ihre Visionen von den biblischen Inhalten des liturgischen Geschehens oder von der tief empfundenen Mitfeier der Eucharistie aus. In der Kirche, beim Gebet im Schwesternchor, ereignete sich dann die göttliche Gegenwart, die sie in Bildern der Brautmystik oder in opulent ausgemalten Visionsschilderungen mitteilen. Es ist besonders das Bild des *göttlichen Herzens*, in dem sich die mystische Erfahrung der Helftaer Frauen ausspricht, „jene Mitte, aus der gerade die gottgeschöpfliche Einheit der kirchlichen Mysterien entströmt: die Mittlerschaft Jesu Christi und jenes Geheimnis in ihm, worin sich die höchste Gottheit im tiefsten Tal des Fleisches verkörpert", so Hans Urs von Balthasar in seinem Kommentar zu des Schriften Mechthilds von Hackeborn. Besonders bei Mechthild von Hackeborn schimmert alles prachtvoll, wenn sie beim göttlichen Hof zugelassen ist. Die Gottesgeburt im Seelengrund, die für Meister Eckhart und ihm verwandte Mystiker dem Versinken in einem dunklen Abgrund gleichkommt, schaut sie in ihren Visionen farbig bildhaft und leibhaftig, wie auf einer Theaterbühne. So heißt es etwa in ihrem *Liber*: „Als die Messe ‚Der Herr sprach zu mir' zum Gedächtnis und zu Ehren der verborgenen und unaussprechlichen ewigen Geburt Christi aus Gott dem Vater gesungen wurde, vermeinte sie Gott Vater zu sehen als mächtigen König unter einem wundersamen Gezelt sitzend auf elfenbeinernem Thron; und er sprach zur Seele: ‚Komm und empfange den mitewigen und eingebornen Sohn meines Herzens und teile ihn allen mit, die in ehrfürchtigem Dank seine höchste und immerwährende Geburt aus mir verehren.'"

Gertrud hat neben ihrem *Legatus* ein weiteres Werk geschaffen, die *Exercitia Spiritualia* (*Geistliche Übungen*). Es ist eine systematische Anleitung zum betenden Aufstieg, bestehend aus Meditationsimpulsen, Gebeten, Gesängen,

Segensworten und Litaneien, in sieben Stufen eingeteilt, die orientiert sind am Bild der geistlichen Reifung in den Phasen des klösterlichen Lebens, von der sittlichen Vorbereitung und Umkehr bis zur Erfahrung göttlicher Liebe. Und es ist eine große Anrufung und Bitte um den *lebenspendenden Geisthauch,* um den *Bund vollkommener Einung* in der Begegnung mit der *Gott-Liebe.* Dementsprechend sollten die *Exercitia* nicht gelesen, sondern gebetet und gesungen werden. Auch in ihren *Exercitia* greift Gertrud das Bild des göttlichen Herzens, des Herzens Jesu, immer wieder auf.

Bald nach seiner Hochblüte im 13. Jahrhundert wurde das Kloster während einer Fehde durch Kriegsvolk des Bischofs von Halberstadt zerstört und ist dann 1525 in den Wirren des Bauernkrieges endgültig untergegangen. Nach Jahrhunderten der Fremdnutzung, zuletzt während der DDR-Zeit als Volkseigenes Gut für Schweinemast, ruft der silberne Klang der kleinen Glocke vom Glockenreiter wieder zu den Stundengebeten. Eine private Initiative verhinderte 1988 die Sprengung der als Schuppen genutzten Kirchenruine mit dem erhaltenen Ostgiebel. Freundeskreise setzten sich nach der Wende für den Wiederaufbau ein und sammelten Geld. Am 13. August 1999 schließlich besiedelten Zisterzienserinnen aus Süddeutschland erneut das einstmals als „Krone der deutschen Frauenklöster" bezeichnete St. Marien zu Helfta. Vom Morgenlob bis zur Komplet am Abend erklingt nun wie ehemals das gregorianisch gesungene Gotteslob nach den Psalmtexten. In Alt-Helfta folgten die Schwestern der Messe auf dem erhöhten Schwesternchor im hinteren Bereich der Kirche. Ihr Blick fiel auf den Altar und die Fenster des erhaltenen Ostgiebels. Durch das linke Fenster soll Gertrud ihre erste Vision empfangen haben. Es ist später nie gelungen, es dauerhaft zuzumauern. Die Ziegel seien immer wieder herausgebrochen, berichten die Einheimischen. Auch in der DDR, während der Zeit des offiziell geförderten Atheismus, waren die Berichte darüber nicht verstummt. Als die Zisterzienserinnen nach der Wende kamen, um das Kloster wieder zu besiedeln, fanden sie dieses Fenster tatsächlich nur notdürftig mit Brettern verschlossen vor, die anderen waren vermauert.

Während die Aufzeichnungen der Begine Mechthild bald verschollen und vergessen waren, haben die Helftaer Nonnen Gertrud von Helfta und Mechthild von Hackeborn über zahlreiche Abschriften und spätere Druckauflagen mit ihren Büchern eine breite Öffentlichkeit erreicht. Ihre Symbolik des *göttlichen Herzens* fiel im 19. Jahrhundert auf den fruchtbaren Boden eines intensiven Herz-Jesu-Kultes. Insbesondere Gertrud ist weltweit bekannt geworden und hat den Beinamen „die Große" erhalten. Sie ist Patronin Südamerikas und Magdeburger Bistumspatronin. Seit 1678 wird sie als Heilige verehrt. Heute allerdings hat uns Mechthild von Magdeburg mit ihrem existenziellen Zugang zur Frage nach Gott mehr zu sagen.

Schlüsseltexte aus dem Werk Gertruds von Helfta und Mechthilds von Hackeborn:

Zarteste, anschmiegende Berührung ist bei Gertrud von Helfta die göttliche Nähe, und sie erfährt die mystische Erhebung als leib-seelische, den ganzen Menschen bis in die tiefsten Tiefen ergreifende Erfahrung.

In der Fastenzeit hast Du mir abermals das Geschenk Deiner erbarmenden Liebe gemacht, und es wäre allzu unrecht, wenn ich das vergäße zu nennen. Es war am zweiten Fastensonntag; vor der Messe zur Prozession wurde das Responsorium gesungen: ‚Ich habe den Herrn gesehen von Angesicht zu Angesicht', da wurde meine Seele durch das Licht Deiner göttlichen Offenbarung mit einem wunderbaren, überirdischen Schimmer erhellt. Mir schien, als schmiege sich meinem Gesicht ein anderes an … In dieser beglückenden Schau schienen mir die Sonnen Deiner Augen meinen Augen direkt gegenüber zu sein, und Du, mein gütiger Gott, ergriffst nicht nur meine Seele, sondern auch mein Herz und alle meine Glieder… Du schmiegtest Dein geliebtes Antlitz, aus dem die Fülle aller Seligkeit strahlt, an mich Unwürdige, und ich fühlte, wie aus Deinen göttlichen Augen unaussprechlich beseligendes Licht in meine Augen drang. Die wunderbare Wirkung dieses Lichtes ergriff alle meine Glieder, es drang bis ins innerste Mark; es schien mir Fleisch und Bein aufzulösen, und ich hatte die Empfindung, als seien mein Körper und meine Seele nichts als Licht, göttliches Licht. Dein göttliches Licht war das Glück meiner Seele. (Gertrud von Helfta: Gesandter der göttlichen Liebe. Darmstadt, 1989, 48f)

Verschwenderische, fließende, quellende göttliche Fülle ist für die Helftaer Mystikerin Mechthild von Hackeborn ein Grunderleben ihrer Gotteserfahrung.

Da erblickte sie in der Entrückung des Geistes einen lebendigen Brunnen, glänzender als die Sonne, der, in sich selber und aus sich selber strömend, einen wundersamen Wohlgeruch von sich ausgehen ließ. Das Brunnenhaus war aufs Gediegenste kostbar gearbeitet, und der Brunnen hatte sein Schöpfgefäß in sich selber; er trank sich selber, ohne Vermittlung des menschlichen Werkes, und er teilte sich allen Wesen verschwenderisch mit. Im fest gegründeten Brunnenhaus sah sie einen Hinweis auf die Allmacht des Vaters; im Schöpfgefäß einen solchen auf die ungeschaffene Weisheit des Sohnes Gottes, der sich seinem Wohlgefallen gemäß allen freiwillig hinverströmt und sich jedem nach seinem Willen ausschenkt und mitteilt; die Süße des Wassers aber stellte dar die unsagbare Süßigkeit und Güte des Heiligen Geistes. Die herrliche Luft besagte, dass Gott das Leben aller Dinge ist, denn wie der Mensch nicht leben kann ohne Luft, so lebt keine Kreatur ohne Gott. (Mechthild von Hackeborn: Das Buch vom strömenden Lob [Auswahl aus dem „Buch der besonderen Gnade"]. Freiburg, 1993, 21).

MARGUERITE PORETE († 1310)

Die mystische Lehre der Marguerite Porete ist grundstür-
zend, denn bei aller Gottestrunkenheit und Christusfrömmig-
keit erschüttert sie mit ihrem Werk „Der Spiegel der einfachen
Seelen" einen Grundpfeiler des christlichen Glaubens, nämlich
Wert und Würde der von Gott gewollten, frei geschaffenen und
bei ihrem Namen gerufenen Person. Ziel ihres mystischen We-
ges ist es, dies hinter sich zu lassen. Freiheit ist für sie Freiheit
von der geschöpflichen Freiheit, die nur Schlechtes will. Sie for-
dert dazu auf, eine in diesem Sinne „freie Seele" zu werden, die
selbst ganz zu Nichts geworden ist, damit allein noch der Wille
Gottes in ihr wirke und sie sich vollständig mit Gott vereine.
Kompromisslos hat sie an ihrer Lehre auch vor einem Inqui-
sitionsgericht festgehalten, das sie schließlich dem grausamen
Flammentod auf dem Scheiterhaufen überantwortete.

Aus den Prozessakten des Inquisitionsverfahrens und
anderen zeitgenössischen Berichten lässt sich erschließen, dass Marguerite Porete wahrscheinlich aus Valenciennes in Nordostfrankreich stammt. Ein Geburtsdatum
ist nicht bekannt. Ihre Schrift *Der Spiegel der einfachen See-*
len (*Le mirouer des simples ames anienties*), in der sie theologisches Wissen sicher handhabt, zeugt von hoher Bildung. Man muss daher davon ausgehen, dass sie einer
der führenden, vielleicht aristokratischen Familien der
Stadt angehörte. Wie viele wohlhabende Frauen dieser
Zeit ist sie aus den ihr vorbestimmten gesellschaftlichen
Bahnen ausgebrochen, um ein Gott hingegebenes Leben
zu führen, möglicherweise im Beginenhaus von Valenciennes. Vielleicht aber war sie auch eine der unabhängigen, umherziehenden religiösen Frauen, die auf Al-
mosen angewiesen waren, denn in ihrer Schrift klagt sie
über die Beginen, die ihre Lehren nicht anerkennen wür-
den. Sie klagt auch über die Ablehnung der Priester und
Ordensangehörigen, aber ihr Sendungsbewusstsein ließ
sich durch nichts erschüttern. Sie war davon überzeugt,

dass Gott selbst ihr die Lehren des Buches eingegeben hat und dass sie deren *Licht der Wahrheit* den verirrten und irrenden Menschen mitteilen muss. Anders aber als etwa Mechthild von Magdeburg und Hildegard von Bingen, die auch an eine göttliche Inspiration ihres Werkes glaubten, war sie dabei ganz ohne Selbstzweifel. Was sie mitzuteilen hat, ist ja nach ihrem Verständnis weder mit der Vernunft zu erfassen noch aus der biblischen Schrift zu entnehmen. Es ist nur den auserwählten *freien Seelen* unmittelbar zugänglich, in denen die göttliche Liebe wirkt. Und sobald die es wissen, wissen sie es schon wieder nicht, denn dann sind diese Seelen zunichte geworden. Dieses Wissen ist der Seele nur dann gegenwärtig, wenn die göttliche Liebe sie ganz in sich hineinzieht, wobei die Seele auch sogleich verlischt. Es ist in seinem Kern daher nicht mitteilbar und nur denen gegenwärtig, die selbst schon *freie Seelen* sind. Solche Seelen geben „niemandem Rechenschaft", der nicht vom selben Geist ist. Alle in diesem Sinne befreiten Seelen stehen in einem unsichtbaren geistigen Zusammenhang – Marguerite Porete nennt das die *große Kirche*. Die in ihren Institutionen sichtbare Amtskirche, von ihr als die *kleine Kirche* bezeichnet, stünde im Rang darunter, denn die stütze sich mit ihrem philosophisch-theologischen Räsonieren auf die Vernunft statt auf die direkte Leitung durch die göttliche Liebe. Entsprechend stolz und unbeugsam hat sie sich dann verhalten, als diese *kleine Kirche* in Gestalt des Bischofs von Cambrai ihr Buch als ketzerisch verurteilte und in Valenciennes öffentlich verbrennen ließ. Das genaue Datum kennt man nicht, es lässt sich aber auf den Zeitraum zwischen 1296 und 1306 eingrenzen. Trotz dieser deutlichen Warnung fuhr sie fort, ihre Lehre zu verbreiten und Abschriften des Buches an Kleriker und Laien zu schicken. 1308 schließlich wurde sie deswegen verhaftet und dem Inquisitionsgericht in Paris überstellt. Getreu ihrer Lehre verweigerte sie jede Aussage und Rechtfertigung. In einem langen, zweijährigen Verfahren wurde ihre Schrift von 21 Theologen überprüft, die schließlich

15 Sätze daraus als ketzerisch einstuften. Marguerite Porete hätte das Todesurteil durch einen Widerruf abwenden können, wie es der mit ihr sympathisierende und ebenfalls angeklagte Priester Guiard de Cressonessart dann getan hat. Sie aber blieb hart, denn wie hätte sie verleugnen können, was in der göttlichen Liebe selbst ihren Ursprung hatte? So bestieg sie unbeugsam am 1. Juni 1310 den Scheiterhaufen und wurde zusammen mit ihrem Buch verbrannt.

Das Buch der Marguerite Porete wirkte auch nach ihrem Tod weiter. Neben der altfranzösischen Originalfassung kursierten Übersetzungen ins Lateinische, Altitalienische und Mittelenglische. In den zwei Jahren, die man sie nach der Verurteilung ihres Buches gewähren ließ, hatte sie entsprechend vorgesorgt. Noch auf dem Konzil von Basel im Jahr 1439 etwa, also fast 130 Jahre nach Marguerite Poretes Tod, war die Rede von 36 Exemplaren des *Spiegels*, die man verbrennen wollte. Alle diese Maßnahmen blieben ohne Erfolg, denn die Faszinationskraft ihrer Lehre sprach die Menschen der Zeit an, die umgetrieben waren von der Sorge um ihr Seelenheil angesichts der Allgegenwart des Todes, der immer wieder mit der Geißel der Pest, andauernden Kriegen und Raubzügen reiche Ernte hielt. Stellte der *Spiegel* der Porete doch den vollständigen *inneren Frieden* in Aussicht durch gänzliche Sündenfreiheit im Zunichtewerden des eigenen Willens und damit sichere Errettung beim letzten Gericht. Die freie Seele, die ihren Willen vollständig aufgegeben und sich ganz von allem Irdischen abgelöst hat, kann ja nicht schlecht handeln, denn Gott handelt in ihr und wirkt durch sie „ohne das Zutun dieser Seele". Auch die Heilsmittel der Kirche, seien es Gebete oder Sakramente, sind für eine solche Seele damit belanglos. Die moralischen Regeln, die *Tugenden*, hat sie hinter sich gelassen, denn sie steht nun über ihnen, weil Gott selbst es ja ist, der handelt. Diese so befreite Seele ist von der Freiheit und damit ihrer Verantwortung befreit, sie „ist überhaupt nicht mehr bei sich" und „nicht ‚für' sich, sie lebt aus göttlicher Substanz". Sie ist gewissermaßen ein Schlafwandler Gottes. In der höchsten Entrückung verschmilzt sie gänzlich mit Gott, verliert ihren Namen und damit ihre Individualität. Sie geht ein in den vorgeschöpflichen Zustand, in dem es keine Sünde gibt. Die Seele, die so gänzlich ihren Willen aufgegeben hat, lebt im Hochgefühl dauerhaften Friedens und nahe bei ihrem göttlichen Freund. Sie ist nach Marguerite Porete auf der fünften Stufe des mystischen Aufstieges. Die höchste Schau der sechsten Stufe wird nur kurz gewährt, wenn sich der *Fernnahe* (*Loingprès*), wie Marguerite Porete Gott auch nennt, in einem blitzartigen Augenblick für die Seele öffnet und wieder verschließt. Gott ist der Fernnahe, er ist nah und doch fern, die Seele wird zu ihm erhoben und verliert sich aber zugleich in ihm. Das eigentlich Unsagbare versucht Marguerite Porete durch die Vereinigung des Unvereinbaren zu umschreiben. So ist auch der Zustand der höchsten Erhebung nur paradox in Worte zu fassen: „Doch diese auf diese Weise reine und erhellte Seele sieht weder Gott noch sich selbst, vielmehr sieht Gott sich von sich aus in ihr, für sie, ohne sie." Gott erkennt sich in der Seele, und die Seele erkennt sich als Gott, denn es gibt nichts außer Gott.

Das sind Lehren, wie sie ganz ähnlich auch die sogenannten *Brüder und Schwestern des freien Geistes* gepredigt haben. Von Albertus Magnus haben wir aus den 1270er Jahren einen ersten Bericht über eine dieser Gruppen, die untereinander keinen festen organisatorischen Zusammenhang hatten, aber in zentralen Auffassungen übereinstimmten. Ihre Wanderprediger verkündeten hochfahrende Lehren, nach denen der Mensch mit Gott gleich werden könne. Durch eine so vergöttlichte Seele wirke Gott unmittelbar, denn die Seele und Gott sind eins geworden. Die Kirche, ja selbst Christus sei für den Heilsweg solcher Auserwählter überflüssig. Das moralische Gesetz gelte für sie nicht, denn aus göttlicher Vollmacht könnten sie selbst bestimmen, was für sie erlaubt ist und was Sünde. Entsprechend zügellos verhielten sich manche der umherziehenden Gruppen. Als eine der wandernden Beginen ist Marguerite Porete wahrscheinlich mit ihnen in Berührung gekommen und hat sich von diesen fiebrig erregten Geistern anstecken lassen. Der Einfluss solcher schwärmerischer Gruppen reichte bis in die Klöster, und selbst theologisch gebildete Lehrer wie Meister Eckhart nahmen Elemente ihrer Lehre auf, bei Eckhart möglicherweise über den *Spiegel* der Porete vermittelt. Er könnte die Schrift während seiner Aufenthalte in Paris kennengelernt haben. Wilhelm Humbert, der Leiter des Inquisitionsverfahrens gegen die Porete, lebte 1311–1313 zusammen mit ihm im Pariser Dominikanerkonvent. Manche Stellen in Eckharts Predigten lassen vermuten, dass er sich von den Thesen des *Spiegels* hat anregen lassen. Nach diesem Parisaufenthalt ist jedenfalls eine deutliche Radikalisierung seiner mystischen Theologie festzustellen. Auch bei Johannes Tauler gibt es Stellen, die an den *Spiegel* erinnern. Wie Marguerite Porete spricht er vom Verlieren des Namens in der mystischen Erhebung. Vielleicht wurde ihr Buch heimlich im Kreis der *Gottesfreunde* gelesen, der eifrig im Sammeln mystischer Schriften und Tauler eng verbunden war.

Nach christlichem Verständnis negieren solche Lehren Würde und Wert der individuellen, von Gott geschaffenen und gewollten Person, die sich in Freiheit zum Guten entscheiden soll. Der Mensch bleibt immer, auch nach seinem Tod, von Gott als Du angenommen, allerdings zu neuem, ewigem Leben verwandelt, mit einem neuen unverwechselbaren Namen, „den nur der kennt, der ihn empfängt" (Offb 2,17). Marguerites Freiheit der *freien Seelen* ist Freiheit von, nicht Freiheit zu. Ähnlich wie viel später Sartres Existenzialismus, nach dem der Mensch „zur Freiheit verurteilt ist", hat sie einen negativen Begriff der Freiheit. Sie verkennt damit den hohen, letztlich allein sinnstiftenden Wert des verantwortlichen Lebens mit all seinen Herausforderungen, vor die wir in unserer leiblichen Existenz gestellt sind. Für die große Beginenmystikerin Mechthild von Magdeburg erhöht uns das sogar über die Engel, die in ihrer rein geistigen Natur dem enthoben sind.

Marguerite Poretes Schrift ist zweifellos eine außerordentliche literarische Schöpfung, die wohl auch durch tiefe mystische Erfahrungen angeregt ist. Wahrscheinlich hat sie gerade diese vollständige und großartige mystische Nähe zu Gott zu einer Entwertung des Jetzt geführt, ähnlich wie auch Bernhard von Clairvaux davon berichtet, dass ihm nach der Rückkehr aus einer mystischen Erhebung alles Irdische grau und leer vorkam. Heute können wir Poretes Werk, das für ihre Zeitgenossen höchst verstörend und provozierend war, aus der Distanz in ihrem literarischen Wert betrachten und darin einen frühen Ansatz zur Selbstüberhebung und gleichzeitigen Selbstentwürdigung des modernen Menschen erkennen, der sich einerseits an die Stelle Gottes setzt, andererseits aber seinen Willen und seine Verantwortung an deterministische Wirkkräfte der materiellen Welt abgeben will.

Schlüsseltext aus dem Werk von Marguerite Porete:

Das gesamte Werk der Marguerite Porete ist eine Wegweisung hin zum Hochgefühl und Frieden der *freien Seelen*, die ihren eigenen Willen vollständig aufgegeben haben, damit Gott in ihnen und durch sie seinen Willen wirken kann. Auf dieser Stufe des mystischen Aufstieges verliert sich ihre Individualität vollständig und geht auf im unergründlichen Meer Gottes:

Und wenn sie nun auf diese Weise nach allen Seiten hin frei ist, verliert sie ihren Namen, denn sie steigt in die überlegene Stellung auf. Und deshalb verliert sie ihren Namen in dem Namen, in dem sie durch ihn in ihm verschmolzen und durch ihn in ihn für sie zurückgekehrt ist. Genauso wie bei einem Gewässer, das aus dem Meer kommt und einen bestimmten Namen hat; man könnte sagen wie bei der Oise oder der Seine oder einem anderen Fluss. Und wenn dieses Gewässer oder dieser Fluss ins Meer zurückkehrt, verliert er seinen Lauf und seinen Namen, unter welchem er durch mehrere Länder geflossen ist und dabei sein Werk verrichtet hat. Nun ist er im Meer, wo er seine Ruhe findet, und so hat er alle Mühe abgelegt. Ebenso verhält es sich mit dieser Seele. (Marguerite Porete: Der Spiegel der einfachen Seelen. Wiesbaden, 2011, 136 [neu übersetzt aus dem Altfranzösischen von Bruno Kern]).

FRANZISKUS UND SEINE ARMUTSBEWEGUNG

Die große Sehnsucht der mittelalterlichen Menschen nach einem ursprünglichen, christlichen Leben fand Anfang des 13. Jahrhunderts in spontanen religiösen Volksbewegungen ihre eigenen, neuen Ausdrucksformen. Im Norden Europas wurden sie vor allem von Frauen getragen, die sich als sogenannte Beginen zu freien Gemeinschaften zusammenschlossen. Auch in anderen Teilen Europas entstanden religiöse Bewegungen, die mit einem einfachen Leben in selbstgewählter Armut dem Vorbild Christi folgen wollten. Die Kirche hatte am Beispiel der in Südfrankreich Ende des 12. Jahrhunderts entstandenen Waldenser gelernt, dass die Unterdrückung solcher Gruppen zu ihrer Radikalisierung und extremer Kirchenfeindlichkeit führen konnte, die dann in geheimen Zirkeln umso wirksamer weiterschwelen würde. Sie war daher bemüht, diesen gewaltigen Strom religiös inspirierter Menschen zu organisieren und zu kanalisieren, um Fehlentwicklungen vorzubeugen. Die Beginengemeinschaften erhielten geistliche Betreuer, und die Armutsbewegungen wurden unter eine Ordensregel gestellt. Mit den Dominikanern, den Karmeliten, den Augustiner-Eremiten und den Franziskanern entstanden einflussreiche Bettelorden, die schließlich sogar als Speerspitze der Kirche einerseits nachhaltig und erfolgreich in der Volksmission wirkten, andererseits der christlichen Theologie und Philosophie zu einer außerordentlichen Blüte verhalfen. Ihre Spiritualität war zugleich fruchtbarer Nährboden für die Mystik und die mystische Theologie.

Papst Innozenz der III. (1198–1216) hat mit seiner Anerkennung der sogenannten *Minderen Brüder* (*fratres minores*) Weitsicht bewiesen. 1209 war eine kleine Gruppe zerlumpter Asketen unter Führung von Franziskus, dem späteren heiligen Franz von Assisi, in Rom vorstellig geworden, um die Genehmigung zu erbitten, in selbstgewählter Armut und Heimatlosigkeit nach dem Vorbild der Apostel als Wanderprediger wirken zu dürfen. Innozenz gab seine Zustimmung und schuf damit die Voraussetzung für eine unglaublich erfolgreiche Ausbreitung der zuerst nur lose organisierten Minderbrüder und dann des Minoritenordens (Franziskaner) über ganz Europa. Die schlichte, fast naive Spiritualität der Brüder, ihre Volkstümlichkeit und ihr Vorbild eines einfachen apostolischen Lebens waren der Schlüssel zum Erfolg. Franziskus hatte sie zu den Menschen geschickt, ihnen zugleich aber auch vorgelebt, dass sie immer wieder Kraftquellen in einem intensiven Gebetsleben suchen mussten. Regelmäßig hat er sich in abgelegene Eremitagen zurückgezogen, um sich in Gottes Gegenwart zu versenken. Aus diesem Geist der Frühzeit des Ordens ist dann eine eigene, durch Bonaventura grundgelegte franziskanische Mystik entstanden. Sie ist philosophisch reflektiert, aber in ihrem Kern anti-intellektualistisch und am Vorbild des heiligen Franziskus ausgerichtet.

Die Lebensform der Bettelorden blieb in der Kirche nicht unumstritten. Der Weltklerus stemmte sich gegen die Bettelorden, die ihnen zunehmend Konkurrenz machten und schließlich sogar an der Universität durch ihre herausragenden Lehrer beeindruckten, zu denen Alexander von Hales (um 1185–1245), Albertus Magnus (1200–1280), Thomas von Aquin (1225–1274) und Bonaventura (1221–1274) gehörten. 1256 forderte der Pariser Magister Wilhelm von Saint-Amour († 1272) in einer Kampfschrift gegen die Bettelorden deren Aufhebung. Die führenden Köpfe der Dominikaner und der Franziskaner, Albertus Magnus und Bonaventura, konnten diesen Angriff gemeinsam abwehren, denn längst waren die großen Bettelorden zu einer nicht mehr wegzudenkenden Stütze der Kirche geworden. Die kleineren Bewegungen und Gruppen aber wurden 1274 durch einen Beschluss des Konzils von Lyon aufgelöst.

Auch im Orden der Franziskaner selbst entbrannte eine erbitterte Auseinandersetzung um die rechte Lebensform. Eine strenge Richtung, die Spiritualen, wollte an der Schlichtheit festhalten, wie sie Franziskus vorgelebt hatte – ohne ordensartige Strukturen und ohne feste Ordenshäuser. Der gewaltige Zustrom neuer Mitglieder, die rasante Ausbreitung über Europa und die neu übernommenen Aufgaben in der Mission ließen sich aber ohne eine Institutionalisierung nicht mehr bewältigen. Dieser Konflikt schwelte weiter und führte schließlich im 16. Jahrhundert zur Aufspaltung des Ordens in drei Richtungen, die eher gemäßigten Minoriten und die beiden strengeren, an den Ursprüngen orientierten Zweige der Franziskaner und Kapuziner.

FRANZISKUS VON ASSISI (1181–1226)

Franziskus bewegte die Menschen vor allem durch das Vorbild seiner apostolischen Lebensweise. Radikal und kompromisslos eiferte er dem Missionsauftrag nach, mit dem Christus seine Jünger ausgesandt hatte. Auch er wollte ohne Vorratstasche, Brot und Geld umherziehen, um das Evangelium zu den Menschen zu bringen. Und immer tiefer meditierte er sich in einsamen Klausen in Christi Leidensweg hinein, bis schließlich während einer großen Vision kurz vor seinem Tod die Wundmale der Kreuzigung an seinem Leib erschienen. Diese äußerste Christusförmigkeit – in der inneren Nachfolge und der äußeren Gleichgestaltung – ist zu einem Leitbild der Mystik geworden. Es gibt keine mystische Theologie von der Hand des Franziskus und keine von ihm selbst aufgezeichneten mystischen Selbstzeugnisse. Er war kein Mann der Schrift und kein Freund spitzfindiger theologischer Erörterungen. Seine Ausnahmepersönlichkeit und sein einzigartiges Leben aber sind das wohl bedeutendste mystische Zeugnis überhaupt. Als gottbeseligter Landstreicher hat er alleine begonnen, mit wenigen ersten Gefährten ist er zum Papst gezogen, um die Anerkennung seiner Lebensform zu erbitten, als geistiger Führer eines einflussreichen Großordens ist er gestorben.

Wie bei so vielen Heiligen war der Weg von Franziskus nicht geradlinig. Auch er hat eine Zeit der Orientierungslosigkeit durchleben müssen. Der um 1181 in Assisi geborene Sohn eines wohlhabenden Kaufmanns genoss zunächst sorglos die Freuden des Lebens und suchte Ruhm und Ehre als Soldat. Erst die Begegnung mit dem Elend von Aussätzigen gab seinem Leben eine neue Richtung. Franziskus war etwa fünfundzwanzig, als er sich auf den Weg machte, seiner religiösen Berufung zu folgen. Er verschenkte alles, was er besaß, und lebte fortan als Bettler und Büßer unter den Ärmsten seiner Heimatstadt. Ein Leben in freiwilliger Armut, der Fürsorge von Kranken und Ausgestoßenen gewidmet, so wie es Christus vorgelebt hatte, war die noch vage Vorstellung vom Inhalt seiner Berufung. Zum Befremden der Einwohner und zum Ärger seiner Familie streifte er bettelnd in der Umgebung der Stadt umher. Beseligt lief er singend durch die Straßen, sodass man ihn für übergeschnappt hielt. Sein Vater sperrte ihn schließlich ein und suchte Unterstützung bei der Obrigkeit. In einer spektakulären Szene während der Anhörung beim Ortsbischof Guido legte Franziskus demonstrativ alle Kleider ab und gab sie seinem Vater zurück. Der Bischof, beeindruckt von der Entschlossenheit des jungen Mannes, wie später der Papst auch, hüllte daraufhin den Nackten in seinen Mantel und anerkannte damit dessen Entscheidung für ein religiöses Leben. Guido wurde einer der wichtigsten frühen Förderer von Franziskus.

Mit einer visionären Schau in der baufälligen Kirche von San Damiano begann die lange Reihe der mystischen Erfahrungen von Franziskus. In tiefer Gebetsversenkung hörte er Christus vom Kruzifix zu ihm sprechen. Die Stimme forderte ihn auf, die Kirche zu erneuern. Er fasste das zunächst ganz wörtlich auf und machte sich mit zusammengebettelten Baustoffen ans Werk. Erst später wurde ihm klar, dass die Vision die Kirche selbst meinte, die, weithin verweltlicht und satt, nicht mehr dem Vorbild Christi folgte. In Höhlen und auf einsamen Felsvorsprüngen hat Franziskus immer wieder meditierend nach Wegweisungen für sich und seine ersten Gefährten gesucht, die sich ihm bald nach dem Beginn seines Wanderlebens angeschlossen hatten. Im Missionsauftrag Jesu an seine Jünger, sorglos ohne Geld und Vorsorge für den Unterhalt unterwegs in die Welt zu ziehen, um den Menschen das Evangelium zu predigen (Mt 10,8–14 und Lk 9,3), erkannte er schließlich den eigentlichen Sinn seiner Berufung und der Brüdergemeinschaft, die sich um ihn sammelte. Um die Erlaubnis für diese Lebensform vom Papst zu erbitten, zog er 1209 mit seinen ersten zwölf Brüdern nach Rom. Er wurde tatsächlich von Innozenz III. (1198–1216) empfangen und erhielt die Genehmigung, ohne Bindung an ein Kloster in selbstgewählter Armut als Wanderprediger zu wirken. Franziskus muss den Papst mit seiner charismatischen Persönlichkeit beeindruckt haben, denn nichts sonst konnte darauf hindeuten, dass aus der Keimzelle dieser kleinen, ärmlichen Schar ein weltumspannender Orden entstehen würde. Nach der Heiligenvita hatte Innozenz einen symbolischen Traum, der ihm die zukünftige Rolle des Franziskus für die Rettung der von Missständen bedrohten Kirche ankündigte.

Einsiedeleien am Monte Subasio bei Assisi und auf den Höhen rund um das Rietital wurden die „Klöster" der Brüder. Die Porziuncola-Kapelle im Tal unterhalb von Assisi, bei der man einfache Hütten errichtete, machte Franziskus zur „Zentrale" der Bewegung und zum Treffpunkt der Brüder, die in alle Welt auszogen, um dem Volk zu predigen. Die achtzehnjährige Klara, die 1212 heimlich ihr Elternhaus verlassen hatte, um sich Franziskus anzuschließen, steht am Anfang der heute vielfach verzweigten Familie franziskanischer Frauengemeinschaften. Franziskus brachte sie in San Damiano unter. Bald stellten sich weitere Frauen ein, die nach dem Armutsideal leben wollten, und bei ihrem Tod gab es bereits mehr als hundert Klöster der nach ihr benannten Klarissen. Für Klara und ihre Schwestern inszenierte Franziskus eine der großen Zeichenhandlungen, bei denen er mit Gesten und Sinnbildern statt mit Worten predigte. Nach Thomas von Celano „ließ er sich Asche bringen, streute davon um sich im Kreise auf den Boden, den Rest legte er auf sein Haupt. Da die Frauen in gespannter Erwartung auf den seligen Vater sahen, wie er innerhalb des Aschenkreises schweigend verharrte, entstand in ihrem Herzen nicht geringe Verwunderung. Plötzlich richtete sich der Heilige empor, und zu ihrer Verblüffung betete er den Psalm ‚Miserere mei Deus', statt eine Predigt zu halten. Als er ihn beendet hatte, machte er sich davon". Franziskus hatte so in einem Bild darstellen wollen, was der Psalm mit folgenden Worten sagt: „Das Opfer, das Gott gefällt, ist ein zerknirschter Geist, ein zerbrochenes und zerschlagenes Herz wirst du, Gott, nicht verschmähen." (Ps 51,18 f) Mehr als auf gelehrte Argumentation setzte er auf solche symbolischen Handlungen und auf das Vorbild eines schlichten christlichen Lebens. Im Rietital stellte er zu Weihnachten 1223 sein wohl eindrücklichstes lebendes Bild. In einer Grotte der Einsiedelei von Greccio ließ er für die Christmette den Stall von Betlehem aufbauen, mit Krippe, Ochs und Esel – die erste Weihnachtskrippe. Franziskus sang überglücklich zur Messe und predigte zu den herbeigeströmten Menschen, die dem auf einer Felskanzel über dem Tal im Fackelschein stattfindenden Geschehen beiwohnten.

1217 beschloss die Brüderversammlung, die Missionstätigkeit auf ganz Europa und das Heilige Land auszudehnen. Zum Generalkapitel von 1221 versammelten sich bereits fünftausend Brüder bei der Poziuncola-Kapelle. Der ursprünglich nur lose Zusammenhang umherziehender Gruppen, die sich durch Betteln und Gelegenheitsarbeiten selbst unterhielten, verfestigte sich unter dem Druck der wachsenden Aufgaben und organisatorischen Herausforderungen immer mehr zu ordensartigen Strukturen. Es gab bereits Ordensprovinzen und erste feste Häuser. Für die Versorgung und Ausbildung der vielen Brüder musste gesorgt werden. Ohne Geld, das Franziskus nicht einmal anfassen wollte, war das kaum zu bewältigen. Noch einmal richtete er sich auf dem Kapitel mit einer bewegenden Rede an die Brüder, um sie zum Festhalten an der ursprünglichen Lebensform in Armut und Heimatlosigkeit aufzufordern. Er war bereits von seinem Leitungsamt zurückgetreten, aber immer noch der unbestrittene spirituelle Führer. Rigoros trat er gegen Entwicklungen auf, die aus seiner Sicht dem Gründungsgedanken widersprachen. Als die Brüder in Bologna ein festes Haus bezogen, trieb er sie wütend hinaus und ließ selbst die Kranken hinausschaffen. Doch die Umwandlung der Brüderbewegung in einen Großorden ließ sich nicht aufhalten. 1223 stimmte Franziskus schließlich widerstrebend einer pragmatischen Ordensregel zu, die Kardinal Hugolin mit ihm ausgehandelt hatte. Aber es war nicht mehr sein Weg, den der Orden nun einschlug. Schmerzlich musste er erkennen, wie weit er sich ihm bereits entfremdet hatte. Noch in seinem Testament, das er kurz vor seinem Tod diktierte, versuchte er, den Orden wieder zur Rückkehr zu den Ursprüngen zu bewegen.

Immer häufiger und länger zog er sich mit seinen engsten Gefährten in abgelegene Einsiedeleien zurück. Trost mag er dort auch in der Natur gefunden haben, in der Gott sich für ihn zeichenhaft als ihr Schöpfer offenbarte. Die Lebensbeschreibungen berichten vom innigen Verhältnis, das Franziskus zu den Tieren hatte. Legendär etwa ist seine *Predigt an die Vögel*, und im *Sonnengesang*, einem der wenigen schriftlichen Zeugnisse von seiner Hand, heißt es: „Lob sei Dir, Du Herre mein, mit allen deinen Geschöpfen." Mit dieser Naturseligkeit und Weltfreude hat Franziskus die Spiritualität seines Ordens geprägt. In der Abgeschiedenheit entlegener Klausen suchte er nach der Zeit der äußeren Christusnachfolge nun im einsamen Gebet die innere Gleichgestaltung. Während einer außerordentlichen Vision, nach wochenlangem Fasten auf einer Felsklippe am Berg La Verna, wurde sie ihm geschenkt. Erhoben zu äußerster Entrückung, erschien ihm ein Engel mit sechs Flügeln, wie einer der Serafim, die in der Schau des Propheten Jesaja (6,2) über Gottes

Himmelsthron schweben. Der Seraf in der Vision des Franziskus aber war an ein Kreuz genagelt wie Christus. Tief prägte sich ihm dieses Bild ein, in Freude über die Schönheit der Erscheinung und mitleidsvollem Schmerz zugleich, bis diese innere Erfahrung auf seinen Leib übergriff und ihm die Schmerzensmale aufprägte, wie Thomas von Celano bald nach diesen Ereignissen in seiner Lebensbeschreibung des Franziskus berichtet hat: „Während er sich verstandesmäßig über das Gesicht nicht klar zu werden vermochte und das Neuartige an ihm stark sein Herz beschäftigte, begannen an seinen Händen und Füßen die Male der Nägel sichtbar zu werden in derselben Weise, wie er es kurz zuvor an dem gekreuzigten Mann über sich gesehen hatte." Das Gefühl von Verwundung und Schmerz in der Entrückung wird von vielen Mystikern berichtet. Wie die Visionen gehört es zu den Begleiterscheinungen der eigentlichen mystischen Erfahrung, die den ganzen Menschen erfassen und damit auch den Leib zutiefst erschüttern kann. Bei Franziskus ist dies in der Stigmatisation bleibend sichtbar geworden.

Die höchste Beseligung in äußerster Gottesnähe beim Stigmatisationsereignis war der unüberholbare Höhepunkt seiner mystischen Erfahrungen. Die außerordentliche Anstrengung aber zehrte an seiner Lebenskraft, die durch lange unerbittliche Askese und Krankheiten schon schwer gelitten hatte. In der Obhut und Pflege der Schwestern von San Damiano dichtete er im Herbst 1224 – erschöpft und fast vollständig erblindet, aber innerlich erleuchtet – den *Sonnengesang* an Gott und seine gesamte Schöpfung. Am 3. Oktober 1226, erst fünfundvierzig Jahre alt, starb Franziskus in einer Hütte bei der Porziunkola nackt auf der bloßen Erde liegend, in endgültiger und äußerster Armut, wie er es sich gewünscht hatte. Bald danach, im Jahr 1228, wurde er heiliggesprochen.

Das „Sonnenlied" des Franziskus von Assisi:

Zu den wenigen schriftlichen Zeugnissen des Franziskus gehört der berühmte *Sonnengesang*. Er ist ein dankbares Lob Gottes für seine Schöpfung, Ausdruck der franziskanischen Weltfreude und zugleich gläubige Annahme des Leidens in dieser Welt:

Du höchster, allmächtiger, guter Herr,
Dein sind der Lobpreis, die Herrlichkeit,
  die Ehre und jegliche Benedeiung.
Dir allein, Höchster, gebühren sie,
  und kein Mensch ist würdig, Dich auch nur zu nennen.

Lob sei Dir, Du Herre mein,
  mit allen Deinen Geschöpfen,
  zumal den Herrn Bruder, den Sonnenball,
  denn er selbst ist der Tag,
  und er spendet das Licht uns durch sich.
Und er ist schön und strahlend in großem Glanz.
  Und Dein Sinnbild trägt er, Du Allerhöchster.

Lob sei Dir, Du Herre mein,
  durch die Schwester, die Sichel des Mondes, und die Sterne,
  am Himmel hast Du sie gebildet
  hell leuchtend und kostbar und schön.

Lob sei Dir, Du Herre mein,
  durch den Bruder Wind und durch Lüfte und Wolken
  und heiteren Himmel und jegliches Wetter,
  durch welche Du Deinen Geschöpfen den Unterhalt gibst.

Lob sei Dir, Du Herre mein,
  durch die Schwester, die Wasserquelle;
  gar nützlich ist sie
  und demutsvoll und köstlich und keusch.

Lob sei Dir, Du Herre mein,
  durch Bruder Feuer,

durch den Du erleuchtest die Nacht;
und er ist schön und fröhlich
und kraftvoll und stark.

Lob sei Dir, Du Herre mein,
durch unsere Schwester, die Mutter Erde,
die uns ernähret und lenkt
und mannigfache Frucht trägt
und buntfarb'ne Blumen und Kräuter.

Lob sei Dir, Du Herre mein,
durch jene, die verzeihen aus Liebe zu Dir
und Schwachheit ertragen und Verfolgung.
Selig sind, die verharren im Frieden,
denn sie werden von Dir, Du Höchster, gekrönt.

Lob sei Dir, Du Herre mein,
durch unseren Bruder, den leiblichen Tod;
ihm kann kein Mensch lebendig entrinnen.
Unheil wird jenen, die sterben in tödlichen Sünden.
Selig sind jene, die in Deinem allheiligen Willen sich finden,
denn der zweite Tod tut ihnen kein Leides.

Lobet und benedeiet den Herren mein
und erweiset Ihm Dank
und dient Ihm mit großer Demut.

(Die Schriften des hl. Franziskus von Assisi. Franziskanische Quellschriften Bd. 1, Werl, 1951, S. 132ff)

BONAVENTURA (1221–1274)

Bonaventura gehörte zur zweiten Generation der Minderbrüder. Er lebte bereits unter den Bedingungen des Großordens, der schon zu Lebzeiten von Franziskus aus den so ganz anderen Anfängen nur lose organisierter Gruppen umherziehender Bettelmönche entstanden war. Als Philosoph und Theologe des Ordens hat er zunächst im akademischen Umfeld der Universi-

tät Paris gewirkt. Zwanzig Jahre lang war die wissenschaftliche Theologie mit ihren strengen Vernunftschlüssen, begrifflichen Ableitungen und Disputationen sein Leben. Vier Jahre hatte er den bedeutenden Lehrstuhl des Franziskanerordens in Paris inne gehabt, als er zu dessen Generalminister gewählt wurde. Intensiv bemühte er sich in seiner neuen Aufgabe, die schlichte, an einfachen Symbolen und Bildern ausgerichtete Spiritualität seines Ordensvaters und der ersten Brüder zu verstehen. Er hat sich schließlich so intensiv in ihre Mystik hineingelebt, dass sein theologisches Werk eine neue, das Gefühl betonende Richtung nahm. Seine Anleitungen für ein spirituelles Leben im Geiste des heiligen Franziskus gehören zu den einflussreichsten mystischen Schriften.

Der 1221 in Bagnoregio beim Bolsenasee geborene Bonaventura hat bereits in seiner Heimatstadt die Faszinationskraft der franziskanischen Armutsbewegung kennengelernt. Dieser frühe Einfluss mag mitentscheidend dafür gewesen sein, dass er sich schließlich im Jahr 1243 nach seinem Studium der „Sieben freien Künste", der akademischen Grundbildung im Mittelalter, in Paris zum Eintritt in den mächtig aufblühenden Franziskanerorden entschloss. Noch zu Lebzeiten von Franziskus, der überragenden Gründergestalt, hatte die Umwandlung der Minderbrüder in einen Großorden mit festen Strukturen, festen Häusern und theologischen Studien begonnen. Franziskus wollte nichts davon wissen und hielt an der Lebensform der Anfänge fest, als kleine Gruppen von Brüdern ohne feste Behausung und mit nur losem Zusammenhang predigend von Ort zu Ort zogen, von Spenden oder Gelegenheitsarbeiten lebend. Die neuen Aufgaben des Ordens in Seelsorge und Mission ließen sich jedoch so nicht bewältigen. Bonaventuras Ordensleben unterschied sich daher bereits grundlegend vom Leben der ersten Brüder, die mit Franziskus umhergezogen waren. Er lebte im großen, neuen Ordenshaus der Brüder in Paris und war vor allem mit akademischen Studien und theologischer Lehre befasst. Vier Jahre hatte er als

Magister auf dem franziskanischen Lehrstuhl für Theologie an der Universität Paris gelehrt, als der Orden in eine schwere Krise geriet. Eine Gruppe von Weltpriestern blies zum Generalangriff auf die Bettelorden und bestritt die Berechtigung ihrer Lebensform. Im Orden selbst drohte eine schwärmerische und fundamentalistische Strömung die Einheit zu zerstören und den Orden mit überspitzt ausgelegten Weissagungen des kalabrischen Abtes Joachim von Fiore (ca. 1130–1202) in das sektiererische Abseits zu drängen. Joachim hatte für das Jahr 1260 den Beginn eines neuen Zeitalters vorausgesagt, das unter dem Zeichen des Heiligen Geistes stehen werde. Eine neue Heilsgestalt würde dieses Zeitalter einleiten und ein neuer, vollkommener Orden es prägen. Für radikal am Vorbild des Gründers ausgerichtete franziskanische Gruppen, die sogenannten Spiritualen, konnte der neue, vollkommene Orden nur der von Franziskus gegründete sein und die neue Heilsgestalt niemand anders als Franziskus selbst, der damit zu einer christusähnlichen Würde erhoben wurde. Eine gefährliche Sonderlehre, die von den Gegnern des Ordens benutzt werden konnte, um ihn in Misskredit zu bringen.

In dieser schwierigen Situation wurde Bonaventura 1257 zum Generalminister des Ordens gewählt, als siebter Nachfolger des Franziskus. Mit seiner hohen akademischen Bildung und seinem ausgleichenden Wesen schien er geeignet, den äußeren Gegnern auf gleichem theologischem Niveau zu begegnen und gleichzeitig nach innen den Orden zu befrieden. Beides ist ihm gelungen, er gilt daher als der zweite Gründer des Franziskanerordens. Maßgeblich hat er dazu beigetragen, dass die gegen die Bettelorden gerichteten Thesen des Magisters Wilhelm von Saint-Amour verurteilt wurden. Und mit seinen mystischen Schriften schuf er eine Spiritualität, die am ursprünglichen franziskanischen Geist ausgerichtet, aber auch unter den veränderten Bedingungen eines Großordens lebbar war. In seiner im Auftrag des Ordens verfassten Lebensbeschreibung des Gründers betonte er zwar im Einklang mit den Spiritualen dessen außerordentliche Bedeutung, vermied aber alle übertriebene Spekulation nach den joachimitischen Weissagungen. Die organisatorischen Aufgaben, die er bewältigen musste, waren gewaltig. Der Orden hatte bereits zweiunddreißig Provinzen und dreißigtausend Brüder, als er die Leitung übernahm. Bonaventura nahm sich trotzdem viel Zeit, den noch lebenden ersten Brüdern näher zu kommen, um ihre Spiritualität zu verstehen. An den Wirkungsstätten des Franziskus hat er sich intensiv hineinmeditiert in das Denken und Erleben des Ordensgründers und seiner Gefährten. In der Einsamkeit des Berges La Verna, wo Franziskus in letzter Hochsteigerung seiner mystischen Gotteserfahrung die Stigmata empfangen hatte, schrieb er in einer Felshöhle sein *Pilgerbuch der Seele zu Gott* (*Itinerarium mentis in Deum*), ein Anleitungsbuch für den mystischen Aufstieg im Geiste der franziskanischen Spiritualität. Gleich zu Anfang dieser spirituellen Wegweisungen macht er klar, dass wir dabei auf Gottes leitende Hand angewiesen sind: „Über uns selbst aber können wir nur erhoben werden durch eine höhere Kraft, die uns emporzieht. Denn wie sehr auch die Stufen in unserem Inneren wohlgeordnet sein mögen, es nützt nichts, wenn Gottes Hilfe uns nicht zur Seite steht."

Bonaventura beschreibt in seinem „Pilgerbuch der Seele" drei Stufen des mystischen Pilgerweges zu Gott. Für jede dieser Stufen unterscheidet er zwei Unterstufen, womit er auf insgesamt sechs „Erleuchtungsgrade" kommt. Sie entsprechen den sechs Flügeln, die der Seraf hatte, der dem hl. Franziskus während seiner Stigmatisation auf dem Berg La Verna erschienen ist, denn für Bonaventura ist Franziskus das *Vorbild vollkommener Beschauung*. Die erste Stufe des Aufstieges zu Gott besteht aus den beiden Erleuchtungsgraden *Betrachtung Gottes durch seine Spuren im All* und *Betrachtung Gottes in seinen Spuren in dieser sinnfälligen Welt*. Der franziskanischen Weltfreude entsprechend beginnt bei Bonaventura der Aufstieg mit dem Lesen im *Buch der Schöpfung*, deren weise Wohlordnung auf den Schöpfer mit seiner Erhabenheit hinweist. Dies sei für jeden offenkundig: „Wer darum durch so hellen Glanz der Geschöpfe nicht erleuchtet wird, ist blind. Wer durch so lautes Rufen nicht aufwacht, ist taub. Wer wegen all dieser Werke Gott nicht lobt, ist stumm. Wer aus so deutlichen Zeugnissen den Urgrund nicht erkennt, ist ein Tor." Die zweite Stufe des Aufstieges zu Gott besteht aus den beiden Erleuchtungsgraden: *Betrachtung Gottes durch sein den natürlichen Vermögen eingeprägtes Bild* und *Betrachtung Gottes in seinem gnadenhaft erneuerten Bilde*. Sie führen nach innen, in das Innerste unserer Seele, der das Bild Gottes eingeprägt ist, denn sie ist nach seinem Bild geschaffen. Dieses Bild aber ist oft verdeckt und unkenntlich geworden durch unsere Verstrickung in irdische Begierden und Sorgen. Wenn wir uns davon lösen, wird das Bild Gottes in uns erneuert und die geistige Sinnlichkeit der Seele mit ihrer Empfänglichkeit für die Anwesenheit Gottes vollständig wiederhergestellt. Dann sind wir vorbereitet auf die mystische Entrückung, also darauf, im Göttlichen „das Schönste wahrzunehmen, das Wohlklingendste zu hören, das Wohlriechendste zu empfinden, das Süßeste zu kosten und das Angenehmste zu verspüren". Die dritte Stufe des Aufstieges zu Gott beginnt mit dem Erleuchtungsgrad *Betrachtung der göttlichen Einheit durch ihren ersten Namen: Das Sein*. Bonaventura argumentiert hier mit den Mitteln der christlich-scholastischen Philosophie, die im 13. Jahrhundert zu einem umfassenden System ausgebaut worden war, dabei die Tradition der Kirchenväter, die klassische Philosophie mit Platon und Aristoteles und auch die neuplatonische Mystik in sich aufnehmend. Danach führt uns die Erkenntnis des Seins selbst, das uns unmittelbar als das Allergewisseste gegeben ist, zur Erkenntnis eines Seins, das nichts Endliches, nichts irgendwie Beschränktes oder nur Mögliches, das noch auf Verwirklichung wartet, an sich hat. In diesem vollkommenen Sein erkennen wir Gott. Die dritte Stufe des Aufstiegs gipfelt im sechsten Erleuchtungsgrad, der *Betrachtung der Heiligsten Dreifaltigkeit in ihrem Namen: Die*

Gutheit. Er gewährt die Erkenntnis Gottes als des absolut Guten, über das nichts Besseres gedacht werden kann. Zum absolut Guten aber gehört die Liebe, es muss sich darum verströmen und entfalten zum liebenden Mitsein von Vater, Sohn und Heiligem Geist im inneren Leben der Dreifaltigkeit, deren überströmende Liebe sich uns in Christus mitgeteilt hat. Wer dies schaut, hat die vollkommene Erleuchtung erreicht, „wo der wahrhaft Friedvolle in tiefer Ruhe der Seele wie im inneren Jerusalem Rast hält". Er ist vorbereitet auf den letzten Überstieg, zu dem wir nur über Christus gelangen können als „Weg und Tür, Leiter und Gefährt", nach dem Beispiel des hl. Franziskus.

Ein weiteres Hauptwerk von Bonaventura mit dem Titel *Über den dreifachen Weg* (*De Triplici Via*) folgt dem traditionellen dreistufigen Schema des mystischen Aufstiegs. Der Schriftauslegung nach ihrem moralischen, allegorischen und analogisch-mystischen Sinn entsprechen danach drei Stufen der Vervollkommnung: die Reinigung, die Erleuchtung und zuletzt die Vollendung. Ihnen wiederum sind drei Stufen geistlicher Übungen zugeordnet: die betrachtende Lesung, das Gebet und die mystische Beschauung.

Für Bonavantura war das intensive Hineinleben in die Spiritualität seines Ordensgründers Franziskus in der Felshöhle am La Verna eine Lebenswende, die auch seinem Werk eine neue, eher Gefühl und Willen betonende Richtung gab. Sein Spätwerk, das *Hexaemeron*, ist bereits von einer Theologie der Bilder und Symbole geprägt und gegliedert nach *Schaugesichten*. Damit hat er eine franziskanische Richtung der Theologie begründet, die dem Weg der vernunftorientierten Theologie eher skeptisch gegenübersteht.

Trotz aller Erfolge und seines großen Einflusses als Leiter eines Großordens blieb Bonaventura ein bescheidener Ordensmann. Beim Geschirrspülen im Konvent von Mugello bei Florenz erreichte ihn 1273 die Nachricht, dass ihn Papst Gregor X. zum Kardinal ernannt und mit der

Vorbereitung und Durchführung des Konzils von Lyon beauftragt hat, auf dem die Wiedervereinigung mit der Ostkirche besiegelt werden sollte. Seine Kräfte hat diese gewaltige Aufgabe wohl überfordert. 1274 starb er unerwartet noch während des Konzils. 1482 wurde er heiliggesprochen und 1588 zum Kirchenlehrer erhoben.

Schlüsseltext aus dem Werk Bonaventuras:

Das Erwecken der geistlichen Sinne durch den Glauben an Christus ist für Bonaventura ein entscheidender Schritt auf dem Pilgerweg zur Gottesschau. Mit seinen Bildern knüpft er an Bernhards Brautmystik an:

Wenn die Seele an Christus glaubt, auf ihn hofft und den liebt, der das fleischgewordene, ungeschaffene und eingehauchte Wort ist, der Weg, die Wahrheit und das Leben, wenn sie im Glauben Christus als das ungeschaffene Wort umfängt, das da ist Wort und Abglanz des Vaters, dann erlangt sie das geistliche Gehör und Gesicht wieder: das Gehör, um die Lehre Christi zu vernehmen, das Gesicht, um den Glanz jenes Lichtes zu schauen. Wenn sie voll Hoffnung sich darnach sehnt, das eingehauchte Wort aufzunehmen, erhält sie durch Verlangen und Liebe den geistlichen Geruchssinn wieder. Umfängt sie in Liebe das fleischgewordene Wort, um von ihm mit Wonne erfüllt und durch ekstatische Liebe darin umgewandelt zu werden, dann wird ihr der Geschmack- und Tastsinn zurückgegeben. Hat die Seele diese Sinne wiedererlangt, dann sieht, hört, riecht, kostet und umfängt sie den Bräutigam und kann wie die Braut das Hohe Lied singen. (Bonaventura, Itinerarium mentis in Deum. Pilgerbuch der Seele zu Gott. München, 1961, 113)

DIE ERSTEN BRÜDER DES FRANZISKUS UND DIE SPIRITUALEN

Die ersten Brüder des Franziskus von Assisi und die fundamentalistischen Spiritualen wollten ohne Einschränkung an dem festhalten, was der Ordensgründer ihnen vorgelebt hatte: Gläubige Einfalt und Armut, Vorrang der Liebe vor dem gelehrten Gedanken, ein unbehaustes Leben als volksnahe Wanderprediger im Gottvertrauen und ohne Sorge und Vorsorge für den nächsten Tag, dabei einem innigen Gebetsleben zugewandt. In seinem Testament hat Franziskus diese radikale Zielsetzung kurz bevor er starb noch einmal als seinen unbedingten Willen niedergelegt und dem Orden vorgeschrieben. Aber schon die erste Regel für den Orden, die Kardinal Hugolin 1223 noch dem widerstrebenden Franziskus selbst abgerungen hatte, brachte Milderungen. Die Entwicklung des Franziskanertums zu einer weltweiten Organisation erforderte eine angepasste, pragmatische Lebensform mit entsprechenden Strukturen. Seit 1220 etwa gab es ein Aufnahmeverfahren mit Noviziat, um die zum Orden strebenden zweifelhaften Charaktere abwehren zu können. Der Orden hatte mehr und mehr feste Häuser mit entsprechender Vorratshaltung. Er betrieb Ausbildungsstätten und verfügte sogar über eigene Universitätslehrstühle. In den Augen der noch lebenden ersten Brüder und aus der Sicht einer radikalen, am Vorbild der Frühzeit hängenden Richtung im Orden, der sogenannten Spiritualen, war das ein frevelhafter Abfall vom Stifterwillen. Die ersten Brüder lebten weiter ihr Leben in radikaler Armut in abgelegenen Einsiedeleien, abseits des ihnen entfremdeten Großordens, und die Spiritualen versuchten einen Neubeginn im Geist der Frühzeit. Nach anfänglicher Duldung wurde die Spiritualen-Bewegung schließlich wegen ihrer sektiererischen joachimitischen Sonderlehren und ihres Fundamentalismus in der Armutsfrage verboten und unterdrückt. Ihre versprengten Reste verlieren sich im Dunkel der Geschichte. Sowohl die ersten Brüder, die noch mit Franziskus selbst umhergezogen waren, als auch die Spiritualen haben aus der Ursprünglichkeit ihres religiösen Lebens bedeutende Mystiker hervorgebracht.

Bereits dreizehn Jahre nach dem Tod des Gründers war
das neue Gesicht des Ordens in der 1239 fertiggestellten
gewaltigen Basilika mit geräumigem Klosterkomplex, die
man als Grabstätte für Franziskus errichtet hatte, deutlich
sichtbar geworden. Machtvoll thront sie über dem Tal, in
dem sich die Brüder einst an der kleinen Porziuncola-
Kapelle getroffen haben, die Franziskus zum Zentrum
seines Ordens gewählt hatte. Im selben Jahr wurde Elias
von Cortona (um 1180–1253) abgesetzt, der letzte Laienbruder, der das Amt des Generalministers, also des Or-
densleiters, innegehabt hatte. Gebildete Kleriker, die in
gut organisierten Ordenhäusern lebten, bestimmten jetzt
das Bild des Ordens. Franziskus dagegen hatte in gläubi-
ger, fröhlicher Einfalt und dem Beispiel eines unbehaus-
ten, apostolischen Lebens immer die stärkste Überzeugungskraft gesehen. Selbst die einzige Bibel, die er und
seine ersten Brüder besaßen, ließ er verkaufen, um Arme
zu unterstützen. Feste Ordenshäuser, die sich noch zu
seinen Lebzeiten durchzusetzen begannen, hatte er ver-
bieten wollen.

Gegen diese Entwicklung des Franziskanertums zu
einem institutionalisierten Großorden erhob sich inter-
ner Widerstand, der schließlich 1247 mit der Wahl des
Johannes von Parma (1208–1289) zum Generalminister
sogar die Oberhand zu gewinnen schien. Johannes war
ein Wortführer der Spiritualen, die an die Frühzeit des
Ordens anknüpfen wollten und in der Brüderbewegung
des Franziskus die auserwählte Elite eines neuen Zeitalters unter dem Zeichen des Heiligen Geistes sahen. Diese besondere Rolle des Franziskus und seiner Bewegung
leiteten sie aus den Weissagungen des kalabrischen Abtes
Joachim von Fiore (ca. 1130–1202) ab. Danach folgt auf
die beiden vergangenen Zeitalter des Vaters mit dem Alten Testament und des Sohnes Jesus Christus mit dem
Neuen Testament ein drittes Zeitalter des Heiligen Geistes. Es sei das letzte Zeitalter, bevor die Endzeit anbricht.
Es stehe im Zeichen eines *Ewigen Evangeliums*, von dem
die Offenbarung des Johannes (Offb 14,6) spricht, und

werde eingeleitet durch eine neue Heilsgestalt, die das *Siegel des Lebendigen Gottes* hat, wie der apokalyptische Engel des sechsten Siegels (Offb 7,1–3). Ein neuer, reiner und vergeistigter Orden werde dieses Zeitalter prägen und eine neue geistige Kirche aufbauen. Für die Spiritualen war Franziskus diese neue, vorhergesagte Heilsgestalt gewesen, denn in den Stigmata sahen sie das „Siegel des lebendigen Gottes". Ihren Ordensgründer rückten sie damit in die Nähe des Gottessohnes Jesus Christus und leiteten daraus den ungeheuren Anspruch ab, der auserwählte Orden eines anbrechenden Zeitalters des Heiligen Geistes zu sein. Mit diesen sektiererischen Sonderlehren mussten sie unweigerlich in Konflikt mit der Kirche kommen, zumal sie die Erwartung einer kommenden geistigen Kirche in Gegensatz zu der bestehenden sichtbaren Kirche brachte, was oft in einer harschen Kirchenfeindlichkeit mündete. Der Papst erzwang schließlich 1257 die Ablösung des Johannes von Parma als Generalminister durch den gemäßigten Bonaventura. Dem gelang es noch einmal, die Flügelkämpfe innerhalb des Ordens zu befrieden, obwohl die Maßnahmen gegen die Spiritualen drastisch waren: Zwei Gefährten des Johannes von Parma wurden zu lebenslanger Kerkerhaft verurteilt, er selbst entging dem nur knapp und musste sich für den Rest seines Lebens in eine Einsiedelei zurückziehen.

Mit großem Einfühlungsvermögen hat Bonaventura die tiefe Spiritualität und Mystik der fundamentalistischen Brüder aufgegriffen und mit seinen mystischen Schriften in abgemilderter und lebbarer Form in den Orden integriert. Den schwelenden Konflikt um die wahre franziskanische Lebensform konnte er nicht endgültig lösen. Immer wieder gab es Unfrieden und Unruhen um die richtige Auslegung des Armutsgebotes und die damit zusammenhängenden Fragen nach der Vorratshaltung, nach der Verwendung von Geld und der Zulässigkeit von Eigentum allgemein. Die Spiritualen lehnten radikal jegliche Vorsorge und jeglichen Besitz ab und vertraten weiterhin die joachimitischen Sonderlehren. Sie dominierten die Konvente in Südfrankreich und lebten faktisch ihr unabhängiges Leben bis hin zu einer eigenen Ordenstracht. Eine italienische Gruppe erhielt 1293 von Papst Cölestin V. sogar die Genehmigung, einen eigenen Orden zu gründen und in radikaler franziskanischer Armut zu leben. Dies hatte nicht lange Bestand, denn Cölestin, der vor seiner Wahl Eremit gewesen war, trat nach nur sechs Monaten unter der Last des Amtes wieder ab. Während des Pontifikats von Johannes XXII. schließlich kam das Ende der Spiritualen-Bewegung. Der Papst verwarf ihre radikale Interpretation der franziskanischen Armut und entschied unter anderem in der Frage, ob Vorratsspeicher zulässig seien, zugunsten des Großordens. Die Spiritualen wurden unter Strafandrohung aufgefordert, sich wieder zu integrieren und die gemäßigte Lebensform anzuerkennen. Vier Radikalverweigerer, die zu keinem Zugeständnis bereit waren, wurden 1318 zum Tod auf dem Scheiterhaufen verurteilt.

Aus dem Selbstverständnis der Spiritualen, Vorhut eines anbrechenden geistigen Zeitalters zu sein, erwuchs natürlicherweise ein besonderer Hang zur mystischen Versenkung, wie sie auch Franziskus vorgelebt hatte. Markante Köpfe dieser Bewegung waren Petrus Johannis Olivi (1248–1298), Umbertino da Casale (um 1259–um 1330), Jacopone da Todi (um 1236–1306) und Johannes von Alverna (1259–1322). Endzeiterwartungen prägen ihre Spiritualität, in der die Rolle ihres Ordensvaters als Heilsgestalt zentral ist. An seinem Leitbild orientieren sich auch die Grundzüge ihrer Mystik: ekstatisch-visionäre Erfahrungen sind ihnen wichtig, wobei die Liebe den Weg dahin bereitet, während die Vernunft zurücktreten muss. Und die Liebe bedeutet vor allem liebende Einheit mit dem leidenden Christus als Königsweg zur mystischen Schau. Kontemplation und tätiges Hineinwirken in die Welt müssen im Gleichgewicht sein. Darin sind sie durchaus einig mit den Auffassungen des franziskanischen Ordens. Die meisten Spiritualen kamen wegen ihrer joachimitischen Lehren und ihrer radikalen

Armutsauffassung in Konflikt mit der Kirche. Petrus Johannis Olivi wurde nach Widerruf rehabilitiert. Umbertino sollte verhaftet werden, konnte aber flüchten und untertauchen, wonach sich jede Spur von ihm verlor. Jacopone da Todi wurde zu lebenslanger Kerkerhaft verurteilt, kam dann aber nach sechsjähriger Haft durch einen Gnadenerlass des Papstes frei.

Exemplarisch für die Mystik der frühen Brüder ist Ägidius von Assisi († 1262). Er war einer der einfältigen, ungelehrten Weggefährten, die Franziskus besonders geschätzt hat. Wie Angelus, Rufinus und Leo, der Franziskus sogar bei der Stigmatisation nahe war, lebte er noch, als Bonaventura 1257 sein Amt als Generalminister antrat. Mit Unwillen verfolgte er die Entwicklung des Ordens, dessen Führungszentrum nun nicht mehr bei der kleinen Porziuncola mit ihrem ärmlichen Hüttenlager im Tal von Assisi war, sondern an der Universität Paris, wo der Orden über bedeutende Gelehrte verfügte. Von Ägidius ist die Klage überliefert: „Paris, Paris, du bist der Ruin für den Orden des heiligen Franziskus!" Ägidius war der dritte Bruder, der sich dem hl. Franziskus angeschlossen und sein asketisches Leben als Wanderprediger geteilt hatte. Die einfache, schlichte Gebetshaltung des Franziskus ist es, die für ihn zu Gott führt. Eines der von ihm überlieferten *Goldenen Worte* lautet: „Zur Beschauung der göttlichen Majestät in ihrer Herrlichkeit vermag niemand aufzusteigen außer durch Geistesglut und viel Beten." In Gesprächen mit den ersten Brüdern wollte Bonaventura, der durch einen langjährigen Bildungsweg an der Universität Paris ganz intellektuell geprägt war, dieser einfachen franziskanischen Spiritualität näher kommen. Eine seiner Predigten erklärt die Stufen des mystischen Aufstieges, wie er sie von Ägidius gehört hat: „Ein gewisser Laienbruder aber, der dreißig Jahre lang die Gnade der Geistesentrückung hatte, der ganz rein und jungfräulich war, der dritte Bruder nach dem heiligen Franziskus, er sagte, dass die sieben Stufen der gotthingegebenen Beschauung folgende sind: Feuer, Salbung, *ecstasis*, Beschauung, Kosten, Umarmung, Ruhe; und als achtes folgt die Glorie." Entfremdet vom entstehenden Großorden, hatten sich die ersten Brüder des Franziskus in entlegene Klausen zurückgezogen. Mit ihrem Vorbild und *Goldenen Worten*, die im Orden überliefert wurden, blieben sie aber weiter einflussreich und beispielgebend für Brüder, die sich an den Anfängen orientieren wollten.

Schlüsseltext aus dem Werk des Ägidius von Assisi:

Ägidius war eine der prägenden Gestalten der Frühzeit des Ordens, die durch ihre gelebte Spiritualität und ihre Auffassungen noch lange im Orden als Mahner im Sinne des Franziskus gegenwärtig waren. In seinen überlieferten *Goldenen Worten* findet sich auch die Lehre von den sieben Stufen des Aufstiegs zur Beschauung, die Bonaventura aufgegriffen hat:

Bei der Beschauung gibt es sieben Stufen: Feuer, Salbung, Ekstase, Schau, Genuss, Ruhe, Herrlichkeit. Feuer, sage ich. Das ist eine Art Licht, das voraufgeht, die Seele zu erleuchten. Dann die Salbung mit Salben: Dabei kommt ein wundersamer Duft auf, der dem Licht allsogleich folgt, und von dem im Hohenlied die Rede ist: „Dem Duft deiner Salben laufen wir nach." Danach ist die Ekstase: Sobald nämlich die Seele den Duft verspürt, wird sie hingerissen und leiblichem Empfinden entrückt. Darauf folgt die Schau: Nachdem die Seele nämlich so von den Leibessinnen losgelöst ist, schaut sie wunderbarerweise Gott. Daran schließt sich der Genuss: In der Schau empfindet die Seele nämlich eine wunderbare Süße, von der es im Psalm heißt: „Kostet und seht, wie süß der Herr ist." Hierauf folgt die Ruhe: Denn sowie der Geistesgaumen das Süße gespürt hat, ruht die Seele in dieser Süßigkeit. Zuletzt erscheint die Herrlichkeit: Denn bei so großer Ruhe fühlt sich die Seele herrlich und strahlt in ungeheurer Freude. Daher heißt es im Psalm: „Ich sehe mich satt, sowie deine Herrlichkeit aufstrahlt." (Ägidius von Assisi: Leben und „goldene Worte" des Bruders Ägidius. Franziskanische Quellschriften, Bd. 3, Werl, 1986, 86).

Die Dominikaner: Meister Eckhart und seine Schule

Während Franziskus und seine Brüder in aller Einfachheit, ja kindlichen Naivität Christus nachfolgen wollten, sind die ebenfalls als Bettelorden gegründeten Dominikaner bis heute durch und durch intellektuell. Sie haben sich zur Aufgabe gemacht, die Menschen als Prediger mit fundierter theologischer Argumentation zu überzeugen. Von Anfang an war daher das Studium der Philosophie und Theologie ein Schwerpunkt bei der Heranbildung des Ordensnachwuchses. Auf den beiden Lehrstühlen des Ordens an der Universität Paris lehrten herausragende Geister wie Albertus Magnus (1200–1280) und Thomas von Aquin (1225–1274). Sie haben die scholastische Philosophie zu einem Höhepunkt geführt und die Schriften des Aristoteles für die christliche Theologie fruchtbar gemacht. Thomas hat als Schüler Alberts den gewaltigen Systembau einer umfassenden christlichen Philosophie aufgerichtet, dabei konsequent einer streng rationalen Argumentation folgend. Auch Albert war Philosoph hohen Ranges und einer der ersten Naturforscher im modernen Sinne mit weit gespannten Interessen. Aber so sehr seine Interessen der konkreten Erfahrungswelt und der Natur zugewandt waren, so sehr war er doch auch einer kontemplativen Spiritualität zugeneigt, wie er sie in den neuplatonisch inspirierten Schriften des Dionysius Areopagita (um 500) fand. Albert wollte über das hinausgelangen, was wir mit dem Verstand erfassen können, und zu einer unmittelbaren Gotteserfahrung vordringen, die uns vor „eine nur unbestimmt bekannte Wirklichkeit" stellt. Ausführlich hat er die Schriften des Dionysius Areopagita kommentiert und in seinen Lehrveranstaltungen an der Universität Paris sowie am Generalstudium in Köln erläutert. Es ist die neuplatonische Lehre vom

Aufstieg zum göttlichen Licht in der mystischen Schau, die Albert übernahm. Damit hat er die Grundlage gelegt für eine Strömung in seinem Orden, die den Weg der neuplatonisch-mystischen Spekulation gegangen ist, während die offizielle Lehre sich an Thomas von Aquin orientierte. Meister Eckhart (um 1260–1328) ist der bedeutendste Vertreter der Mystik im Dominikanerorden. Als junger Ordensmann könnte er Albert am Generalstudium in Köln, an dem der greise Lehrer seine letzten Lebensjahre verbracht hat, sogar noch persönlich kennengelernt haben. Der hochbegabte und viel versprechende Eckhart wurde vom Orden zum Studium an die Universität Paris geschickt und hat dort den Titel Magister erworben (daher der Namenszusatz „Meister"). Zweimal nahm er dort selbst die herausgehobene Position des Lehrers auf einem Lehrstuhl der Dominikaner ein. Die scholastische Philosophie hat er, wie seine in Paris entstandenen Schriften zeigen, in der Tiefe durchdrungen, und seine Mystik ist in ihrem Kern vor allem philosophische Spekulation. In ihr zeigt sich schon der individualistische Hochmut des modernen Menschen. Eckhart will Gott unmittelbar „ergreifen", ohne jede Vermittlung, und letztlich wie Gott selbst sein. Mit den Übertreibungen, in die er sich mit seiner Lehre zuletzt hineingesteigert hat, widerspricht er in zentralen Fragen dem Hauptstrom der christlichen Mystik. Johannes Tauler (um 1300–1361) und Heinrich Seuse (1295–1366), Eckharts bedeutende Schüler, haben die fruchtbaren Anregungen seines Denkens aufgenommen, dessen Übertreibungen aber abgemildert. Insbesondere Seuse hat sich wieder mehr traditionellen christlichen Auffassungen angeschlossen, wie sie etwa Bernhard von Clairvaux vertreten hat.

Meister Eckhart (um 1260–1328)

Meister Eckhart ist die eigenwilligste Gestalt der mittelalterlichen Mystik. Er hat radikal neue Lehren vertreten und die von den christlichen Mystikern vor ihm vorsichtig gebahnten Wege ungeduldig verlassen, um noch weiter vorzudringen in die tiefsten göttlichen Geheimnisse, schließlich sogar bis hin zur vollständigen Einswerdung mit Gott. Er wollte Gott wesenhaft erfassen, ihn geradezu „ergreifen". Vor allem in auf Deutsch gehaltenen Predigten hat er seine mystische Theologie mit großer Sprachgewalt entfaltet. In ihrem Mittelpunkt steht die alte Lehre von der Gottesgeburt im Seelengrund, über die er aber eigenwillig hinausgeht bis hin zur Behauptung, dass kein Unterschied bestehe zwischen der Menschwerdung des Gottessohnes und der Gottesgeburt im Seelengrund des Menschen. Mit seinen hochfliegenden und überspitzten Lehren kam er in Konflikt mit der Kirche und musste sich in einem Inquisitionsverfahren rechtfertigen.

Über Eckharts frühe Jahre ist wenig bekannt. Um 1260, so lässt sich aus seinen späteren Lebensstationen erschließen, ist er geboren worden. Als junger Landadeliger hätte er auf dem elterlichen Gut in der Gegend von Gotha ein angenehmes Leben verbringen können. Doch auch er wurde erfasst von der religiösen Begeisterung seiner Zeit und entschied sich für das entsagungsvolle Leben als Predigerbruder im Bettelorden der Dominikaner. Wahrscheinlich im Jahr 1277, mit etwa siebzehn Jahren, ist er in Erfurt in den noch jungen Orden eingetreten. Nach der fünfjährigen theologischen Grundausbildung, möglicher Weise an der Ordensschule in Köln, schickten ihn seine Oberen zum Studium an die damals führende Universität Paris. Den begabten und durchsetzungsfähigen jungen Theologen hatte man offenbar schon früh für Leitungsaufgaben im Orden vorgesehen. 1294, unmittelbar nach Abschluss der Studien, wurde er Prior seines Heimatklosters in Erfurt und zugleich Vikar für Thüringen.

Er stand also dem Kloster vor und musste daneben viel umherreisen, um andere Klöster zu visitieren. Während dieser Zeit entwickelte er in abendlichen Lehrgesprächen für die jungen Brüder des Konventes erste Grundzüge seiner mystischen Theologie. Bereits in diesen Texten, die unter dem Titel *Reden der Unterweisung* zusammengefasst sind, geht es ihm um den *wesenhaften* Gott, den man unmittelbar *ergreifen* kann. Damit deutete sich hier schon an, dass Eckhart die Grenzen einreißen wollte, die christliche Mystiker bisher ihrer Gottesschau gesetzt sahen. Immer nur vermittelt ist nach deren Lehre die Gottesschau möglich, „wie in einem Spiegel rätselhaft" (1Kor 13,12) und keinesfalls wesenhaft. Der Mensch kann danach mit seiner begrenzten leib-geistigen Natur niemals die unendliche Fülle Gottes in ihrem eigentlichen Sein „ergreifen". Eckhart aber schiebt alles Vermittelnde als hinderlich beiseite. Und während der Weg der christlichen Mystiker stets eine geduldige Vorbereitung auf das herabneigende Wirken Gottes im Seelengrund ist, das nur als Geschenk empfangen werden kann, ist Eckharts Weg zu Gott wie ein Sturmlauf. Er will sich Gott geradezu bemächtigen, und, wie es immer wieder bei ihm heißt, zu ihm „durchbrechen". Er kennt keine Stufen der Vorbereitung, wie sie die Mystiker vor ihm lehrten und seine eigenen Schüler wieder gelehrt haben.

Nur kurz dauerte ein zweiter Studienaufenthalt in Paris in den Jahren 1302/03. Mit dem Titel Magister (daher *Meister* Eckhart) kam er zurück nach Thüringen und übernahm als Provinzial die neue Ordensprovinz Saxonia, die man aus der überdehnten deutschen Provinz Teutonia ausgegliedert hatte. Eckhart unterstanden damit 47 Ordenskonvente in einem Gebiet, das von den Niederlanden bis nach Ostdeutschland reichte. Er gehörte nun zum engeren Führungskreis des Ordens, und mit großem Selbstbewusstsein stellte er sich immer entschiedener mit seiner Lehre „wider alle die Meister, die jetzt leben". Er wollte nicht weniger, als Gott in seinen tiefsten Tiefen erfassen. Mit unbändiger eigenschöpferischer Sprachkraft entwickelte er in seinen auf Deutsch gehaltenen Predigten eine neue mystische Theologie. Die altchristliche Lehre von der *Gottesgeburt* im Seelengrund nahm er auf und prägte sie um zu seiner eigenen Lehre. Den Ort der Gottesgeburt im Seelengrund nennt er auch *Bürglein* oder *Seelenfünklein*. Nicht die zarte Berührung durch den göttlichen Bräutigam nach Bildern der Brautmystik ist es, was sich für Eckhart dort ereignet, sondern ein vollständiges Zunichtewerden der Seele, ein Eingehen in das Dunkel der Ungeborenheit im Urgrund Gottes, so wie wir in Gott waren vor unserer irdischen Existenz. Der Mensch kann sich dahin „aufschwingen", dorthin „durchbrechen", indem er sich von allem Irdisch-Kreatürlichen löst, sich sogar gegen Liebe und Leid unempfänglich macht. Nur so kann er sich Gott annähern, denn der ist „weiselos", er ist vor aller Unterscheidung, ja im Tiefsten sogar vor aller Unterscheidung in die trinitarischen Personen – Vater, Sohn und Heiliger Geist. Er ist „stille Wüste" und „unergründliches Meer". Gott ist das Eine, alles Geschaffene dagegen ist zerteilt in Vielheit und begrenzt in Körperlichkeit und damit leidvoll von ihm getrennt. Die neuplatonische Philosophie, wie Eckhart sie aus den Lehren des Albertus Magnus (1200–1280) kannte, regte sich damit mächtig in seinem Werk. Die Abwertung der geschöpflichen Wirklichkeit mit ihrem Selbststand ist bei ihm auf die Spitze getrieben. Albert, der als Naturforscher die Spuren Gottes auch in der Natur sah und mit den Mitteln der aristotelischen Philosophie das Wesenhafte des geschaffenen Seienden denken konnte, war von solchen Übertreibungen frei. „Der prächtigste Dom", heißt es bei ihm in bewundernder Verneigung vor der Schöpfung, „ist im Vergleich zu einem hohen Tannenwald nur ein wüster Steinhaufen." Für Eckart aber ist alles Geschaffene ein „reines Nichts".

Auch Eckharts Bibelauslegung geht oft eigene Wege. Die biblische Erzählung von Maria und Marta (Lk 10,38–42) etwa ist ein Sinnbild für die beiden Lebensentwürfe des tätigen und des Gott zugewandten, kontemplativen

Lebens. Die beiden Schwestern, bei denen Jesus auf seinen Wanderungen einkehrte, verkörpern diese beiden Haltungen. Während Marta sich in der Küche zu schaffen macht, um Jesus und den Gästen aufzuwarten, sitzt Maria zu Füßen Jesu und lauscht seinen Worten. Marta, die ihre Schwester schließlich ungehalten auffordert, ihr zu helfen, wird von Jesus sanft beschwichtigt: „Marta, Marta, du machst dir zu viele Sorgen und Mühen. Aber nur eines ist notwendig. Maria hat das Bessere gewählt, das soll ihr nicht genommen werden." Jesus ergreift hier offenbar Partei für Maria, die sich nicht durch ihre alltäglichen Sorgen von dem ablenken lässt, was das eigentlich Wichtige ist. So wird diese Stelle üblicherweise ausgelegt. Meister Eckhart deutet in seiner 28. Predigt Jesu Worte ganz anders. Er sieht in Maria die Unreifere, die noch ichbezogen mit einem „Schmecklertum des Geistes" in ihren religiösen Wohlgefühlen schwelgt. Marta ist für ihn dagegen die gereifte Mystikerin, die bereits darüber steht, ganz in den Willen Gottes einstimmend und von jeder Selbstbezogenheit frei, tätiges und kontemplatives Leben harmonisch verbindend. Auch andere große Mystiker, etwa Johannes vom Kreuz und Bonaventura, warnen davor, nach frommen Gefühlen um ihrer selbst willen zu streben. Sie seien nichts als egoistischer Selbstgenuss, der uns von Gott eher entfernt. Marias liebende Hinwendung zu Jesus aber war dies wohl nicht, doch Eckhart interpretiert auch diese Bibelstelle, wie so viele andere, in seinem ganz eigenen Sinne.

Ein dritter Aufenthalt Eckharts an der Universität Paris von 1311–1313 war möglicherweise weniger Auszeichnung, wie es in der Literatur oft gedeutet wird, als eine Maßnahme, um seinen Einfluss im Orden zurückzudrängen. Er könnte in einem ordensinternen Machtkampf unterlegen sein, denn 1310 hatte ihn auch die zweite deutsche Ordensprovinz, die Teutonia, zum Provinzial gewählt, womit alle deutschen Konvente unter seine Leitung gekommen wären. Das Generalkapitel des Ordens jedoch annullierte die Wahl und verwehrte Eckhart das einflussreiche Doppelamt. Seine Entsendung nach Paris war also möglicherweise Gesichtswahrung und Kompensation oder aber auch eine Art Strafversetzung. Nach seiner Rückkehr jedenfalls musste er in Straßburg, weit weg von seiner Hausmacht Thüringen, als Generalvikar mit Sonderaufgaben die damals ungeliebte Aufgabe der seelsorgerischen Betreuung von Frauenklöstern und Beginenhäusern übernehmen. Die erhitzten Gemüter der Nonnen und Beginen, die begierig waren nach Wundererscheinungen und Visionen, sollte er eigentlich dämpfen. Anscheinend gaben sie aber eher den dankbaren Resonanzboden ab für seine immer ungeduldiger nach der äußersten Gotteserkenntnis ausgreifende Lehre. Zuletzt radikalisierte er sich so weit, dass er in der mystischen Vereinigung die Unterschiede zwischen Mensch und Gott vollständig aufgehoben sah. Damit kam er in gefährliche Nähe zu der schwärmerischen Bewegung der *Brüder und Schwestern des freien Geistes,* die von der Kirche hart bekämpft wurde.

Am Konvent in Straßburg lebten und studierten zur selben Zeit auch die jungen Predigerbrüder Johannes Tauler und Heinrich Seuse. Sie konnten hier also noch von Eckhart persönlich die Lehre hören, die sie später als seine Schüler weitergetragen haben, wobei sie ihr allerdings die radikalen Spitzen nahmen. Seuse etwa wusste als erfahrener Mystiker, dass die Fassungskraft der menschlichen Seele begrenzt ist und Gott sich daher nur „sanft" vor den inneren Blick der Seele stellt, seinen „Sonnenglanz" in milden menschengemäßen Bildern verhüllend wie „in ein Tuch". Eckhart dagegen betont in seinen Traktat *Vom edlen Menschen,* dass die Seligkeit darin bestehe, Gott *unverhüllt* zu schauen. Offenbar beruht seine mystische Theologie allein auf philosophischer Spekulation, denn alle erfahrenen Mystiker sind weitaus zurückhaltender in der Beurteilung der Reichweite ihrer Schauungen. Er berichtet auch nirgendwo in seinen Schriften von eigenen mystischen Erfahrungen.

Während Eckhart in Straßburg und den umliegenden Klöstern wirkte, war die Kirche bemüht, den Einfluss der Sekten, der vielfach bis in die Beginenhäuser und Klöster reichte, durch drakonische Maßnahmen zu unterbinden. Eckhart musste daher zwangsläufig mit seinen eigenwilligen und schwer verständlichen Predigten in Verdacht kommen, Irrlehren zu verbreiten. In seinem in Straßburg entstandenen Traktat *Das Buch der göttlichen Tröstung* jedenfalls gibt es Andeutungen, die darauf schließen lassen, dass er zunehmend Anstoß erregte. Der Orden zog ihn schließlich aus Straßburg ab und versetzte ihn 1323 nach Köln. Dort lehrte und predigte er nicht weniger hochfliegend seine eigene mystische Lehre, sodass schließlich ein Verfahren wegen Irrlehre gegen ihn eingeleitet wurde. Zunächst stellte er sich noch selbstbewusst gegen die Vorwürfe und wetterte über ihm feindlich gesinnte „Neider", erkannte aber im Laufe des Verfahrens selbst, dass einige der Sätze, die man ihm als ketzerisch vorhielt, „Sinnloses, Dunkles, Verwirrtes und gleichsam Schlaftrunkenes" enthielten. 1327 machte sich Eckhart, bereits hoch in den Sechzigern, auf den Weg nach Südfrankreich, um sich selbst in Avignon am päpstlichen Stuhl gegen die Vorwürfe zu verteidigen. Er starb 1328 noch vor Abschluss des Verfahrens, das am 27. März 1329 mit der Verurteilung von 28 Lehrsätzen Eckharts endete. Ort und Umstände seines Todes sind nicht bekannt.

Eckharts mystische Theologie ist in die Nähe asiatischer Heilslehren gestellt worden, unter anderem durch den Religionswissenschaftler Rudolf Otto (1869–1937), und man hat sie für einen Brückenschlag zwischen westlichem und asiatischem Denken herangezogen. Tatsächlich steht er mit seinem Bild des dunklen, abstrakten Gottes, der eher ein Nichts ist als etwas, und mit seiner Vorstellung vom Zunichtewerden der Seele in der Ungeborenheit den asiatischen Vorstellungen vom Verlöschen des Ich in einer unpersönlich gedachten Überwirklichkeit sehr nahe. Eckharts Einfluss jedenfalls war weitreichend. Seine Gedanken sind bei Nikolaus von Kues (1401–1464) und Spinoza (1632–1677) wirksam und über diese in die idealistische Philosophie von Hegel (1770–1831) und Schelling (1775–1854) eingegangen. Luther (1483–1546) hat Eckarts Lehren über die Werke Taulers und eine anonyme Schrift in Eckharts Geist, den sogenannten „Frankforter", kennengelernt und sich dadurch in seiner Kritik der *Werkgerechtigkeit*, also des Glaubens an die Möglichkeit einer Rechtfertigung vor Gott durch gute Werke, bestätigt gefunden.

Schlüsseltext aus dem Werk Meister Eckharts:

Mit der Lehre von der *Gottesgeburt* im tiefsten Seelengrund hat Meister Eckhart an altchristliche Lehren angeknüpft. Er radikalisierte sie zuletzt jedoch so weit, dass aus der gnadenhaften Gottesbegegnung bei ihm ein vollständiges, unterschiedsloses Einswerden der Seele mit Gott wurde, ja sogar ihre wirkliche Vergöttlichung. Damit stellte er sich gegen den breiten Strom der christlichen Mystik, nach dem die mystische Erfahrung zwar unmittelbare Nähe zu Gott bedeutet, aber keine Aufhebung des Abstandes von Schöpfer und Geschöpf. Er bleibt erhalten, aber bei höchster Einheit in Liebe. In Eckharts 7. Predigt findet sich eine seiner hochfliegenden Deutungen:

Der Vater gebiert seinen Sohn in der Ewigkeit sich selbst gleich. „Das Wort war bei Gott, und Gott war das Wort": Es war dasselbe in derselben Natur. Noch sage ich überdies: Er hat ihn geboren aus meiner Seele. Nicht allein ist sie bei ihm und er bei ihr als gleich, sondern er ist in ihr; und es gebiert der Vater seinen Sohn in der Seele in derselben Weise, wie er ihn in der Ewigkeit gebiert und nicht anders. Er muss es tun, es sei ihm lieb oder leid. Der Vater gebiert seinen Sohn ohne Unterlass, und ich sage mehr noch: Er gebiert mich als seinen Sohn und als denselben Sohn. Ich sage noch mehr: Er gebiert mich nicht allein als seinen Sohn; er gebiert mich als sich und sich als mich und mich als sein Sein und als seine Natur. Im innersten Quell, da quelle ich aus im Heiligen Geiste; da ist e i n Leben und e i n Sein und e i n Werk. Alles, was Gott wirkt, das ist Eins; darum gebiert er mich als seinen Sohn ohne jeden Unterschied. Mein leiblicher Vater ist nicht eigentlich mein Vater, sondern nur mit einem kleinen Stückchen seiner Natur, und ich bin getrennt von ihm; er kann tot sein und ich leben. Darum ist der himmlische Vater in Wahrheit mein Vater, denn ich bin sein Sohn und habe alles das von ihm, was ich habe, und ich bin derselbe Sohn und nicht ein anderer. Weil der Vater [nur] e i n Werk wirkt, darum wirkt er mich als seinen eingeborenen Sohn ohne jeden Unterschied. „Wir werden völlig in Gott transformiert und verwandelt." (2 Kor 3,18) Vernimm ein Gleichnis! Ganz so, wie wenn im Sakramente Brot in unseres Herrn Leib verwandelt wird: Wie viel der Brote es auch wären, so wird doch nur e i n Leib – ebenso würde, wenn alle Brote in meinen Finger verwandelt wären, doch nicht mehr als e i n Finger sein. Würde wiederum mein Finger in das Brot verwandelt, so wäre dies so viel, wie jenes wäre. Was in ein anderes verwandelt wird, das wird eins mit ihm. Ganz so werde ich in ihn verwandelt, dass er mich als sein Sein wirkt, [und zwar] als eines, n i c h t a l s g l e i c h e s; beim lebendigen Gotte ist es wahr, dass es da keinerlei Unterschied gibt. (Meister Eckhart: Deutsche Predigten und Traktate. Zürich, 1979, 185f)

Johannes Tauler (um 1300–1361)

Johannes Tauler ist mit Meister Eckhart einig im Streben nach Innerlichkeit und einem „wesenhaften Gott", der im innersten Seelengrund erfahren werden kann. Aber er folgt Eckhart nicht auf seinem spekulativen Höhenflug, denn er ist mehr Seelsorger als Philosoph, dem es vor allem um Hinführung zu einem reifen geistlichen Leben geht. Er ist frei von dem ungestüm Drängenden, das für Eckhart kennzeichnend ist, und frei von der außerordentlichen persönlichen Betroffenheit, die aus den Werken Heinrich Seuses spricht, des zweiten bedeutenden Schülers von Eckhart. Über einen Kreis mystisch bewegter Menschen am Oberrhein, den sogenannten „Gottesfreunden", ist sein Werk wirksam geworden.

Taulers Leben ist in relativ ruhigen Bahnen verlaufen. Die Zeiten allerdings, in die er um 1300 in Straßburg geboren wurde, waren unruhig: Die Kirche befand sich in desolatem Zustand, schwärmerische, antiklerikale Gruppen entstanden überall als Gegenbewegung, die schwarze Pest geißelte die Menschen und der Papst rang mit den weltlichen Mächten um die Vorherrschaft. Über die „unaussprechliche Finsternis", die in der Welt herrscht, klagt eine von Taulers Predigten. In jugendlichem Alter ist er in seiner Heimatstadt Straßburg, wo seine Eltern zum einflussreichen Patriziat gehörten, in den Orden der Dominikaner eingetreten und hat bis auf eine durch politische Wirren erzwungene Unterbrechung im dortigen Konvent gelebt und gewirkt. Dort absolvierte er wahrscheinlich auch die im Orden übliche sorgfältige philosophisch-theologische Ausbildung, denn zum Konvent gehörte eine höchst anerkannte Ordensschule. Während dieser Zeit muss er Meister Eckhart persönlich kennengelernt haben. Der charismatische, hochgelehrte Magister, der acht Jahre am Konvent in Straßburg wirkte, hinterließ bei dem jungen Ordensmann einen bleibenden Eindruck, wie dessen späteres Predigtwerk bezeugt. Höhere akademische Studien hat Tauler nicht durchlaufen, da er offenbar für Aufgaben in der Seelsorge vorgesehen war. Gleich nach Ende seiner Ausbildung, ab 1330, setzte ihn der Orden als Prediger und geistlichen Betreuer in Straßburger Frauenklöstern und den zahlreichen Beginenhäusern der Stadt ein.

· Bei seinen Predigten war Tauler sich dessen bewusst, dass er einen pastoralen Auftrag zu erfüllen hatte: Er dämpft Übertreibungen, er ruft auf den „Weg der Tugend", den man mit „Demut, Gottesfurcht, Gelassenheit, Sanftmut" gehen soll, und er fordert dazu auf, das tätige Leben nicht zu vernachlässigen, damit Nächstenliebe und Gottesliebe im Gleichgewicht bleiben. Er predigt den traditionellen Stufenweg der geduldigen und beharrlichen Vervollkommnung, der erst bereit macht für die mystische Gottesbegegnung. Gegen Eckharts überschießende theologische Spekulation hält er eine fromme Schlichtheit: „Frage nicht nach hoher Weisheit, sondern geh in deinen eigenen Grund", mahnt er die ihm anbefohlenen Nonnen und Beginen. Zwar verteidigt er seinen „liebenswerten Meister", der „aus dem Blickwinkel der Ewigkeit" gesprochen habe und daher missverstanden worden sei, ausdrücklich aber verwirft er zentrale Lehren Eckharts. Insbesondere sei die vollständige unterschiedslose Vereinigung mit Gott auch in der äußersten mystischen Erhebung unmöglich, denn Gottes Sein stehe unendlich hoch über allen Geschöpfen. Die Seele werde in der mystischen Vereinigung *gottfarben, göttlich, gottförmig*, aber nicht wesenhaft so, wie Gott *von Natur* ist. Allerdings ist Taulers mystische Theologie, wie wir sie seinen auf Deutsch gehaltenen Predigten entnehmen können, durchaus widersprüchlich. Gelehrte Werke auf Latein mit einer eindeutigen und systematischen Darstellung seiner Auffassung gibt es von ihm nicht. In vielen Predigten finden sich Stellen, die trotz seiner ausdrücklichen Distanzierung ganz nach Eckharts Lehre von der unterschiedslosen Vereinigung mit Gott klingen. Man kann seine Formulierungen teilweise als wunderbar bildhafte Umschreibung der liebenden Vereinigung verstehen, wenn er etwa sagt, sie sei „das liebevolle, dunkle, stille Rasten in dem Abgrund" oder an anderer Stelle, man wäre dabei wie „ertrunken in dem Meer ohne Grund". In seiner 24. Predigt heißt es dann aber ganz eindeutig im Sinne von Eckhart, der „Geist verschmilzt hier gänzlich [mit Gott]". In diesem Zustand „verliert" er „seinen Namen", also seine Individualität, so Taulers 7. Predigt, und geht ein in eine „Einheit ohne jede Unterscheidung". Und wie bei Eckhart ist auch bei Tauler die Nichtigkeit des Seins beständiges Thema. Nur „gänzliche und wahre Abkehr" von allem Vergänglichen bereitet den inneren Grund für die Gottesgeburt. Die Entwertung des Geschöpflichen überwiegt in seinem Werk, wenn es auch durchaus Stellen gibt, nach denen Gott auch in „jeglichem Geschöpf" gefunden werden kann. Die Geschöpfe sind für ihn letztlich „Nichts",

„gar nichts", belastet mit einer leiblichen Existenz „aus unsauberem, faulem, bösem, unreinem Stoff, widerlich und ekelerregend". Das alles muss abgestreift werden, damit wir im *namenlosen, formlosen, artlosen Sein* Gottes versinken können. Und auch Tauler spricht in seinen Predigten wie Eckhart mehrfach von der Rückkehr in die Ungeborenheit, also in den Zustand, wie wir in Gott waren als seine Schöpfungsidee, bevor wir als leibliche Menschen in diese irdische Existenz geboren wurden. Damit erst sei der höchste Zustand der Vereinigung mit Gott erreicht.

Tauler stand in enger Verbindung mit einem Kreis gleichgesinnter Menschen, den sogenannten *Gottesfreunden*, die nach Wegen zu einer vertieften Religiosität suchten. Das oft unglaubwürdige, veräußerlichte kirchliche Leben der Zeit genügte ihnen nicht. Sie interessierten sich insbesondere für die Mystik und studierten entsprechende Schriften, unter anderem Seuses *Horologium* und *Das fließende Licht der Gottheit* von Mechthild von Magdeburg. Über regen Briefwechsel und in persönlichen Begegnungen hat Tauler diesen Kreis mit geprägt, aber auch selbst Anregungen von ihm erhalten. Er war mit Heinrich von Nördlingen (um 1310–ca. 1379) befreundet, der wie Tauler seelsorgerisch in Frauenklöstern wirkte und als eine Art Propagandist der *Gottesfreunde*-Bewegung vielfältige Kontakte zu mystisch Interessierten unterhielt. Besonders intensivierte sich der Austausch mit den *Gottesfreunden*, als sein Konvent wegen einer Auseinandersetzung zwischen dem Papst und Ludwig dem Bayern 1339 Straßburg verlassen musste. Tauler übersiedelte mit seinen Mitbrüdern nach Basel, wohin auch Heinrich von Nördlingen, der ebenfalls für den Papst Partei ergriffen hatte, ins Exil gegangen war. Dadurch konnte er sich während der etwa vier Jahre, die er in Basel bleiben musste, regelmäßig mit Heinrich austauschen und am regen Leben der *Gottesfreunde* teilnehmen, die vor allem am Oberrhein lebten. Auf Heinrichs Vermittlung besuchte er unter anderem die Nonne Margareta

Ebner (1291–1351) im Dominikanerinnenkonvent Maria Medingen bei Dillingen an der Donau, eine der mystisch begnadeten Persönlichkeiten des Kreises, mit der ihn eine Seelenfreundschaft verband.

Wahrscheinlich hat Tauler um 1350 auch Jan van Ruysbroeck aufgesucht, den großen flämischen Mystiker, der in der Waldwildnis südlich von Brüssel mit wenigen Gefährten zurückgezogen lebte und bedeutende mystische Werke verfasst hatte. Hinweise der Ruysbroeck-Biografen lassen das vermuten. Vielleicht geschah die Reise auf Veranlassung der *Gottesfreunde*, denn bald nach Taulers Besuch übersandte Ruysbroeck dem Kreis seine Schrift *Die Zierde der geistlichen Hochzeit*. Der weise Waldmönch hat Tauler sicher freundlich in seiner Klause im Grünen Tal ("Groenendaal") empfangen, ihn aber zweifellos auch deutlich auf die Irrtümer in der Lehre Eckharts hingewiesen. Er wird das vielleicht verbindlicher getan haben als Jan van Leeuwen, der Koch der Einsiedlergemeinschaft von Groenendaal und selbst begnadeter Mystiker, für den Eckhart schlicht ein "teuflischer Mensch" war. Aber als erfahrener Mystiker hat Ruysbroeck sehr deutlich alle Übertreibungen religiöser Schwarmgeisterei abgelehnt, insbesondere die der verschiedenen Gruppen und Wanderprediger, die man zusammenfassend als *Brüder und Schwestern des freien Geistes* bezeichnet hat. In schlichter Klarheit etwa argumentiert er gegen deren Lehre vom Zunichtewerden in der Ungeborenheit, wie sie Eckhart, aber auch Tauler selbst vertraten. Sie negiert für Ruysbroeck Wert und Würde des gelebten Lebens, in das wir von Gott hineingestellt sind und das mit seiner gelebten Fülle nach unserem Tod bei Gott aufgeboben bleibt. Würde die Seele zurückversetzt in ihren urbildlichen Zustand, was Ruysbroeck für eine absurde Vorstellung hielt, "dann würde sie auch nicht heiliger noch seliger sein als ein Stein oder ein Stück Holz, denn ohne eigenes Wirken, ohne dass wir selbst Gott lieben und erkennen, können wir nicht selig sein. Gott aber wäre selig wie er es von Ewigkeit war; das aber könnte uns nichts nützen".

Ruysbroeck hat über die sogenannte *Devotio moderna*, insbesondere die *Brüder und Schwestern vom gemeinsamen Leben*, die mittelalterliche Spiritualität im niederländisch-niederdeutschen Raum nachhaltig beeinflusst. Auch die *Gottesfreunde* hätten sich zu einer breiten Reformbewegung entwickeln können. Rulman Merswin (1307–1382), ein reicher Kaufmann, der nach einer religiösen Lebenswende um sein dreißigstes Jahr zu den *Gottesfreunden* gestoßen war, wurde ihr finanzkräftiger Förderer. Er gab umfangreiches mystisches Schrifttum heraus, schrieb selbst entsprechende Werke und gründete in Straßburg eine religiöse Gemeinschaft im ehemaligen Kloster Grünenwörth. In der Gemeinschaft lebten Ordensleute vom Ritterorden der Johanniter zusammen mit Laienmitgliedern, die sich ganz ihrer religiösen Berufung widmen wollten. Tauler war als Beichtvater Merswins mit diesem Projekt verbunden. Anders aber als die niederländisch-niederdeutsche *Devotio moderna* konnte sich die von Merswin gegründete Gemeinschaft nie über diese erste Gründung hinaus entfalten und erlosch bald nach seinem Tod. Sie hing zu sehr vom Gründerwillen ab, und die abgehobenen Lehren der Eckhart-Schule waren nicht geeignet, eine breite religiöse Volksbewegung zu inspirieren.

Tauler soll zuletzt hochbetagt und krank von Straßburger Dominikanerinnen, die er lebenslang als Geistlicher betreut hat, in einem Gartenhaus des Klosters am Gießen gepflegt worden sein. Am 16. Juni 1361 ist er gestorben. Seine Grabplatte ist erhalten. Sie zeigt eine hagere Mönchsgestalt, die in lehrhafter Geste auf Christus, das Lamm Gottes, verweist.

Schlüsseltext aus dem Werk Taulers:

Die Liebe ist für alle Mystiker der Schlüssel zur Vervollkommnung, die Liebe zu Gott und die Liebe zum Mitmenschen, denn beides gehört zusammen und findet im Ausgleich des tätigen und des kontemplativen Lebens ihren harmonischen Zusammenklang. So predigt es auch Johannes Tauler. Reines Streben nach spiritueller Beglückung, mit welchen esoterischen Praktiken auch immer, ist nichts als unreifes Haften am eigenen Ich.

Das edelste und köstlichste Ding, von dem man sprechen kann, ist die Liebe; man kann nichts Nützlicheres lernen. Gott verlangt weder große Vernunft noch tiefe Gedanken, noch große Übungen der Frömmigkeit, wenn man auch gute Übungen nie aufgeben soll. Aber allen Übungen gibt erst die Liebe Wert und Würde ... Die Liebe kennt zwei Arten der Wirksamkeit: eine innere und eine äußere. Das äußere Werk gilt dem Nächsten, das innere geht unmittelbar auf Gott ... Die wahre göttliche Liebe, die sollst du in deinem Inneren haben, die sollst du erkennen und wahrnehmen an der Liebe, die du nach außen zu deinem Nächsten hast; denn nicht eher liebst du Gott, als bis du findest, dass du deinen Nächsten liebst, wie geschrieben steht: „Wie kannst du Gott lieben, den du nicht siehst, solange du deinen Bruder, den du siehst, nicht liebst?" Daran hängen alle Gebote und das Gesetz Gottes: „Liebe Gott und deinen Nächsten wie dich selbst." Du sollst dich mit ihm freuen und mit ihm leiden in allen Dingen und ein Herz und eine Seele sein, wie es zu Zeiten der Apostel war: „Sie hatten alles miteinander gemein." Kannst du das nicht zeigen, weil es dir an Mitteln fehlt, so sollst du [die Bereitschaft dazu] in deinem Inneren haben, in deinem Grunde, in der Wahrheit, nicht in einer übertünchten, sondern in einer lauteren Wahrheit, in der Zuneigung, der Liebe und dem [zur Liebestätigkeit] bereiten Willen. Kannst du für deinen Nächsten nichts anderes tun, so sag ihm ein gutes, liebevolles Wort, kommend aus einem wahren, guten Grunde. (Johannes Tauler: Predigten. Bd. II, Einsiedeln, 1987, 583f)

Heinrich Seuse (1295/97–1366)

Heinrich Seuse, der Verhärmte, in sich Versponnene, hat in seinem Leben viel erdulden müssen. Als Schüler Meister Eckharts wurde er angefeindet, verleumdet und schließlich sogar vor ein Inquisitionsgericht zitiert. Mit extremen Selbstkasteiungen hat er sich viel zugemutet, bis an die Grenze der Selbst-

zerstörung. Erst auf dem Weg der gelassenen Innerlichkeit, wie ihn Eckhart lehrte, konnte er sich davon befreien. Er übernahm als Schüler Meister Eckharts Gedanken aus dessen Werk, seine reife Mystik aber ist ganz eigenständig. Die problematischen Lehren seines Lehrers hat er scharf kritisiert. Christusfrömmigkeit und franziskanische Naturseligkeit entsprachen ihm mehr als die abstrakte Leere, in der Meister Eckhart mit seiner neuplatonischen Spekulation das Ziel der Mystik sah. Dementsprechend greift er in seinen Schriften auch wieder zurück auf die Brautmystik Bernhards.

Schon mit dreizehn Jahren ist der junge Heinrich in das Dominikanerkloster von Konstanz eingetreten. Es wird der Wunsch seiner tiefreligiösen Mutter gewesen sein, geschah aber wohl in Übereinstimmung mit seiner Neigung. Lebenslang hat sich der hoch Empfindsame seiner Mutter verbunden gefühlt, während der umtriebige, ganz dem geschäftlichen Erfolg ergebene Vater ihm fremd geblieben ist. Den Namen seines Vaters, eines Landadeligen aus der Familie von Berg, legte er später ab und nannte sich Seuse nach seiner Mutter, latinisiert Suso. 1295 oder 1297 wurde er in Überlingen geboren, woher seine Mutter stammte, oder in Konstanz, wo er aufgewachsen ist. Seine Eltern gehörten zur angesehenen städtischen Oberschicht. Seuse berichtet in seinen Lebenserinnerungen von unüberbrückbaren Gegensätzen zwischen seiner Mutter, die im Geist der Zeit nach vollständiger religiöser Hingabe strebte, und seinem ganz weltlichen Vater, der mit „harter Strenge" dagegen vorging. Der zarte, sensible Heinrich wird darunter gelitten haben, was den frühen Klostereintritt möglicherweise befördert hat.

Seine ersten Klosterjahre zwischen den meist viel älteren Mönchen waren von Orientierungslosigkeit geprägt. Erst mit achtzehn fand er nach einer plötzlichen inneren Umkehr zum ernsthaften religiösen Leben. Bald stellten sich auch mystische Entrückungen ein. Verzehrt von Gottessehnsucht, schaute er Bilder von überwältigender Leuchtkraft. Er beschreibt sie in beseligter poetischer

Sprache, „voll des himmlischen Staunens". Gott erfuhr er ganz sinnlich in betörendem Duft wie die Balsamdüfte im Hohenlied; und „himmlischer Glanz kam und ging im tiefsten Grunde seiner Seele". Er schwebte, ja er tanzte, und „dies Tanzen war nicht von dieser Welt: Es war wie ein himmlisches Ausströmen und ein Rückfluss in den unbekannten Abgrund göttlicher Verborgenheit".

Mit der Anspannung seiner ganzen Willenskraft strebte er nun danach, sich in der Christusnachfolge zu vervollkommnen, denn für ihn führt der Weg zu Gott über den Menschensohn. „In sehnender Gottesliebe" ritzte er sich das Christusmonogramm „IHS" über seinem Herzen in die Haut. Um Jesu Leiden nachzuahmen, unterwarf er sich extremen Bußübungen, deren grausame Einzelheiten er in seinen Lebenserinnerungen beschreibt: ein mit Nägeln gespicktes Kreuz, das er sich auf den Rücken schnallte, Selbstgeißelungen, eine alte Tür als Lagerstatt, Aufnahme geringster Flüssigkeitsmengen, um den Durst möglichst quälend zu spüren. Im Rückblick sah er in dieser langen Zeit der Selbstkasteiungen ein Durchgangsstadium, in dem er erst ein „anfangender Mensch" war. Nach eigenem Zeugnis übte er diese selbstzerstörerischen Praktiken von seinem achtzehnten bis zu seinem vierzigsten Lebensjahr.

Die Erkenntnis, dass eine innere Wandlung näher zu Gott bringen kann als äußere Bußübungen, half ihm schließlich, sich von seinen selbstquälerischen Praktiken zu lösen, die ihn zuletzt fast umgebracht hätten. Er strebte fortan – ganz in Eckarts Sinne – nach dem völligen „Lassen seiner selbst", das gänzlich unempfindlich macht gegenüber „Lieb oder Leid", bei dem man sich selber gänzlich preisgibt. Seuse war Eckhart zweimal persönlich begegnet und hatte seine Lehren von ihm selbst gehört: 1319–1321 während seines Studiums am Ordenskonvent in Straßburg und dann wieder 1323/24–1327 während seiner weiterführenden Studien an der Ordensschule in Köln. Eckharts Lehre, wonach Bußübungen eher hinderlich sind – denn er lehnte äußere Methoden, ja alles Vermittelnde überhaupt ab –, war für Seuse befreiend, vielleicht sogar lebensrettend. In sehr persönlichen Seelsorgegesprächen hat Eckhart ihn auch von Ängsten und Skrupeln befreit, die ihn jahrelang in quälenden Gewissensnöten gehalten hatten. In Köln erlebte Seuse die zunehmenden Anfeindungen, die sich gegen Eckhart richteten, und schließlich auch die Eröffnung des Inquisitionsverfahrens gegen ihn wegen der Verbreitung von Irrlehren.

Als 1329 die Verurteilung Eckharts bekannt wurde, war Seuse seit zwei Jahren zurück in seinem Heimatkonvent, dem Dominikanerkloster von Konstanz. Er hatte dort das Amt des Lektors übernommen, war also für die Anleitung der Studien zuständig. Nach einer weitgehend unauffälligen klösterlichen Laufbahn sah er sich nun in die Turbulenzen um Eckharts Lehren verwickelt. Die ordensinternen Säuberungsmaßnahmen erfassten auch ihn, weil er in seiner ersten Schrift, dem *Büchlein der Wahrheit* (zusammen mit einer zweiten Schrift, dem *Büchlein der ewigen Weisheit*, verfasst) Eckharts Lehren verteidigt hatte. Auf dem Ordenskapitel in Maastricht musste er Rede und Antwort stehen, wurde aber nicht verurteilt, denn seine Schrift bekräftigt nicht die umstrittenen Sätze Eckharts, versucht vielmehr, sie abmildernd zu interpretieren. Die Irrlehren lastet er den sektiererischen *Brüdern und Schwestern des freien Geistes* an, die Eckhart verfälscht hätten. Trotzdem galt er nun als unsicherer Kantonist und musste sein Lektorenamt abgegeben. Auch eine akademische Laufbahn mit dem Magisterabschluss in Paris war ihm damit verbaut. Er wird es nicht sehr schwer genommen haben, denn er hat zwar brav und erfolgreich seine theologisch-philosophischen Studien absolviert, die eigentliche Lehre war für ihn aber die *göttliche Schau*, zu der man nicht über den Hörsaal gelangt. Erst 1334 erhielt er sein Amt als Lektor am Konstanzer Kloster zurück.

Seuse war als Seelsorger zur Betreuung von Frauenklöstern viel unterwegs. Er pflegte wie Tauler Freundschaften mit den sogenannten *Gottesfreunden*, einem losen

137

Netzwerk von Laien und Ordensangehörigen, Frauen und Männern, die nach mystischen Erfahrungen strebten und in regem Briefkontakt standen. Lange Jahre, von 1338 bis 1346, mussten die Dominikaner Konstanz verlassen, da sie wegen eines Konflikts zwischen dem Papst und Ludwig dem Bayern in der Stadt keine Gottesdienste abhalten durften. Um seine seelsorgerischen Aufgaben zu erfüllen, unternahm Seuse weite Wanderungen, etwa zum Frauenkloster in Töss bei Winterthur. Dort lernte er die Nonne Elsbeth Stagel kennen, die seine glühende Verehrerin und Seelenfreundin wurde. Anhand von Gesprächen mit ihm verfasste sie ein Lebensbild ihres geistlichen Freundes. Seuse hat diese Aufzeichnungen später in seine Lebensbeschreibung (*Leben des Dieners*) eingearbeitet, die zugleich eine Anleitung für den Stufenweg des mystischen Aufstiegs ist. Noch in Konstanz, zwischen 1331 und 1334, war sein *Stundenbuch der Weisheit* (*Horologium sapientiae*) entstanden. Beide Schriften entfalten seine eigene reife Lehre, die sich auf ein reiches mystisches Leben stützen konnte. Sie gehörten zu den meist gelesenen mystischen Schriften seiner Zeit. Alle seine Texte hat er zuletzt noch einmal überarbeitet, um sie als Version letzter Hand in einem Werk mit dem Titel *Das Exemplar* beruhigt der Nachwelt übergeben zu können.

Seuse ist zwar ein Schüler Meister Eckharts, hat sich aber vom Unausgeglichenen und Spekulativen in dessen Lehre gelöst und zeugte mit seinem Leben und seiner Spiritualität gegen seinen Lehrer. Er war voller Gefühlskraft, den Menschen und der Schöpfung zugewandt. Seine mystischen Erfahrungen, die ihm im Gegensatz zu Eckhart und auch Tauler reichlich zuteil wurden, sind begleitet von überwältigenden Visionen. Dabei fühlt er sich „in unsagbarer Weise umarmt", als ob das Herz des göttlichen Vaters sich auf „geistliche Weise" zärtlich „an sein Herz neige". Das Abstrakte des neuplatonisch gedachten Göttlichen, wie es Eckhart in seinen Schriften immer neu umschreibt, das nur durch einen Hauch vom

Nichts getrennt ist, musste ihm fremd bleiben. Wenn Seuse von Gott als der *dunklen Stille* spricht, so weiß er doch zugleich, dass darin höchste, lebendige Fülle verborgen ist, eine „unaussprechliche lustvolle Seligkeit". Was sich seiner Seele von Gott zeigt, ist von überströmender Herrlichkeit, und er sieht es in prächtigen Bildern, „so köstlich mit leuchtendem Gewande geziert, so herrlich umgeben mit blumiger Buntheit blühender Blumen". Daher ist für ihn auch die Verwendung von Bildern ein zulässiger und wichtiger Vermittlungsweg, um sich dem Unaussprechlichen anzunähern, das selbst bildlos ist. Er benutzt sie, wie er sagt, „um Bilder durch Bilder auszutreiben". Wie Eckhart spricht auch Seuse vom *Durchbruch* zum tiefsten Grund Gottes als seinem brennenden Anliegen. Was er damit meint, unterscheidet sich aber grundlegend von Eckharts Lehre. Die mystische Vereinigung als Ziel dieses Durchbruchs kann niemals zu einer wesenhaften Gleichheit mit Gott, zu keinem völligen Aufgehen der Individualität in Gott führen. „Die Seele bleibt immer Geschöpf" und auch in der höchsten Einheit sich selbst bewusst, obwohl sie sich dabei ganz in Gott verliert. Nicht unser Sein in der Ungeborenheit, wie wir in Gott waren, bevor wir in unser leibliches Dasein gezeugt wurden, hat die höchste Würde, sondern unser irdisches, geschöpfliches Sein. Die Schöpfung ist Gottes Werk und von ihm gewollt. Seuse preist sie, wie es bei Eckharts neuplatonischer Weltverneinung undenkbar wäre, mit folgenden Worten: „Wie schön grünt die Wiese, wie sprießen Laub und Gras, wie lachen die schönen Blumen." Seuse teilte die franziskanische Wertschätzung des Geschöpflichen, in dem sich Gottes ewiges Wort zeichenhaft ausspricht. Und Christus, der Mensch gewordene Gott, ist das Zentrum seiner Spiritualität, denn über Christus kommt der Mensch zu Gott.

Die überspitzten bis wahnhaften Lehren der *Brüder und Schwestern des freien Geistes*, die lehrten, dass der Mensch sich selbst zu Gott erheben, ja ihm vollkommen gleich werden kann, lehnte er ab. Er hat sie in seiner seelsorgerischen Arbeit und in seinen Schriften bekämpft. Zuletzt wurde der viel Geplagte noch einmal schwer geprüft und verlor fast all seine Freunde, weil man ihm vorwarf, er hätte mit einer Frau, die er seelsorgerisch betreute, ein Kind gezeugt. Die Anschuldigungen erwiesen sich als haltlos, aber sein Ruf ließ sich nicht wieder herstellen, wie so oft in solchen Fällen. Der Orden beorderte ihn 1347/1348 nach Ulm, wo er bis zu seinem Tod lebte und wirkte. Am 25. Januar 1366 starb er im dortigen Konvent und wurde in der Klosterkirche beigesetzt, der heutigen Dreifaltigkeitskirche. Das Grab ist seit dem 17. Jahrhundert verschollen. 1831 wurde der große Dulder und tiefsinnige, gefühlvolle Lehrer des mystischen Weges durch Papst Gregor XVI. seliggesprochen.

Schlüsseltext aus dem Werk Seuses:

Heinrich Seuse hatte reiche mystische Erfahrungen, „übermächtige Entrückungen", von denen er in seiner Lebensbeschreibung berichtet. Dabei spricht er von sich selbst in der dritten Person als der *Diener:*

Und wie er da so stand, des Trostes bar, und niemand in seiner Nähe war, da ward seine Seele entrückt, ob im Leib, ob außer ihm, das wusste er nicht. Was er da sah und hörte, lässt sich nicht in Worte fassen. Es hatte weder Form noch bestimmte Art und hatte doch aller Formen und Arten freudenreiche Lust in sich. Des Dieners Herz verlangte danach und fühlte sich doch gestillt, sein Sinn war freudvoll und bewegt; Wünschen war ihm entfallen, Begehren entschwunden; er starrte nur in den hellen Abglanz, in dem er sich selbst und alles um sich vergaß. War es Tag oder Nacht? Er wusste es nicht. Ein Ausbruch war es, von des ewigen Lebens Lieblichkeit, seinem Wahrnehmen gegenwärtig, bewegungslos, ruhig. Als er wieder zu sich kam, sagte er: „Wenn d a s nicht das Himmelreich ist, so weiß ich nicht, was Himmelreich ist. Denn all das Leiden, das man durch Worte ausdrücken kann, vermag die Freude dem, der sie ewig besitzen soll, nicht nach Recht und Billigkeit zu verdienen." Diese übermächtige Entrückung währte wohl eine Stunde, vielleicht auch nur eine halbe. Ob die Seele im Leib geblieben, ob sie von ihm geschieden war, das wusste er nicht. (Heinrich Seuse: Deutsche mystische Schriften. Düsseldorf, 1986, 20f)

Niederländische Mystik

Die niederländische Mystik (in Flandern und den heutigen Niederlanden) hat wichtige Impulse von der religiösen Bewegung der Beginen empfangen. Diese freien Zusammenschlüsse religiös inspirierter Frauen verbreiteten sich im 13. Jahrhundert vor allem in Nordeuropa und faszinierten durch ihre Ursprünglichkeit und Kompromisslosigkeit, waren aber nicht ohne Überspanntheiten und Irrlehren. Nach Unterdrückung der Beginen im 14. Jahrhundert konnten ihre mystischen Schriften nur noch im Geheimen weiterwirken und wurden schließlich vergessen. Hadewijch (erste Hälfte des 13. Jh.) ist die wichtigste Vertreterin der Beginenmystik niederländischer Sprache. Auch die niederländische Klosterfrau Beatrijs von Nazareth (1200–1268) hat bedeutende mystische Werke geschaffen. Wegweisend für die niederländische Mystik und für die niederländische Volksreligiosität überhaupt war aber vor allem Jan van Ruysbroeck (1293–1381). Er hat lange Jahre als Kleriker in Brüssel gewirkt, bevor er sich dann für ein zurückgezogenes Leben als Waldmönch entschied. Seine mystische Theologie ist ohne Übertreibungen und lehrt eine lebbare Spiritualität. Zwar hat Ruysbroeck auch Gedanken Eckharts aufgenommen, kannte aber die Problematik in dessen Lehre und ist aus einem ursprünglichen mystischen Erleben heraus ganz unabhängig wirksam geworden. Geert Grote, auf den die Laienbewegung der *Brüder und Schwestern vom gemeinsamen Leben* zurückgeht, war ein Schüler Ruysbroecks. Thomas von Kempen, aus dessen Feder das über Jahrhunderte weit verbreitete Andachtsbuch *Nachfolge Christi* stammt, lebte in den Häusern der Brüder und später im Kloster Sint-Agnietenberg der Augustinerchorherren bei Zwolle aus dem Geist Ruysbroecks. Vermittelt durch Geert Grote und Thomas von Kempen fand eine neue, ganz auf Innerlichkeit gestimmte Religiosität, die *Devo-*

tio moderna, Eingang in breite Volksschichten. Über Erasmus von Rotterdam, der bei den Brüdern in Deventer zur Schule gegangen ist, hat sie den christlichen Humanismus beeinflusst. Durch ihre Betonung der Laienreligiosität nahm sie ein Anliegen der Reformation vorweg. Ruysbroecks bedeutende Werke waren auch außerhalb des niederländischen Sprachraums einflussreich. Tauler und die sogenannten *Gottesfreunde* am Oberrhein haben Anregungen daraus bezogen. Die *Gottesfreunde*-Bewegung aber erlosch rasch wieder. Ihre stark an Meister Eckhart orientierten Lehren waren im Kern zu individualistisch und zu eigenwillig, um die Grundlage für eine religiöse Volksbewegung abgeben zu können – anders als die alltagstaugliche und gemeinschaftsfähige *Devotio moderna*. Deren Gemeinschaften hatten in den Klöstern der sogenannten Windesheimer Kongregation, die aus der Brüderbewegung hervorging, bis ins 16. Jahrhundert hinein Bestand.

Jan van Ruysbroeck (1293–1381)

Jan van Ruysbroeck (auch Ruysbroek oder Ruusbroec) zog sich nach langjähriger Tätigkeit als Geistlicher im Alter von fünfzig Jahren mit wenigen Gefährten in eine Einsiedelei im großen Waldgebiet südlich von Brüssel zurück. Seine Werke knüpfen an das überlieferte Wissen der christlichen Mystik an und bringen es in ein äußerst abgewogenes und hoch strukturiertes System. Vor allem die Lehren von Augustinus, Dionysius Areopagita, Bonaventura und der beiden Zisterzienser Bernhard von Clairvaux und Wilhelm von St. Thierry sind darin eingegangen. Aber auch die Gedankenwelt der Begine Hadewijch kannte und schätzte er. Wo Meister Eckharts Auffassungen bei Ruysbroeck durchschimmern, korrigiert er zugleich deren Übertreibungen. Sorgsam bereitet er immer auch auf die möglichen Gefahren und Fehlhaltungen einer mystischen Spiritualität vor. Seine Bücher sind pädagogisch durchdachte Lehrbücher des mystischen Weges. Als erfahrener Mystiker und behutsamer Seelenführer folgt er dem alt überlieferten Weg

des Aufstiegs über Stufen der Vorbereitung. Nachdrücklich be-
tont er die Notwendigkeit der sittlichen Umkehr und der „Rei-
nigung des Gewissens", bevor irgendein Fortschritt auf diesem
Weg erzielt werden kann.

Von seinem elften Lebensjahr an lebte der 1293 unehe-
lich geborene Ruysbroeck in Brüssel beim Kleriker Jan
Hinckaert, der seine Erziehung übernahm und ihn religiös anleitete. Ruysbroecks Mutter hatte diesem Arrange-
ment zugestimmt, um ihrem Sohn eine bessere Zukunft
zu ermöglichen. Sie selbst nahm Wohnung im großen
Beginenhof von Brüssel. Hinckaert stammte aus einer
wohlhabenden und einflussreichen Familie. Als Domherr
an Brüssels Hauptkirche Sint-Michiels war er mit Pfründen bestens ausgestattet und konnte seinem Zögling eine
gute Ausbildung angedeihen lassen. Die Überlieferung
spricht davon, dass er mit Ruysbroeck in verwandt-
schaftlicher Beziehung stand, präzisiert dies aber nicht
weiter. Heutige Biografen vermuten in ihm den leiblichen
Vater Ruysbroecks. Mit ihrer innigen Religiosität jedenfalls waren sie seelenverwandt und sind lebenslang eng
verbunden geblieben. Der Weg Ruysbroecks war damit
vorgezeichnet und durch Hinckaerts Einfluss als Domherr sicher gebahnt. 1317, mit vierundzwanzig, wurde er
zum Priester geweiht und erhielt das begehrte Amt eines
Vikars und Kaplans an Brüssels Hauptkirche. Der Priestergemeinschaft, zu der Hinckaerts Haushalt nun geworden war, schloss sich später als dritter noch Vrancke van
Coudenberg an, ein gelehrter Adeliger und Kanoniker.
Zwei Jahrzehnte lebten die Männer still mit ihrem pries-
terlichen Dienst und ihren Studien beschäftigt. Aus Ruysbroecks seelsorgerischer Erfahrung und seinem eigenen
spirituellen Erleben wuchs langsam ein Werk, das religiöse Innerlichkeit und ganz praktische christliche Weltbe-
wältigung zu verbinden versteht. Elf Schriften hat Ruysbroeck insgesamt verfasst, vier davon widmen sich dem
mystischen Aufstieg: *Das Reich der Geliebten (Dat rijcke der*
ghelieven), Die Zierde der geistlichen Hochzeit (Die chierheit

der gheestelijker brulocht), *Vom glänzenden Stein* (*Vanden blinkenden steen*), *Buch der Erklärungen* (*Boecsken der verclaringhe*). Die ersten drei sind noch in Brüssel entstanden, bevor sich Ruysbroeck und seine beiden Mitpriester als Eremiten in die Waldeinsamkeit zurückzogen. Das vierte schrieb er 1360, gegen Ende seines Werkschaffens, um Missverständnisse auszuräumen, die seine mystischen Werke mit Irrlehren in Verbindung brachten. Alle sind in kraftvollem Brabanter Flämisch geschrieben.

Ruysbroecks streng systematisch angelegtes Hauptwerk *Zierde der geistlichen Hochzeit* gibt die beste Übersicht über seine mystische Theologie. Es besteht aus drei Büchern, die das tätige, das innige und das gottschauende Leben beschreiben. Dies entspricht dem klassischen Dreischritt des mystischen Aufstiegs aus Reinigung, Erleuchtung und Einigung. Das erste Buch leitet zur sittlichen Ordnung des tätigen Lebens an. Im Unterschied zu Meister Eckhart, der unmittelbar *durchbrechen* will zur Gottesschau, betont Ruysbroeck die geduldige Vorbereitung auf die Gottesbegegnung. Am Anfang muss die grundlegende Lebensumkehr und Reinigung des Gewissens stehen. Der Mensch soll wachsen in Sanftmut, Geduld, Nächstenliebe, Mitleid, Mäßigkeit und Nüchternheit, um sich in der Christusnachfolge zu vervollkommnen. Kommt dann ein Gott zugeneigtes Herz dazu, werden wir im Glauben erleuchtet und erkennen, „dass Gott unbegreiflich und verborgen ist". Dies ist die Vollendung des *tätigen Lebens* als erste Stufe des Aufstiegs. Hier, wie auf dem ganzen Weg, können wir aber nichts allein aus eigener Kraft erreichen. Immer muss uns Gott mit seiner herabneigenden Güte, mit seiner Gnade, entgegenkommen.

Das zweite Buch umfasst zwei Drittel des Gesamtumfanges. Es widmet sich der zweiten Stufe des mystischen Aufstiegs, dem innigen, Gott zugewandten Leben. Ausführlich beschreibt Ruysbroeck die *innigen Übungen*, die uns auf dieser Stufe voranschreiten lassen und bereit machen für „die Begegnung mit unserem Bräutigam, Christus, in der genießenden Einheit der Gottheit". Es ist ein Weg nach innen, der alle Kräfte sammeln muss zu einer äußersten Aufmerksamkeit für die Art, in der Gott sich uns mitteilen will. Dies ist mitunter ein inneres Sehen mit dem „Geistesauge", ein „Anrühren oder Berühren", ein „inneres Umarmen und liebendes Umfangen", „innerlicher Trost und innerliche Süßigkeit", ein Wonneschmerz oder Wonnegefühl bis hin zu einer „geistlichen Trunkenheit". Ruysbroeck warnt aber eindringlich vor der „falschen Süßigkeit", die am Voranschreiten hindert, weil man an diesem Wonnegefühl in reinem Selbstgenuss haften bleibt. Man irrt dann ab vom Weg hin zu Gott. Ruysbroeck bringt hier eines seiner vielen Bilder aus der Natur: Wie Bienen aus einer Blüte Nektar ziehen, aber dort nicht bleiben, sondern weitersammeln und den Nektar zu Honig veredeln, so soll der Mensch nicht bei seinen inneren Erfahrungen verweilen, sondern darüber hinausschreiten, um daran zu wachsen und zu reifen. Ruysbroeck ist auch kritisch gegenüber den von mittelalterlichen Mystikern häufig berichteten Visionen. Die Gefahr der Täuschung durch bloße Einbildung ist groß. Prüfstein für ihre Echtheit als Begleiterscheinung einer wirklichen mystischen Eingebung ist die Übereinstimmung mit der biblischen Botschaft.

Das dritte Buch beschreibt die überwesentliche Schau in der mystischen Vereinigung als dritte und höchste Stufe des mystischen Aufstiegs, zu der man nicht mit „Wissenschaft oder Scharfsinn und keiner Übung" gelangen kann. Hier ereignen sich die seltenen und unerhörten Momente einer unmittelbaren Gottesbegegnung, die nur wenigen Menschen gnadenhaft zuteil werden. Unfasslich, alles übersteigend und nur andeutbar ist die Begegnung mit dem göttlichen Bräutigam in der „geistlichen Hochzeit", die erst am Ende eines langen Weges der Vorbereitung und Läuterung steht. Jan van Ruysbroeck tastet mit immer neuen Umschreibungen nach diesem Geheimnis der Gottesgeburt des dreieinigen Gottes in der „Verborgenheit des Geistes". Nur wenige Seiten umfasst dieses

dritte Buch, denn die Worte versagen vor dem *unbegreiflichen Licht*, der *dunklen Stille*, die den Menschen umfangen
wie „ein ewiges Ruhen in einer genießenden Umarmung
minniglicher Zerflossenheit". Trotz solcher gotttrunke-
nen Worte ist für Ruysbroeck klar, dass wir Gott in diesem Leben niemals wesenhaft schauen können. Er kann
sich uns nur gemäß der begrenzten Fassungskraft unserer leiblichen Existenz mitteilen.

Ende der 1330er Jahre reifte bei dem betagten Hinckaert und seiner kleinen Priestergemeinschaft mit
Ruysbroeck und Coudenberg der Wunsch, sich ganz der
religiösen Betrachtung widmen zu können. Hinckaert
hatte bereits 1337 seine Ämter aufgegeben und führte in
seinem Haus ein klösterliches Leben. Auch Ruysbroeck
wird sich nach dem *gottschauenden Leben* gesehnt haben,
zu dem seine Schriften hinführen wollen. Die Umstände
in Brüssel waren zu dieser Zeit alles andere als geeignet
dafür: Die noch lange nicht fertiggestellte Kirche Sint-
Michiels war eine Dauerbaustelle, die laxe Auffassung
des Klerus und die Verfallserscheinungen des kirchlichen Lebens bildeten ein ständiges Ärgernis und die politische Situation war äußerst unsicher. England lag mit
Frankreich im Krieg und zog die flämischen Städte in die
Auseinandersetzung hinein. Am 24. Juni 1340 etwa tobte
nicht weit entfernt an der Küste bei Sluis eine Seeschlacht
zwischen den Flotten der verfeindeten Mächte. Der Drei-
ergemeinschaft wird es schwer gefallen sein, inmitten der
unruhigen Stadt ihr beschauliches Leben zu führen. Der
vollständige Rückzug von der Welt gelang ihnen aber
erst 1343, Ruysbroeck war bereits fünfzig. Herzog Jan
II. von Brabant hatte Coudenberg, der über gute Verbindungen in adelige Kreise verfügte, die Einsiedelei Groenendaal übereignet. Die drei weltflüchtigen Priester und
zukünftigen Eremiten fanden in dieser Klause, die inmitten des ausgedehnten Zoniënwaldes (wallonisch: Fôret
de Soignes) südlich von Brüssel lag, endlich die gesuchte
Stille und Einsamkeit. Alle drei Kleriker waren angesehene Mitglieder der Brüsseler Gesellschaft gewesen, und

Ruysbroeck hatte sich mit seinen Schriften einen Namen gemacht. So blieb der spektakuläre Rückzug von ihren lukrativen Ämtern zugunsten eines bescheidenen Lebens als Eremiten sicher nicht ohne öffentliches Aufsehen. Die Nachricht von der neuen mönchischen Niederlassung verbreitete sich rasch, und bald schlossen sich der Gruppe weitere Mitglieder an. Der stetige Zuwachs erforderte eine Regelung des Gemeinschaftslebens, sodass die Waldmönche von Groenendaal am 10. März 1350, sieben Jahre nach Ansiedlung der Dreiergruppe um Hinckaert in der Klause, die Regel der Augustiner-Chorherren annahmen. Die einstige Klause wurde damit zum Kloster im Status einer Propstei, mit Ruysbroeck als Prior und Coudenberg als Propst.

Die Gesellschaft, aus der die kleine Gemeinschaft hatte flüchten wollen, holte sie rasch wieder ein. Viele bedeutende Persönlichkeiten pilgerten nun nach Groenendaal, dem Kloster „vom grünen Tal". Es kamen einflussreiche Adelige, die sich Hilfe erhofften in Seelenangst und Glaubensnot, wie die Baronin Elisabeth van der Marck aus dem bedeutenden Haus der Herren von Hamal und Elderen, und es kamen Gelehrte, die das Gespräch mit Ruysbroeck suchten. Geert Grote, der später die religiöse Bewegung der *Devotio moderna* begründen sollte, hielt sich mehrmals in Groenendaal auf. Ruysbroecks Lehren haben die grundlegende Ausrichtung seiner Spiritualität geprägt. Johannes Tauler, der Eckhart-Schüler und spirituelle Kopf der *Gottesfreunde*-Bewegung am Oberrhein, hat Groenendaal wahrscheinlich im Jahr 1350 besucht. Das Gespräch mit Ruysbroeck war bei aller Übereinstimmung sicher nicht nur harmonisch, denn der weise Waldmönch kannte genau die problematischen Punkte in Eckharts und Taulers Lehre. Im Einklang mit großen Mystikern wie Bonaventura, Seuse, Hildegard und vor allem Franziskus von Assisi verstand er es, die Schöpfung als Hinweis auf ihren Schöpfer zu lesen. Meister Eckharts überspitzte Forderung nach der Ablösung von allem Endlich-Irdischen, weil ihm das Geschöpfliche nur noch als Hindernis auf dem Weg zur Gottesbegegnung erschien, musste Ruysbroeck daher fremd bleiben. Die Vorstellung, dass die menschliche Individualität in der mystischen Einigung mit Gott völlig zunichte wird, ja zurückkehren kann in den urbildlichen, vorgeburtlichen Zustand, in dem sie noch Idee Gottes war und damit Teil von ihm, lehnte er als unchristlichen Irrglauben ab. Für Ruysbroeck ist der Mensch von Gott frei geschaffen und findet seine Erfüllung und seine höchste Würde im tugendhaften Leben in der Verantwortung vor Gott. Auch in der mystischen Einigung bleibt der Selbststand des individuellen Menschen erhalten, „denn in diesem Schauen bleibt der Mensch am allerbesten Herr über sich und frei und kann bei jeder minniglichen Einkehr wachsen in Hoheit des Lebens, über alles Verstehen. Denn er bleibt frei und Herr seiner selbst in Innigkeit und Tugend". Gott will den Menschen mit seiner Freiheit, und erst das gelebte Leben mit seinen Niederlagen und bestandenen Herausforderungen macht den vollen Menschen aus. Das, was er damit geworden ist, kann weder in der mystischen Einigung noch im Tod abgestreift und zunichte werden, sondern es wird durch Gott erhalten und vollendet in Fülle, „und wenn die Werke hienieden in der Gnade enden, so dauern sie ewig in der Glorie".

Neben Ruysbroeck trat besonders Jan van Leeuwen aus Affligem († 1378), der um 1344 der Gemeinschaft von Groenendaal beigetreten ist, in seinen Schriften scharf gegen Meister Eckhart auf. Er kam aus einfachen Verhältnissen und wurde der Koch des Klosters. Ruysbroeck war sein Beichtvater und Lehrmeister. Der gelehrige Schüler hat sich mit den Jahren im inspirierenden Umfeld der Mönchsgemeinschaft viel theologisches Wissen angeeignet und selbst volkstümliche mystische Schriften verfasst. Seine Sprache ist mitunter derb, etwa wenn er Eckhart einen „Antichristen" nennt. Ruysbroeck selbst drückte sich gelehrter aus, aber sicherlich hätte Jan van Leeuwen nicht ohne Wissen und Zutun seines Priors und Lehrmeisters damit an die Öffentlichkeit treten können.

Groenendaal hat weitere geistliche Schriftsteller hervorgebracht, die im Sinne Ruysbroecks gewirkt und mystische Schriften verfasst haben. Zu nennen sind hier vor
allem Wilhelm Jordaens († 1372) und Godeverd van der
Wevele (um 1320–1396). Jordaens war ein gelehrter Theologe, der 1351 in Groenendaal eingetreten ist. Er hat mehrere Schriften Ruysbroecks ins Lateinische übersetzt. Van
der Wevele schloss sich der Gemeinschaft zwischen 1355
und 1360 an. 1381 war er maßgeblich an der Gründung
von Kloster Eemstein beteiligt, dem ersten Tochterkloster
von Groenendaal.

Ruysbroeck war bemüht, trotz des rasch aufblühenden
Klosterlebens mit seinen organisatorischen Anforderungen und baulichen Maßnahmen inneren Abstand und
die Ruhe eines intensiven Gebetslebens zu bewahren.
Miniaturen in mittelalterlichen Handschriften zeigen ihn
meditierend im Schatten einer alten Linde, seinem Rück-
zugsort und Lieblingsplatz im Wald. Vor sich hat er eine
Wachstafel, auf der er Stichworte für weitere Werke notiert, vielleicht auch für die vielen pastoralen Briefe an
Freunde und Ratsuchende, die uns von ihm überliefert
sind. Die in Groenendaal entstandenen Schriften sind
vorwiegend seelsorgerisch-beschaulichen Inhalts. 1360
griff er noch einmal zur Feder, um möglichen Missver-
ständnissen seiner mystischen Lehre vorzubeugen. Der
Kartäuser Gheraert hatte eine Anfrage an ihn gerichtet, in
der er sich irritiert zeigte über einige Formulierungen in
den frühen Schriften des Mystikers von Groenendaal. Im
Buch der Erklärungen nahm Ruysbroeck dazu Stellung und
grenzte sich klar ab von Vergottungsvorstellungen, nach
denen der Mensch vollständig und wesenhaft mit Gott
vereinigt werden kann, wie sie die *Brüder und Schwestern
des freien Geistes* und ähnlich auch die Eckhart-Schule vertraten.

In seinen letzten Lebensjahren war Ruysbroeck nicht
mehr schriftstellerisch tätig. Aber auch gebrechlich auf
dem Krankenlager – „wanneer hij op sijn bedde sat" –
wirkte er weiter als Ratgeber, dessen Worte man sorg-

fältig aufzeichnete. Am 2. Dezember 1381 ist er in Groenendaal gestorben und in der Klosterkirche beigesetzt worden. Nach seinem Tod stellten Angriffe von Jean Gerson (1363–1429), dem bedeutenden Theologen und Kanzler der Universität Paris, noch einmal seine Rechtgläubigkeit in Frage. Die Seligsprechung durch Papst Pius X. im Jahre 1908 räumte alle Zweifel daran aus.

Schlüsseltext aus dem Werk Ruysbroecks:

Ruysbroeck verwendet in seinen Schriften zahlreiche Bilder aus der Natur. Sie sind kennzeichnend für seine pädagogische Art der Vermittlung. Im Gleichnis von der Ameise etwa fasst er zusammen, worauf es bei einem innig Gott zugewandten Leben ankommt: Man muss geduldig abwarten, sich dabei beharrlich bereit machen, ohne mit krampfhaften Übungen und Techniken etwas herbeizwingen zu wollen:

Es gibt ein kleines „Würmchen", das Ameise genannt wird. Diese Ameise ist stark und klug und hat ein zähes Leben. Und sie wohnt gerne in der Einheit ihrer Genossenschaft im warmen trockenen Boden. Und im Sommer arbeitet sie und sammelt Speise und Korn für den Winter. Und sie spaltet das Korn entzwei, damit es nicht faule und verderbe, sondern dass man es nütze, wenn man nichts mehr sammeln kann. Und sie macht keine fremden Wege, sondern geht immer einen Weg. Und wenn sie die Zeit abwartet, so kann sie fliegen.

So sollen auch die Menschen verfahren. Sie sollen stark sein in der Erwartung auf die Ankunft Christi und weise sein den Gaukeleien und Einsprechungen des bösen Feindes gegenüber. Sie sollen nicht zu sterben verlangen, sondern immer Gott Lob bereiten und sich selbst neue Tugenden erwerben. Sie sollen wohnen in der Einheit ihres Herzens und ihrer Kräfte und dem Heischen und Drängen der göttlichen Einheit Folge leisten. Sie sollen wohnen im warmen trockenen Boden, das heißt in starker Minneglut und großer Ungeduld der Liebe. Und sie sollen im Sommer dieser Lebenszeit arbeiten und Tugendfrüchte sammeln für die Ewigkeit und diese Früchte entzweispalten.

Der eine Teil besagt, dass sie stets die hohe, genießende Einheit begehren sollen, der andere Teil, dass sie sich mittels der Vernunft im Zaume halten, soweit sie es vermögen, und die Zeit abwarten, die Gott ihnen bestimmt hat: So bleibt die Frucht der Tugend erhalten in Ewigkeit. Und sie sollen keine neuen Wege suchen, noch absonderliche Weisen aufstellen, sondern den Weg der Liebe, auf den die Liebe sie führt, durch alle Stürme einhalten. Und wenn man die Zeit abwartet und in allen Tugenden verharrt, so kann man schauen und fliegen in Gottes Verborgenheit. (Jan van Ruysbroeck: Die Zierde der geistlichen Hochzeit. Mainz, 1922, 91f)

Geert Grote (1340–1384), Thomas von Kempen (um 1380–1471) und die Devotio moderna

Geert Grote (auch Geert Groote und Gerhardus Magnus) war weder tiefgründiger Theologe noch Mystiker im engeren Sinne. Sein Verdienst ist es, dass er die hohen Ideale des unmittelbaren Gottesbezuges, dem die Mystiker nachstrebten, zu einer praktischen und erreichbaren Religiosität der Innerlichkeit für den einfachen christlichen Laien umgeformt hat. Es ist vor allem das tätige Leben in der Christusnachfolge mit einer innig auf Gott hin gesammelten Haltung, wie es Ruysbroeck gelehrt hat, an das Grote anknüpfte. Damit konnte seine Spiritualität Grundlage werden für eine breite und nachhaltig wirksame Bewegung, zuerst in den von ihm initiierten Gemeinschaften der „Schwestern und Brüder von gemeinsamen Leben" und später in den zahlreichen Klöstern der Windesheimer Kongregation. Die von Grote inspirierte neue Laienreligiosität der Innerlichkeit, die sogenannte „Devotio moderna", beeinflusste das religiöse Leben weit über diese Organisationsformen hinaus. Grote selbst hat mit dem „Getijdenboek", einem Stundenbuch in niederländischer Sprache, eine Grundlage für das Gebetsleben des christlichen Laien geschaffen. Thomas von Kempen aber, der bei den „Brüdern vom gemeinsamen Leben" geprägt wurde und dann in einem Kloster der Windesheimer Kongregation lebte, schrieb mit dem Andachtsbuch „Nachfolge Christi" das reli-

giöse Hausbuch schlechthin. Es erlebte zahllose Auflagen und wurde in fast alle Volkssprachen übersetzt.

Der 1340 in Deventer/Niederlande (heutige Provinz Overijssel) geborene Grote wuchs in einer kirchentreuen Familie des Stadtbürgertums auf. Sein Vater war Schöffe und Bürgermeister. Mit fünfzehn ging Grote nach Paris zum Studium der „Sieben freien Künste", die mittelalterliche Vorbereitung auf ein akademisches Studium. Im Anschluss folgte er seinen breit gefächerten Interessen und beschäftigte sich mit Rechtskunde, Medizin, Theologie und Sprachen, allerdings ohne einen Abschluss zu erwerben. Mehr als von nüchterner Wissenschaft erwartete er von magischen Praktiken, mit denen er sich intensiv befasste. Diese sehr zwielichtige und damals nicht ungefährliche Beschäftigung war kennzeichnend für Grotes Einstellung in dieser Zeit. Auch als er nach seiner Rückkehr Kanoniker an Sint-Maarten in Utrecht und am Dom zu Aachen wurde, war seine Haltung wenig von kirchlichem Ernst bestimmt. Er lebte eher den weltlichen Freuden zugewandt, wie viele Amtsträger der damaligen Kirche, die selbst nicht nach dem handelten, was sie dem Buchstaben nach verkündeten.

Im weiteren Verlauf folgte Grotes Leben einem Muster, wie wir es von vielen Heiligen und spirituellen Meistern kennen: Nach dem Durchgang durch eine Phase der Oberflächlichkeit und Sinnleere, mitunter schon begleitet durch ein unsicheres Suchen nach Orientierung, folgt ein Erweckungserlebnis, an das sich ein längerer Rückzug von der Welt anschließt. Dies ist eine Phase der Selbstfindung und des Sammelns neuer Kräfte, um dann wieder energisch hervorzutreten und mit neuem Lebensentwurf in die Welt zu wirken. Das Leben von Augustinus, Franziskus von Assisi, Teresa von Ávila und Ignatius von Loyola etwa folgt diesem Muster. Grotes Lebenswende wurde eingeleitet durch eine schwere Krankheit, die ihn an den Rand des Todes brachte und wohl mit der Nichtigkeit des eigenen Lebens konfrontierte. Letzter Anstoß war die

Begegnung mit dem Kartäusermönch Hendrik van Calcar, den er während des Studiums in Paris kennengelernt hatte. Dessen eindringliche Ermahnungen zur Umkehr schließlich bewogen ihn 1374, sein Leben kompromisslos neu zu ordnen und christlich auszurichten. Die Ämter in Utrecht und Aachen mit den entsprechenden einträglichen Pfründen gab er auf. Sein Haus in Deventer wandelte er in ein Asyl für Arme um und behielt nur eine kleine Wohnung darin für sich. Mit neuem Blick vertiefte er sich nun in die Bibel und die Kirchenväter. 1377 zog er sich in das Kloster Munnikhuizen bei Arnheim zurück, wo sein alter Freund Hendrik van Calcar Prior war. Es war ein Kloster der Kartäuser, die sich bis heute rühmen können, nie eine Reform nötig gehabt zu haben, da sie immer an ihrer ursprünglichen Regel festhielten. Viele andere Klöster waren verweltlicht, nicht anders als der überwiegende Teil des Klerus. Grote lebte fast drei Jahre als Gast des Klosters ein strenges mönchisches Leben. Es waren seine „Wüstenjahre", in denen etwas Neues in ihm reifte.

1379 begann diese Zeit der Reifung Frucht zu tragen. Eine Phase der Wirksamkeit setzte ein. Er verließ das Kloster und kehrte zurück nach Deventer. Vom ererbten Vermögen kaufte er ein Haus und gründete seine erste religiöse Laiengemeinschaft für Frauen. Deren Mitglieder mussten sich zu einem religiösen Leben in Einfachheit und Enthaltsamkeit verpflichten, blieben aber im Laienstand, ohne klösterliche Gelübde. Auf Initiative von Florens Radewijns (ca. 1350–1400), einem Anhänger Grotes, entstand dann 1380 ebenfalls in Deventer das erste Bruderhaus. Grote war zwar ein besessener Büchersammler, der Mitglieder seiner Brüdergemeinschaften mit Abschriften gelehrter Werke beschäftigte, hatte aber selbst wenig Interesse an tiefgründigem Hinterfragen. Die philosophisch unterbaute Theologie der Scholastik blieb ihm fremd. Ihm ging es um den schlichten Aufruf zur Christusnachfolge und um eine innige Religiosität für Laien mit praktischer christlicher Lebensbewältigung, mit Gebet, Enthaltsamkeit, Askese und ernsthafter Mitfeier der kirchlichen Sakramente, insbesondere der Eucharistie. Das Leben in den Schwestern- und Brüderhäusern sollte in diesem Sinne gestaltet werden. Jan van Ruysbroecks Schriften und dessen Betonung der Christusnachfolge haben dazu beigetragen, ihn auf diesen Weg zu schicken. Mehrmals suchte er den weisen Eremiten in seiner Klause im Wald bei Brüssel auf. Dessen Schriften hat er intensiv studiert und ausgewertet. Allerdings war er dabei ängstlich bemüht, alles Mystisch-Spekulative, das möglicherweise missverständlich sein könnte, beiseite zu lassen. Allein die Anleitung zum tätigen, christlichen Leben, verbunden mit einem innigen Gottesbezug, hat er als sein eigenes Programm übernommen.

Es drängte Grote nun auch, den Menschen, insbesondere dem vielfach verluderten Klerus, die Lebensumkehr zu predigen, die er selbst vollzogen hatte. Er ließ sich zum Diakon weihen und wanderte durch das Land, um zur Buße aufzufordern. Mit drastischen Worten prangerte er den lockeren Lebensstil der kirchlichen Würdenträger an. Damit zog er bald die Feindschaft des Klerus auf sich, der letztlich über die besseren Machtmittel verfügte, sodass schließlich 1383 der Bischof von Utrecht ein Predigtverbot für Nichtpriester erließ, um Grote zum Verstummen zu bringen. Seine Stiftung religiöser Laiengemeinschaften indessen hatte zu viel Lebenskraft und entsprach zu sehr dem Bedürfnis weiter Laienkreise, um sie unterdrücken zu können, obwohl sich teilweise heftiger Widerstand dagegen erhob. Zahlreiche weitere Schwestern- und Brüderhäuser nach dem Vorbild seiner ersten Stiftungen in Deventer entstanden.

Auch durch das Predigtverbot ließ sich Grote nicht in seinem Tatendrang aufhalten. Er verlegte sich nun darauf, liturgische Texte aus dem Lateinischen in die niederländische Volkssprache zu übersetzen und zu Andachtsbüchern für Laien zusammenzustellen. Sie wurden eine wichtige Grundlage für das intensive Gebetsleben, das in den Häusern der *Brüder und Schwestern vom gemeinsamen Leben*, auch *Meister Geert Häuser* genannt, praktiziert wurde, und für die aufblühende Laienspiritualität der Zeit überhaupt. Eines der am weitesten verbreiteten Bücher im Spätmittelalter ist sein *Getijdenboek*, ein Gebetbuch für die Stundengebete, das er in seinem letzten Lebensjahr verfasst hat. Grotes Schaffen wurde abrupt abgebrochen, als er sich 1384 beim Besuch eines an der Pest erkrankten Freundes infizierte und mit gerade erst vierundvierzig Jahren starb.

Sein Werk aber lebte weiter in den Häusern der *Brüder und Schwestern vom gemeinsamen Leben* und in der bald weit verbreiteten neuen religiösen Innigkeit, der *Devotio moderna*. Nach seinem Tod entstand eine weitere einflussreiche Bewegung, die seinem Erbe verpflichtet war. 1387 gründete Florens Radewijns, auf dessen Initiative auch das erste Bruderhaus zurückgeht, in Windesheim bei Zwolle ein Kloster im Geist der Devotio moderna, das die Regel der Augustiner Chorherren annahm. Es wurde Mutterkloster für die Windesheimer Kongregation mit zuletzt fast hundert Klöstern in den Niederlanden, in Norddeutschland und Köln, die bis zur Reformation außerordentlich erfolgreich war.

Während Grote die Devotio moderna durch seine praktische Wirksamkeit und persönliche Überzeugungskraft ins Leben gerufen hat, schickte Thomas vom Kempen ihren Geist mit seinem Andachtsbuch *Nachfolge Christi* (*De imitatione Christi*) aus der Stille einer Klosterzelle in die Welt. Lebenslang lebte er in mönchischer Zurückgezogenheit, las erbauliche Werke, kopierte viermal die Bibel und schrieb vierzig Schriften, die er meist auf Latein verfasste, unter anderem eine Lebensbeschreibung von Geert Grote, die *Vita Gerardi Magni*. Seine Bedeutung aber liegt vor allem in diesem einen Werk, der *Nachfolge Christi*, das ein Welterfolg wurde. Es ist das am meisten verbreitete Buch nach der Bibel und hat eine unübersehbare Wirkung auf die Spiritualität christlicher Laien ausgeübt. Sein Leben verlief unscheinbar, man kann es jedoch durchaus als Vorbereitung auf diese eine große Leistung lesen.

Thomas von Kempen (auch Thomas a Kempis) wurde in Kempen am Niederrhein (zwischen Krefeld und Venlo) um 1380 geboren. Er war Sohn des Handwerkers Johann Hemerken. Seine Mutter, die, so wird vermutet, Lehrerin war, sorgte wahrscheinlich dafür, dass er eine gute Schulausbildung erhielt, zunächst an der Lateinschule in Kempen, dann ab seinem zwölften Lebensjahr an der Stadtschule in Deventer. Dort ist er mit den *Brüdern vom gemeinsamen Leben* in Kontakt gekommen und trat 1398 als junger Erwachsener in ein Haus der Brüder ein. Nur ein Jahr später wechselt er in das Kloster Sint-Agnietenberg der Augustiner Chorherren bei Zwolle, das zur Windesheimer Kongregation gehörte. 1406 legte er seine Mönchsgelübde ab und erhielt 1414 die Priesterweihe. Fast siebzig Jahre lang lebte er unauffällig sein klösterliches Leben in stiller Meditation. Nur in den Jahren 1429–1432 wurde er in seiner Zurückgezogenheit gestört, als die Mönche vom Sint-Agnietenberg wegen Unruhen im Zusammenhang mit dem Streit um die Nachfolge des Utrechter Bischofs Friedrich v. Blankenheim (um 1355–1423) nach Friesland ausweichen mussten. Seit seiner frühesten Jugend waren also sein Umfeld und seine eigene Lebenspraxis ganz auf die innige Religiosität gestimmt, die Ruysbroeck und Grote gelehrt hatten. Er selbst hat sie als Novizenmeister den jungen Brüdern vermittelt und dabei seine eigenen Erfahrungen weitergegeben. Wie sein Werk zeigt, war er nüchtern und lebensweise genug, um zu sehen, dass allenthalben Rückschläge und Gefährdungen auf dem Weg zur spirituellen Vervollkommnung warten, von denen man sich nicht entmutigen lassen darf. Leitungsämter hat Thomas nur kurz inne gehabt, denn er zeigte offenbar wenig Neigung und auch wohl wenig Eignung dafür. Seine Stärke war die Strahlkraft eines verinnerlichten, vergeistigten Menschen.

Diese vorbildhafte Haltung, verbunden mit einer ganz lebenspraktisch-realistischen Nüchternheit, spricht aus den schlichten und prägnanten Anleitungen seines Andachtsbuches *Nachfolge Christi*. Es ist eine einfache Frömmigkeit, die er lehrt, ohne den philosophischen Tiefgang der großen mittelalterlichen Mystiker, die verstehen und erklären wollten, wie die Gottesbegegnung mit der geschöpflichen und endlichen Seele des Menschen stattfinden kann. „Unterlass das Grübeln!" fordert er seine Leser auf. Dabei waren ihm die großen theologischen Werke von Augustinus bis Thomas von Aquin durchaus bekannt. Er bezog daraus Anregungen, sofern sie sich mit seinem einfachen volkstümlichen Zugang verbinden ließen. Alles ist bei ihm darauf ausgerichtet, sich ganz in Gott zu versenken, ohne dabei zu vergessen, dass dies nur zusammen mit einem tugendhaften christlichen Leben möglich ist. Einerseits ruft er zum Rückzug nach innen auf, um mit Gott allein sein zu können, indem er etwa schreibt: „Suche die Stille auf, sei gern mit dir allein", oder „Selig die Ohren, die sich der Stimme von draußen nicht öffnen, dafür aber nach innen lauschen, wo die Wahrheit lehrt", oder auch „Kehre dich aus ganzem Herzen zum Herrn! Lass diese elende Welt, und deine Seele wird zur Ruhe kommen. Lerne, was äußerlich ist, verschmähen, und gib dich deinem Innern hin, und du wirst sehen, dass das Reich Gottes in dich einzieht." Andererseits weiß er und sagt es deutlich, dass auch und gerade zu einem christlichen Leben gehört, dass man sich den Herausforderungen des Alltags mutig und unverdrossen stellt, denn unser Erdenleben ist eine „Zeit des Kampfes, der Mühe und Prüfungen". Die *Nachfolge Christi* ist in vier Bücher eingeteilt. Das erste handelt von der *Anleitung zum geistlichen Leben*, das zweite von der *Anleitung zum inneren Leben*, das dritte vom *Kampf und Trost in der Welt*. Im vierten gipfeln die umfassenden Anleitungen der *Nachfolge* in Ermahnungen zur sorgfältigen Vorbereitung auf die Eucharistie, das Sakrament der wahrhaftigen Gegenwart Christi im gewandelten Brot und Wein. Hier, in der Heiligen Kommunion, findet für Thomas und die Devotio moderna die Gottesbegegnung statt, die jedem frommen, reinen und gläubigen Herzen jederzeit auch ohne mystische Höhenflüge, visionäre Gesichte und außerordentliche Entrückungen zugänglich ist. Dies ist die „wunderbare, verborgene Gnade des Sakramentes!", auf die man sich sorgfältig vorbereiten muss. In der Mitte seines Lebens, bereits belehrt durch ein langes mönchisches Leben, hat er die *Nachfolge Christi* verfasst. Hochbetagt, mit einundneunzig Jahren, starb er am 25. Juli 1471 auf dem Sint-Agnietenberg. Seine Reliquien ruhen jetzt in der Basilika Onze-Lieve-Vrouw-ten-Hemelopneming in Zwolle. Die Stadt Kempen unterhält ein Thomas-Archiv im „Kulturforum Franziskanerkloster".

Die Wirkung des Andachtsbuches *Nachfolge Christi* von Thomas war weitreichend. Ignatius von Loyola etwa, der mit seiner Gründung des Jesuitenordens die Vorhut der Gegenreformation mobilisiert hat, war zutiefst davon beeinflusst. Während seiner entscheidenden Einkehrzeit in Maresa beschäftigte er sich intensiv mit dem Buch. Bald darauf hat er sein eigenes, bahnbrechendes Exerzitienbuch verfasst. Aber auch die Reformation konnte an die *Nachfolge* und den Geist der Devotio moderna anknüpfen. Die schlichte, erbauliche Frömmigkeit und die Betonung der Laienspiritualität kamen ihr entgegen, sie nahm sich daraus aber vor allem die eher moralisch-praktische Ausrichtung auf ein tugendhaftes, christliches Leben. Die tiefe eucharistische Frömmigkeit der Devotio moderna mit ihrer mystischen Dimension, die im vierten Teil der *Nachfolge Christi* zum Ausdruck kommt, wurde von ihr beiseite gelassen.

Schlüsseltext aus der „Nachfolge Christi" von Thomas vom Kempen:

Abstand zur Welt, Selbstaufgabe, nach innen gekehrter Blick und eine tiefe eucharistische Frömmigkeit kennzeichnen die Devotio moderna. Ihren reinsten Ausdruck hat sie im Andachtsbuch *Nachfolge Christi* von Thomas vom Kempen gefunden:

Der Herr gibt seinen Segen dort, wo er leere Gefäße findet. Je vollkommener jemand dem Irdischen entsagt und je mehr er durch Selbstverachtung sich selbst abstirbt, desto schneller kommt die Gnade, desto reicher kehrt sie ein, und desto höher hebt sie das freie Herz empor. „Dann wird er schauen und überströmen, und sein Herz wird sich wundern und sich erweitert fühlen" (Jes 60,5), denn „die Hand des Herrn ist mit ihm" (Ez 3,14), und dieser Hand hat er sich selbst gänzlich überlassen in Ewigkeit. „Siehe, so wird der Mensch gesegnet werden" (Ps 27,4), der „von ganzem Herzen Gott sucht" (Ps 118,2) und „seine Seele nicht an Eitles hängt" (Ps 23,4). Er gewinnt beim Empfang der heiligen Eucharistie die hohe Gnade der Vereinigung mit Gott, weil er sein Augenmerk nicht auf die eigene Andacht und Tröstung richtet, sondern über alle Andacht und Tröstung hinaus auf Gottes Ruhm und Ehre. (Thomas von Kempen: Nachfolge Christi. Kevelaer, 1958, 245)

SPANISCHE MYSTIK

Das Leben der großen spanischen Mystiker fällt mit dem Höhepunkt der Renaissance zusammen, der einschneidenden Wendezeit im 15. und 16. Jahrhundert, in der die Menschen begannen, vor allem sich selbst in den Mittelpunkt zu stellen. Das einst sichere Glaubensfundament wurde brüchig. Nicht mehr Gott und dem eigenen Seelenheil galt das alleinige Streben und Trachten, wie noch beim mittelalterlichen Menschen, sondern mehr und mehr der Vervollkommnung im Diesseits und dem persönlichen Glück. Der Humanismus als eine Hauptströmung der Renaissance knüpfte an die klassische Antike mit ihrem Schönheits- und Harmonieideal an. Die in einer gesamtabendländischen, tausendjährigen Anstrengung gewonnenen Erkenntnisse der scholastischen Philosophie, die biblische Offenbarung und antike Philosophie zu einem umfassenden christlichen Weltbild verbunden hatte, wurden als abgelebt beiseite geschoben. Die von Deutschland ausgehende Reformation übersetzte dieses neue Weltgefühl in eine religiöse Haltung, die für jeden Menschen ein unmittelbares Verhältnis zu Gott einforderte. Kirche und Sakramente, die der mittelalterliche Mensch noch demütig als notwendige Vermittlung im Angesicht des allmächtigen Gottes angesehen hatte, wurden entsprechend in ihrer zentralen Bedeutung relativiert. Gleichzeitig riss sich die Vernunft, auf die sich der Mensch nun immer ausschließlicher berief, vom Glauben los, während bis dahin Glaube und Vernunft als zwei aufeinander zugeordnete Wege angesehen wurden, die nur gemeinsam zu einem vollständigen Weltbild führen können. Damit setzte eine Entwicklung ein, die in der Neuzeit zur immer weiter gehenden Zurückdrängung des Glaubens zugunsten der Vernunft geführt hat – einer Vernunft, die kein Korrektiv mehr kennt und ihre eigene Begrenztheit nicht sehen will.

Das katholische Spanien, unter den Habsburgern Karl V. und Philipp II. zur Weltmacht aufgestiegen, stemmte sich mit aller Macht gegen diese Entwicklungen. Eine eigene, direkt vom König gesteuerte Inquisition, die zunächst vor allem gegen Mauren und Juden gerichtet war, verfolgte mit äußerster Härte jede Abirrung von der kirchlichen Lehre, seien es protestantische Strömungen oder schwärmerische Lehren der sogenannten Alumbrados, einer Sektenbewegung, die, ähnlich wie die *Brüder und Schwestern des freien Geistes* im Norden Europas, der Vorstellung anhingen, der Mensch könne in mystischer Ekstase wesenhaft Gott schauen und sich mit ihm vereinen. Allein schon die Übersetzung biblischer Texte in die Volkssprache galt als Vergehen. Luis de León (1527–1591) etwa, einer der bedeutenden spanischen Dichter und Lehrer der Theologie an der Universität Salamanca, wurde mit fünf Jahren Kerkerhaft bestraft, weil er das Hohelied ins Spanische übertragen hatte. Francisco de Osuna (um 1492–um 1541), Theologe und Autor einflussreicher mystischer Werke, geriet ebenso ins Visier der Inquisition wie Ignatius von Loyola (1491–1556) und Teresa von Ávila (1515–1582), die beiden großen Gestalten der spanischen Mystik. Es herrschte ein geistiges Klima der Angst, das jeden Ansatz zur Reform und zum Neuaufbruch zu ersticken drohte. Dabei hatte auch die Kirche in Spanien eine Reform bitter nötig. In den Klöstern etwa zeigten sich weithin Verfallserscheinungen. Die Klausur wurde kaum noch beachtet, und die Nonnen lebten eher wie vornehme Damen.

Die besondere Leistung der spanischen Mystiker ist es, den Menschen in dieser Wendezeit mit ihren Beunruhigungen und ihren vielen sich widersprechenden Stimmen eine klare Neuorientierung gegeben zu haben, die einerseits fest in der kirchlichen Tradition gegründet war, andererseits aber den Anforderungen der Zeit gerecht wurde. Ignatius von Loyola schuf mit seinen *Geistlichen Übungen*, den *Exerzitien*, eine Methode, mit der sich der Mensch selbst in den Blick nehmen konnte, wie es dem

Lebensgefühl der Renaissance entsprach, aber kritisch an christlichen Werten orientiert und letztlich eben doch auf Gott und die unmittelbare Begegnung mit ihm ausgerichtet. Auch Teresa hat dazu angeleitet, die eigene Seele und ihre verschiedenen „Wohnungen" zu erforschen. Das Ziel dabei ist aber nie egoistische Selbstbespiegelung, sondern der Durchstoß zur innersten Kammer der *Seelenburg*, in der die mystische Gottesbegegnung stattfinden kann. Beide waren Meister der Selbstanalyse, woraus sie ihre präzisen und abgewogenen Anleitungen für ein geistliches Leben abgeleitet haben, und beide haben mit ihrem praktischen Werk zur Unterstützung der kirchlichen Reformen und zum Neuaufbruch der Kirche nach dem Konzil von Trient (1545–1563) Entscheidendes beigetragen – Ignatius mit der Gründung des Jesuitenordens, Teresa mit der Reformierung und Neubelebung des Karmelitenordens. Johannes vom Kreuz (1542–1591), der dritte Große der spanischen Mystik, war weniger praktisch tätig. Er war einfühlsamer Dichter und zurückgezogener kontemplativer Mensch, der seine mystischen Erfahrungen mit *Geistlichen Gesängen* von *Licht und Liebe* und vom Durchgang durch die *Dunkle Nacht* in die unmittelbare poetische Sprache der Seele übersetzt hat.

Ignatius von Loyola (1491–1556)

Ignatius von Loyola (Iñigo López de Loyola) war als Gründer des Jesuitenordens (Societas Jesu, Gesellschaft Jesu) von weitreichender praktischer Wirksamkeit, zugleich aber auch Mystiker von hohen Graden. Mystische Visionen und Erleuchtungen, die ihn die Dinge und Zusammenhänge mit großer Klarheit durchschauen ließen, haben ihn an entscheidenden Wegkreuzungen des Lebens auf seinen Weg geführt. Nicht zuletzt diese Gabe der Innenschau machte ihn zu einem Meister der Seelenführung. Präzise beobachtete Erfahrungen der eigenen langjährigen Sinnsuche und seelischen Selbstheilung sind in sein Anleitungsbuch für „Geistliche Übungen" (Exerzitien) eingegangen. Es gibt Anweisungen für die systematische

Selbsterforschung anhand von Meditationen, die das Leben von Jesus Christus vergegenwärtigen, um daran Sinn und Wert des eigenen Tuns und Strebens zu prüfen. Der Übende soll damit zur Klarheit über sein Leben und dessen zukünftige Ausrichtung gelangen. Die „Unterscheidung der Geister", das heißt der verschiedenen Einflüsse, die uns zum Guten oder zum Bösen hinziehen, ist die Kunst, die Ignatius zu höchster Perfektion entwickelt und gelehrt hat. Der von ihm gegründete Orden der Jesuiten hatte damit das Rüstzeug für eine innere Erneuerung des Glaubens und der Kirche in einer Zeit, die von tiefen religiösen Krisen, von der Kirchenspaltung im Gefolge der Reformation und verheerenden Religionskriegen erschüttert war.

Der als Sohn einer baskischen Adelsfamilie 1491 auf Schloss Loyola geborene Ignatius war nach eigenem Lebensbericht bis zum Alter von sechsundzwanzig Jahren ein „den Eitelkeiten der Welt ergebener Mensch und vergnügte sich hauptsächlich an Waffenübungen, mit einem großen und eitlen Verlangen, Ehre zu gewinnen". Die Herren von Loyola standen als eine der führenden Familien in der baskischen Provinz Guipúzcoa im Dienste des Königs von Kastilien und herrschten über siebenhundert Besitzungen im Tal von Iraurgui. Über die Kirche von Azpeitia, Hauptort dieses Landstriches am Rio Urola, übten sie das lukrative Patronat aus. Beste Voraussetzungen für den mit einem zähen Willen begabten jungen Ignatius, sich seinen Platz in der ständischen Gesellschaft Kastiliens zu erobern. Um 1507, mit etwa sechzehn Jahren, verließ er sein Elternhaus und wurde Hofbeamter beim Großschatzmeister Juan Velázquez de Cuéllar. Als enger Vertrauter des gemeinsam herrschenden Königspaares Isabella und Ferdinand von Kastilien residierte Velázquez in deren Palast in Arévalo, nahe beim königlichen Alcázar von Segovia, sodass Ignatius mit den führenden Kreisen und wahrscheinlich auch mit dem königlichen Paar selbst in Kontakt kam. Nach dem Tod seines Dienstherrn im Jahr 1517 trat Ignatius als Offizier in die Leibgarde des Herzogs von Nájera ein. Der Herzog war Vizekönig von Navarra und machte in dieser Funktion reichlich Gebrauch von seinen bewaffneten Kräften, sodass Ignatius an verschiedenen militärischen Unternehmungen teilnahm, unter anderem an der gewaltsamen Unterdrückung eines Aufstandes kastilischer Städte. Als 1521 Franz I. von Frankreich in einem Streit um die Thronfolge von Navarra, das erst seit weinigen Jahren unter kastilischer Oberhoheit stand, mit einem starken Heer die Grenze überschritt und gegen Pamplona vorstieß, organisierte Ignatius die Verteidigung der Stadt. In aussichtsloser Lage, mit nur wenigen verbliebenen Kämpfern und ohne Unterstützung der Bürgerschaft hielt er in der Burg gegen die anstürmenden Franzosen stand, bis ihm am Pfingstmontag, den 20. Mai 1521, das Geschoss eines Feldgeschützes ein Bein zerschmetterte. Ohne Ignatius, der die Seele des Widerstandes war, kapitulierten die Verteidiger wenige Tage später.

Es folgte für den schwer verwundeten Ignatius eine lange Zeit der Genesung im heimatlichen Loyola, mit schmerzhaften Operationen und nur langsam heilenden Wunden. Die Todesnähe, in der er zunächst fiebernd geschwebt hatte, ließ offenbar Fragen nach dem Sinn seines bisherigen Lebens bei ihm aufbrechen. Heiligenlegenden, die er eher aus Langeweile las, zeigten ihm andere, ihn faszinierende religiöse Lebensentwürfe. Während der erzwungenen Untätigkeit im elterlichen Schloss reifte so bei Ignatius der Entschluss, sich von seinem bisherigen weltlichen Leben zu lösen, um frei von Besitz, Macht und Ruhm als Büßer und Beter zu leben. Im Februar 1522 verließ er Loyola, einigermaßen wiederhergestellt und vor allem innerlich verwandelt, aber noch unsicher über seine genaue zukünftige Bestimmung. Er wollte zunächst ins Heilige Land wallfahrten, eine damals höchst aufwändige und gefährliche Angelegenheit. Sein erstes Ziel war Barcelona, um von dort mit dem Schiff nach Italien zu reisen, wo man in Rom die päpstliche Erlaubnis für die Pilgerreise einholen musste. Mit dem Maultier, auf

dem er ritt, bedeutete das eine dreiwöchige Reise quer
durch Spanien. Wie es bei Wallfahrten üblich ist, besuchte er auch andere Heiligtümer, die am Weg lagen. Auf
dem Montserrat meditierte er eine Nacht lang vor dem
Bild der Schwarzen Madonna des Marienheiligtums und
zog dann weiter nach Manresa, einem Ort, der nur zwei
Tagesreisen vom Hafen von Barcelona entfernt liegt.
Möglicherweise krankheitsbedingt unterbrach er seine Reise hier für ganze elf Monate. Vielleicht musste er
nach den Strapazen des langen Rittes einsehen, dass er
immer noch nicht vollständig genesen war und noch zu
geschwächt für die kräftezehrende und gefährliche Pil-
gerfahrt. Dieser ungewollte Aufenthalt erwies sich bald
als äußert fruchtbare Zeit der Besinnung und Klärung. Er
lebte bescheiden in einer winzigen Zelle des Klosters der
Dominikaner und zog sich regelmäßig zu stundenlangen
Meditationen in eine Höhle am Ufer des Rio Cardoner
zurück.

In Manresa stellten sich bei Ignatius bald überwältigende mystische Visionen ein, in denen Christus ihm gegenwärtig wurde. Seine Lebenserinnerungen, die in der
dritten Person verfasst sind, berichten von einer dieser
außerordentlichen Erhebungen, zu der er während einer
Eucharistiefeier in der Klosterkirche entrückt wurde: Als
„der Leib des Herrn erhoben wurde, sah er mit den inneren Augen etwas wie weiße Strahlen, die von oben kamen. Und obwohl er dies nach so langer Zeit [bis zur Abfassung des Berichts] nicht gut erklären kann, war doch
das, was er mit dem Verstand deutlich sah, dass er sah,
wie in jenem heiligsten Sakrament Jesus Christus, unser
Herr, war". Immer wieder hatte er bildhafte Visionen,
in denen Christus in einem hellen strahlenden Licht erschien. Eine vollständige innere Umwandlung erlebte er
während seiner Einkehrzeit in Manresa allerdings durch
eine rein geistige Erhebung, die ihm „die Augen des Verstandes" öffnete. Alle Unsicherheit fiel damit dauerhaft
von ihm ab, und sein künftiger Weg lag mit vollständiger
Klarheit vor ihm. Die in dieser Erfahrung gewonnene in-

nere Sicherheit wurde ihm zu einem lebenslangen „Im-Verstand-erleuchtet-Bleiben". Oft waren es solche mystischen Eingebungen, die Ignatius neue Orientierung für seinen geistlichen Weg und später für sein Handeln als Ordensgründer gewinnen ließen. Zu einem außerordentlichen Höhepunkt steigerten sich diese Erfahrungen 1537 auf einer Reise nach Rom in der sogenannten „Vision von La Storta". Während des Gebetes in der Kapelle des gleichnamigen kleinen Ortes kurz vor Rom fühlte er sich zur unmittelbaren mystischen Einheit mit Jesus erhoben. Ignatius sah darin die göttliche Gewähr dafür, dass die bevorstehende Gründung des Ordens der „Gesellschaft Jesu", der Jesuiten, gelingen werde.

Die inneren Erfahrungen seiner geistigen Reifung während der Monate zurückgezogener Meditation in Manresa zeichnete er sorgfältig auf und entwarf für sich selbst geistliche Übungen. Es war der erste Entwurf seines Exerzitienbuches, das die Grundlage seiner Seelsorgepraxis und später der Seelenführung durch den von ihm gegründeten Jesuitenorden werden sollte. Anders als die neuplatonisch ausgerichtete Mystik etwa Meister Eckharts oder auch des Spaniers Francisco de Osuna (um 1492–um 1541), eines Zeitgenossen von Ignatius, sollen seine geistlichen Übungen nicht zum Abstreifen alles Bildlichen führen, um einen vorstellungsfreien Versenkungszustand zu erreichen. Sie leiten im Gegenteil dazu an, sich das Leben und Leiden von Jesus Christus ganz konkret und „mit allen fünf Sinnen" zu vergegenwärtigen, so etwa am ersten Tag der dritten Woche des Übungsprogramms, wo die Anweisung für den Übenden lautet: „Den Weg von Betanien nach Jerusalem erwägen, ob breit, ob eng, ob eben usw. Ebenso den Raum des Abendmahls, ob groß, ob klein, ob in einer Weise ob in einer anderen." Der Theologe Karl Rahner (1904–1984), selbst als Jesuit in der Tradition des Ignatius stehend, hat gegen eine Mystik der Vergeistigung kritisch angemerkt, dass die Annäherung des Christen an den Gott, der Mensch geworden ist, „letztlich nicht im Training reiner Innerlichkeit gelingt, sondern nur in dem realen Geschehen, das Demut, Dienst, Nächstenliebe, Kreuz und Tod heißt und den Abstieg Christi mitvollzieht, der seine Seele verliert nicht direkt an den Gott über allen Namen, sondern an seine armen Brüder, denen er dient". Allerdings müsse das ganz gegenständlich im bildlichen Zeichen Erfahrene immer auch überstiegen werden hin zu dem Gott, der über allem endlichen Seienden ist. Ignatius ging es bei seinen Exerzitien darum, den Übenden durch Vergegenwärtigung des Lebens und der Botschaft Jesu hinzuführen zum „Innerlich-die-Dinge-Verspüren-und-Schmecken", damit er daraus dann Gewinn für die eigene geistige Reifung und christliche Neuausrichtung des Lebens ziehen kann. Besonders begleitete ihn in Manresa die Lektüre der *Nachfolge Christi* von Thomas von Kempen. Dieses auf eine systematische Selbsterziehung und christliche Lebensführung ausgerichtete Andachtsbuch hat ihn bei der Abfassung seiner eigenen *Geistlichen Übungen* (*Exerzitien*) beeinflusst. Er empfiehlt dessen Lektüre ausdrücklich in seinen Anweisungen zum Übungsprogramm der Exerzitien. Das Buch lag auch später, als er bereits als Generaloberer den neuen, mächtig aufstrebenden Jesuitenorden leitete, immer griffbereit neben der Heiligen Schrift auf seinem Tisch.

Gegen Ende der Einkehrzeit in Manresa hatte er Klarheit über seinen Weg gewonnen. Fortan wollte er den Menschen Hilfe für ihre Seelen bringen, also das, was er an sich selbst mit seinen geistlichen Übungen bereits erfolgreich vollzogen hatte. Anfang 1523 brach er zu der geplanten Pilgerreise in das Heilige Land auf. Sein Plan, dort zu bleiben und als Büßer zu leben, ließ sich nicht verwirklichen, sodass er ein Jahr später zurückkehrte und damit begann, die akademische Bildung nachzuholen, die ihm für sein Werk erforderlich schien. In Barcelona lernte er zunächst Latein, in Alcala, Salamanca und schließlich in Paris studierte er Philosophie und Theologie. Bereits während des Studiums war er intensiv seelsorgerisch tätig, um Rat suchenden Menschen beizustehen, indem er sie zu den geistlichen Übungen seines Exerzitienbuches anleitete. Und schon in Barcelona schlossen sich ihm die ersten drei jungen Männer an, die sein Vorhaben der geistlichen Erneuerung unterstützen wollten. Oft war er mehr als mit seinen Studien damit beschäftigt, als Seelenführer Exerzitien zu geben. Da er weder Priesterweihe noch kirchlichen Auftrag hatte, blieb es nicht aus, dass er immer wieder in Konflikt kam mit kirchlichen Behörden, die ketzerische Geheimbündelei hinter diesen umtriebigen Aktivitäten vermuteten. Es gelang ihm aber stets, seine Rechtgläubigkeit nachzuweisen. Schließlich erreichte er sogar die formelle Anerkennung des Exerzitienbuches durch den Pariser Inquisitor Valentin Liévin.

Langsam reifte auch der Plan, seiner kleinen Schar erster Anhänger ein verbindliches, gemeinsames Ziel zu setzen und ihr eine feste organisatorische Gestalt zu geben. Ein erster formeller Schritt in diese Richtung war ein Gelübde, das er und sechs seiner Gefährten am 15. August 1534 in Paris symbolisch auf dem Montmartre, dem Berg der Märtyrer, ablegten. Auch sie wollten wie Märtyrer ihr Leben in der Nachfolge Christi einsetzen. 1537, nachdem Ignatius zusammen mit sieben seiner Gefährten die Priesterweihe empfangen hatte, waren endlich alle Voraussetzungen für eine kirchlich anerkannte seelsorgerische Tätigkeit und für weitergehende organisatorische Schritte gegeben. Die Männer um Ignatius erarbeiteten zusammen mit ihm das Regelwerk für einen neuen Orden, und Ignatius überwand mit seiner nie erlahmenden Hartnäckigkeit alle Widerstände, sodass Papst Paul III. am 27. September 1540 die Gründung des neuen Ordens der *Gesellschaft Jesu* genehmigte. Der Papst wird erkannt haben, dass er damit eine außerordentlich nützliche Unterstützung für die Glaubenskämpfe der Zeit erhielt, denn eine der Hauptregeln des neuen Ordens war, dass sich seine Mitglieder in besonderem Gehorsam vom Papst zu jedweder Aufgabe und an jeden Ort entsenden ließen. Als Vorhut der Gegenreformation haben die Jesuiten dann tatsächlich entscheidend dazu beigetragen, das Vordringen der Reformation zu stoppen und weite Landstriche zu rekatholisieren. Mit Jugendbildung, der Förderung theologischer Ausbildung und karitativen Werken waren sie vielfältig tätig. Als Berater für das Konzil von Trient (1545–1563) haben sie zur dringend erforderlichen Neuordnung der katholischen Kirche beigetragen. Missionarisch waren sie in fast allen Teilen der bekannten Welt aktiv. Franz Xaver etwa, einer der ersten und bedeutendsten Gefährten des Ignatius, hat von Goa aus jahrelang in ganz Asien missioniert und dort zahlreiche christliche Gemeinden gegründet. Auch Ignatius wäre selbst gerne missionarisch aktiv geworden, musste aber, da er gegen seinen Willen 1541 zum ersten Generaloberen gewählt wurde, im Ordenshaus in Rom bleiben, um von dort aus den Orden zu leiten. Noch zu seinen Lebzeiten nahm die *Gesellschaft Jesu* ihren Aufschwung zu einer weltweit präsenten kirchlichen Organisation. Als Ignatius am 31. Juli 1556 starb, gab es bereits mehr als hundert Ordenshäuser in elf Ordensprovinzen. 1622 wurde er heiliggesprochen.

Schlüsseltext aus dem Werk von Ignatius von Loyola:

Eines der bedeutenden Selbstzeugnisse einer Erleuchtung zu übernatürlichem Wissen findet sich im *Bericht des Pilgers*, den Lebenserinnerungen von Ignatius. Während dieser Erhebung wurden ihm die Dinge in ungewöhnlicher Klarheit gezeigt. Ähnliches schildert unter anderem Hildegard von Bingen in ihrem rund dreihundertfünfzig Jahre früher entstandenen Brief an den Mönch Gembloux. Ignatius berichtet über sich selbst in der dritten Person als dem *Pilger*:

> *Einmal ging er aus seiner Andacht zu einer Kirche, die etwas mehr als eine Meile von Manresa lag – ich glaube, sie heißt St. Paul –, und der Weg geht den Fluss entlang. Und während er so in seinen Andachten ging, setzte er sich ein wenig mit dem Gesicht zum Fluss, der in der Tiefe ging. Und als er so dasaß, begannen sich ihm die Augen des Verstandes zu öffnen.*

Und nicht, dass er irgendeine Vision gesehen hätte, sondern er verstand und erkannte viele Dinge, sowohl von geistlichen Dingen wie von Dingen des Glaubens und der Wissenschaft. Und dies mit einer so großen Erleuchtung, dass ihm alle Dinge neu erschienen. Und es lassen sich nicht die Einzelheiten erläutern, die er damals verstand, obwohl es viele waren; sondern er empfing eine große Klarheit im Verstand… Und dies war in so großem Maße ein Im-Verstand-erleuchtet-Bleiben, dass ihm schien, als sei er ein anderer Mensch und habe einen anderen Intellekt, als er zuvor hatte. (Ignatius von Loyola: Geistliche Übungen und erläuternde Texte. Leipzig, 1978, 217f)

TERESA VON ÁVILA (1515–1582)

Teresa von Ávila (bürgerlich: Teresa de Cepeda y Ahumanda, Ordensname: Teresa de Jesús) hatte die Fähigkeit zur hochempfindsamen Innenschau und war zugleich mit einem höchst praktischen Verstand und einer robusten Durchsetzungsfähigkeit begabt. Sie gehört mit Augustinus, Gregor dem Großen, Bernhard von Clairvaux, Hildegard von Bingen, Bonaventura und Ignatius von Loyola in die Reihe außergewöhnlicher Doppelbegabungen, die sich in den Innenwelten ihrer Seele ebenso sicher bewegten wie in der äußeren Welt. Teresas Schriften sind aus ursprünglichem Erleben entstanden und geben differenzierte Beschreibungen der verschiedenen Zustände mystischer Erhebung. Ihre Anleitungen zum „inneren Beten" eröffnen einen Versenkungsweg, der ohne Übersteigerung und falsche Selbstfixierung ist. Als Reformerin des Karmelitenordens und Gründerin zahlreicher Klöster hat sie gegen erhebliche Widerstände ein praktisches Werk geschaffen, das bis heute Bestand hat.

Früh schon ist die 1515 im kastilischen Ávila geborene Teresa religiös geprägt worden. Nach dem Tod ihrer Mutter wuchs sie in der Obhut von Klosterfrauen auf, und ein Onkel machte sie mit geistlicher Literatur bekannt. Im Alter von zwanzig Jahren trat sie in das Karmelitinnenkloster (Convento de la Encarnatión) in Ávila ein, aber auch als Nonne blieb ihr immer ein Ungenügen an ihrem geistlichen Weg, über das sie sich lange nicht klar werden konnte. Wenig hilfreich für ihre Selbstfindung war das unruhige Treiben in dem verweltlichten Kloster mit über hundertfünfzig Nonnen, das wie viele Klöster der Zeit nur noch wenig Ähnlichkeit hatte mit dem Ursprungsideal eines zurückgezogenen, gottgeweihten Lebens. Es herrschte stetiges Kommen und Gehen von Besuchern und Nonnen, die regelmäßig zu Stadtbesuchen das Kloster verließen. Die Nonnen lebten in großzügigen Wohnungen eher wie in einem vornehmen Pensionat, und ihre Frömmigkeitsübungen waren oft veräußerlichte Routine. Eine schwere Krankheit brachte Teresa drei Jahre nach ihrem Klostereintritt an den Rand des Todes. Sie lag in einem so tiefen Koma, dass man sie für tot hielt und ihr nach damaliger Praxis bereits die Augen mit heißem Wachs versiegelt hatte. In den langen Monaten der Rekonvaleszenz nach dieser schweren Krise, die sie in der Pflege ihrer Familie verbrachte, kam sie zu größerer innerer Ruhe, als es ihr im Klosteralltag möglich gewesen war. Dem Andachtsbuch *Das dritte geistliche ABC* von Francisco de Osuna (um 1492–um 1541) entnahm sie Anregungen für eine tiefe Versenkung in die Gegenwart Gottes, das sogenannte „innere Beten", das sie in einer ihr gemäßen schlichten und unmittelbaren Form wie ein „Verweilen bei einem Freund" praktizierte. Hier schon stellten sich erste mystische Erfahrungen ein.

Es folgten anderthalb Jahrzehnte des inneren Kampfes, auf die sie in ihren Lebenserinnerungen nur knapp eingeht. Nach der Rückkehr ins Kloster blieb sie Suchende, oft an ihrem Weg zweifelnd und neu ansetzend. Sie folgte weiter ihrem Übungsweg, der Sammlung auf Gott hin im *innere Beten*, aber erst 1554, in ihrem vierzigsten Lebensjahr, hatte sie zwei für sie einschneidende Begegnungen, durch die ihre anhaltenden Bemühungen endlich Erfüllung fanden. Der Anblick einer Darstellung des vom Schmerz gezeichneten Christus, die während der Osterzeit in ihrem Andachtsraum aufgestellt wurde, und die Lektüre der *Bekenntnisse* von Augustinus ließen offenbar lange Verdrängtes und Verschüttetes bei ihr aufbrechen. Alle seelischen Hemmnisse, die sie bis dahin an einer größeren Gottesnähe gehindert hatten, wurden in einem Gefühlssturm hinweggefegt. Ihr bis dahin noch keimhaftes mystisches Erleben entfaltete sich seitdem zu einer Intensität, die sie zutiefst erschütterte. Ein überwältigendes *Gefühl der Gegenwart Gottes* durchdrang dabei ihre Seele und ließ ihren Leib im Wonneschmerz erbeben. In bildhaften Visionen sah sie Jesus in überirdischem Glanz. Diese Erfahrungen nahmen an Häufigkeit und Stärke zu. In den zeitgenössischen Meditationsbüchern, etwa von Osuna, hatte sie gelesen, dass man im *inneren Beten* zu einer bildlosen, von allem Gegenständlichen abgelösten Versenkung streben soll. Ihr eigenes Beten aber kreiste immer um Jesus Christus, den Mensch gewordenen Gott, denn sein Leiden und seine Menschheit wollte sie sich gegenwärtig halten. Oft wurde ihr der verklärte Christus in bildhaften Visionen gezeigt. Beängstigt fragte sie sich, ob das nicht nur Wahngebilde und Täuschungen sein könnten und ob nicht ihr Weg des *inneren Betens* falsch sei. Zwei erfahrene geistliche Berater beruhigten sie und bestärkten sie auf ihrem Weg. Der junge Jesuit Diego de Cetina (1531–1572), dem sie ihre Ängste anvertraute, bestätigte ihr den Wert der bildhaften Vergegenwärtigung der Evangelienberichte. Es war die übliche Praxis in den *Geistlichen Übungen* seines Ordens, die Ignatius von Loyola entwickelt hatte. Fray Pedro de Alcántara (1499–1562), der Begründer einer Reformbewegung im Franziskanerorden, den sie 1560 kennenlernte, war selbst Mystiker und konnte ihre verschiedenen Erfahrungen einordnen und ihr die Echtheit bestätigen.

Mit der inneren Sicherheit, die sie langsam gewann, entstand der Wunsch, dem Weg des „inneren Betens" ungestört in der Schlichtheit und Zurückgezogenheit eines ursprünglichen klösterlichen Lebens folgen zu können, wie es in ihrem unruhigen Kloster nicht möglich war. Trotz erheblicher Widerstände im Orden und in der Stadt gelang es ihr 1562 durch Fürsprache einflussreicher Freunde, unter anderem von Pedro de Alcántara, und mit finanzieller Unterstützung ihres Bruders Lorenzo, zusammen mit einer kleinen Gruppe Mitschwestern in ein zum Kloster umgebautes Haus in der östlichen Vorstadt von Ávila umzuziehen. Aus dieser ersten, San José genannten Klostergründung Teresas ging die Reformbewegung der *Unbeschuhten Karmeliten* hervor, die zur alten Strenge und Ernsthaftigkeit der längst abgeschwächten Ordensregel von 1247 zurückkehrte. Dabei kam es Teresa weniger auf die Strenge selbst an, die sich in den einfachen Sandalen aus Hanf zeigte, von denen sich die Bezeichnung *unbeschuht* ableitete, als darauf, die äußeren Bedingungen für ihren Versenkungsweg des *inneren Betens* zu schaffen.

Noch während der Vorbereitungen für die Übersiedlung nach San José hatte sie ihre Lebenserinnerungen verfasst: *Das Buch meines Lebens* (*Libro de la vida*). Bereits dieses erste Werk verbindet den Rückblick auf ihren eigenen geistlichen Weg mit einer außerordentlich abgewogenen und lebensklugen Hinführung zur Mystik. Sie kannte zwar die zeitgenössische Literatur dazu, schöpfte aber vor allem aus ihren eigenen, präzise beobachteten Erfahrungen, Gefährdungen, Rückschlägen und schrittweisen Fortschritten, woraus sie Anleitungen ableitet für den mystischen Aufstieg über *vier Stufen des inneren Gebets*. Damit war sie gerüstet, ihre Mitschwestern als Seelenführerin auf ihrem Gebetsweg zu leiten und vor den Irrwegen, die sie selbst hatte durchschreiten müssen, zu bewahren. Es ist vor allem eine unverkrampfte Haltung, ohne besondere Techniken und ohne übertriebene Askese, zu der sie auffordert, ein einfaches Verweilen in der Aufmerksamkeit für Gott. Wichtig ist für sie dabei, frei zu werden von allen Fixierungen auf sich selbst. Als bereits erfahrene Mystikerin weiß sie auch, dass sich durch unsere Bemühungen allein nichts erreichen lässt, wenn Gott uns nicht zu sich erhebt. Alle schwärmerischen Vorstellungen, die meinen, den Weg zu einer Selbstvergottung zu kennen, weist sie ab. Auch einen Versenkungsweg, der den Geist entleeren will von allen Vorstellungen, hält sie für falsch. Diese neuplatonisch inspirierte mystische Theologie etwa Osunas oder auch Meister Eckharts ist für sie ein unchristlicher Weg, weil Gott sich selbst mit Jesus in Menschengestalt gezeigt hat und wir ihn im gewandelten Brot und Wein des Altarsakramentes stets ganz gegenständlich anwesend haben. Teresa gehörte auch zu den Mystikern, die oft während der Eucharistiefeier angesichts der erhobenen Hostie zur mystischen Gottesbegegnung entrückt wurden. Es ist für Teresas praktischen Menschenverstand offenkundig, dass es sich bei dem Streben nach rein geistigen, bildlosen Versenkungszuständen um eine theoretische Konstruktion handelt, die dem Menschen mit seiner beschränkten leibgebundenen Natur nicht gemäß ist, wie sie mit einem ihrer plastischen Vergleiche erläutert: „Wir sind keine Engel, sondern haben einen Leib. Uns zu Engeln aufschwingen zu wollen, während wir noch hier auf Erden leben – und dazu noch so sehr der Erde verhaftet, wie ich es war –, ist Unsinn, vielmehr braucht das Denken im Normalfall etwas, was ihm Halt gibt." Teresa gibt ihren Schwestern auch klare Kriterien für die Unterscheidung dessen, was eine echte Erfahrung der Nähe Gottes ist und was bloße Täuschung. Vor allem muss sich nach echten Erfahrungen eine Umwandlung des Menschen zum Besseren zeigen, eine große *innere Freiheit* und eine *mündigere vertrauensvolle Gottesfurcht*, die alle „knechtische Furcht der Seele" verdrängt. Auf Wunsch der Schwestern von San José fasste sie ihre mündlich gegebenen Unterweisungen zu einer Anleitung für das *innere Beten* zusammen; es wurde ihr zweites Buch, *Weg der Vollkommenheit* (*Camino de Perfección*). Der Text lässt noch das an ihre Mitschwestern gerichtete gesprochene Wort erkennen, wenn sie etwa zur schlichten Haltung des *inneren Betens* auffordert: „Ich bitte euch ja gar nicht, dass ihr an ihn denkt oder euch viele Gedanken macht oder in eurem Verstand lange und subtile Betrachtungen anstellt; ich will nicht mehr, als dass ihr ihn anschaut."

Bereits 1567, nur fünf Jahre nach der Übersiedlung in ihr eigenes Kloster, erhielt Teresa vom Ordensgeneral der Karmeliten die Genehmigung für weitere Gründungen nach ihren Vorstellungen. In rascher Folge entstanden Klöster der *Unbeschuhten* in Medina del Campo, Malagón und Valladolid. Die Strapazen ihrer Gründungsreisen, denen sie sich trotz labiler Gesundheit immer wieder aussetzte, waren außerordentlich. Stundenlang saß sie verschleiert bei Hitze oder klirrender Kälte im verhängten Eselskarren, während das wackelige Gefährt über die unbefestigten Wege rumpelte. Gleichzeitig mit der Gründung der ersten Frauenklöster bemühte sie sich darum, auch einen männlichen Reformzweig ins Leben zu rufen. Sie gewann dafür den Prior des Klosters von Medina und den jungen Pater Juan de Santo Matía, der später als Johannes vom Kreuz selbst einer der bedeutendsten Mystiker werden sollte. Verloren im Dorf Duroelo, in der Einöde am Rande der Sierra de Ávila, gründeten die beiden in einem baufälligen Haus im November 1568 das erste Männerkloster im Geist von Teresas Reform. Zügig folgten auch weitere Frauenklöster in Toledo, Pastrana, Salamanca und Alba de Tormes. 1571 wurde Teresa damit beauftragt, ihr altes Kloster in Ávila zu reformieren, was sie dort in der Funktion der Priorin bis 1574 festhielt. Anschließend gründete sie wieder in Segovia, Beas, Sevilla und Caravaca.

Zu den ungeheuren Anstrengungen dieser Gründungsaktivitäten kamen Widerstände, mit denen sie sich auseinandersetzen musste. Aufgrund einer Anzeige der überspannten Prinzessin Éboli wurden ihre Lebenserinnerungen von einem Inquisitionsgericht geprüft. Die Prinzessin hatte mitsamt Hofstaat in den neuen Karmel von Pastrana eintreten wollte, ohne ihr exzentrisches Leben aufzugeben, sodass Teresa schließlich einschreiten musste. Die Anzeige der gekränkten Diva verlief jedoch in Sande. Gefährlicher für ihr Werk waren die Gegenkräfte, die sich im Stammorden gegen Teresa sammelten, um die Bewegung der *Unbeschuhten* zu unterdrücken. Mit Unterstützung des päpstlichen Botschafters in Madrid, dem Teresas emanzipiert-selbstbewusstes Agieren ein Dorn im Auge war, schienen sich diese Kräfte durchsetzen zu können. 1575 wurden Teresa weitere Gründungen untersagt, und 1577 setzte der Stammorden führende Köpfe der Reform fest. Johannes vom Kreuz hielt man neun Monate unter erbärmlichen Bedingungen in einem Kloster der Karmeliten in Toledo gefangen. 1580 ermöglichte schließlich das Eingreifen König Philipps II. von Spanien die Wende zugunsten Teresas und die endgültige Anerkennung ihrer Reform.

Die Zeit, in der Teresa die Gründungstätigkeit untersagt war, nutzte sie noch einmal für ein großes Werk, ihr Buch *Wohnungen der inneren Burg* (*Castillo interior, Las moradas*). Am Bild einer Burg, deren innerste Kammer von sechs ineinander geschachtelten Wohnungen umschlossen ist, beschreibt sie den mystischen Weg. Die *innerste Mitte* dieser Seelenburg steht für den Ort, an dem sich die Begegnung mit dem personalen Gott ereignen kann. Diese Begegnung ist kein Verlöschen in einem dunklen göttlichen Abgrund, wie es sich eine neuplatonische Richtung der mystischen Theologie und östliche Heilswege vorstellen, sondern die Seele schaut den dreieinigen Gott auf eine geistliche Weise, „in allen drei Personen mit einer Entflammung, die ihren Geist zuerst nach Art einer Wolke von größter Klarheit überkommt". Auf dem Weg nach innen lassen sich die Türen der ersten Wohnungen noch durch *inneres Beten* und geistliches Wachstum öffnen. Dazu gehört vor allem, dass man nicht genießerisch nach gemütvollen Andachtsgefühlen strebt, mit denen man allein sich selbst meint. Solche selbstverliebten, scheinbar frommen Gefühle haben für Teresa nichts mit der Erfahrung göttlicher Nähe zu tun. Die letzten Wohnungen, in denen sich die mystischen Vorgänge ereignen und bis zur höchsten Erhebung in der innersten Mitte der Seelenburg weiter verstärken, können wir nicht allein durchschreiten, wir müssen durch göttliche Gnade hineingeführt werden.

Vom Alter geschwächt und schwer krank machte sich Teresa 1582 auf, um weitere Klöster ins Leben zu Rufen. Unterwegs starb sie in Alba de Tormes in der Nacht vom 4. auf den 5. Oktober. Fünf Jahre nach ihrem Tod erkannte der Papst die Unbeschuhten Karmeliten als unabhängigen Orden an. 1622 wurde Teresa heiliggesprochen und 1970 zur Kirchenlehrerin erhoben.

Schlüsseltext aus dem Werk der Teresa von Ávila:

In einer ihrer großen Visionen sah Teresa, wie ihr ein goldener Pfeil von einem Engel ins Herz gestoßen wurde. Es ist ein Bild für die äußerste Betroffenheit der Seele durch die göttliche Berührung, wenn das, was sich im Inneren ereignet, an die Grenzen der Fassungskraft unserer leibgeistigen Natur stößt. Seele und Leib werden dann gleichermaßen bis in die Tiefe erschüttert durch einen Schmerz, der zugleich außerordentliche Zärtlichkeit bedeutet. Von einem solchen Wonneschmerz als Begleiterscheinung äußerster Verzückung berichten auch andere Mystiker. Berninis Marmorskulptur *Verzückung der heiligen Teresa* in der römischen Kirche Santa Maria della Vittoria stellt diese Vision dar. In Teresas Grabkirche in Alba de Tormes wird ihr Herz in einem gläsernen Reliquiar gezeigt. Auf dem zur Größe eines Tannenzapfens geschrumpften Organ ist deutlich eine Vernarbung zu erkennen. Wie auch immer dies medizinisch zu erklären ist, vor dem Hintergrund der nachstehend zitierten Visionsbeschreibung ist es bemerkenswert:

In dieser Vision nun wollte der Herr, dass ich ihn wie folgt sah: Er war nicht groß, eher klein, sehr schön, mit einem so leuchtenden Antlitz, dass er allem Anschein nach zu den ganz erhabenen Engeln gehörte, die so aussehen, als stünden sie ganz in Flammen. Es müssen wohl die sein, die man Cherubim nennt; ihre Namen sagen sie mir nämlich nicht; ich sehe aber sehr wohl, dass es im Himmel zwischen den einen und den

anderen Engeln, und diesen und wieder anderen einen so großen Unterschied gibt, dass ich es nicht sagen könnte. Ich sah in
seinen Händen einen langen goldenen Pfeil, und an der Spitze
dieses Eisens schien ein wenig Feuer zu züngeln. Mir war, als
stieße er es mir einige Male ins Herz, und als würde es mir bis
in die Eingeweide vordringen. Als er es herauszog, war mir, als
würde er sie mit herausreißen und mich ganz und gar bren-
nend vor starker Gottesliebe zurücklassen. Der Schmerz war so
stark, dass er mich diese Klagen ausstoßen ließ, aber zugleich
ist die Zärtlichkeit, die dieser ungemein große Schmerz bei mir
auslöst, so überwältigend, dass noch nicht einmal der Wunsch
hochkommt, er möge vergehen, noch dass sich die Seele mit weniger als Gott begnügt. Es ist dies kein leiblicher, sondern ein
geistiger Schmerz, auch wenn der Leib durchaus Anteil daran
hat, und sogar ziemlich viel. Es ist eine so zärtliche Liebkosung,
die sich hier zwischen der Seele und Gott ereignet, dass ich ihn
in seiner Güte bitte, es den verkosten zu lassen, der denkt, ich
würde lügen. (Teresa von Ávila: Das Buch meines Lebens. Freiburg, 2004, S. 426f)

Johannes vom Kreuz (1542–1591)

*Johannes vom Kreuz (spanisch: Juan de la Cruz, zunächst:
Juan de Santo Matía) gehört zu den Dichtern unter den Mystikern. Die kraftvollen poetischen Bilder seiner „geistlichen
Gesänge" lassen Sehnsucht und Erfüllung des Gottsuchers in
uns widerklingen. Seine mystische Theologie entwickelte er als
Interpretationen seiner Gedichte, die der ursprüngliche Ausdruck seines Erlebens sind, das ihn durch die „dunkle Nacht"
der Sinnesferne zur zärtlichen göttlichen Berührung führte. Er
gehörte zu den ersten Mitgliedern des männlichen Zweiges der
von Teresa von Ávila gegründeten „Unbeschuhten Karmeliten". Für die Nonnen, die er geistlich betreute, war er ein einfühlsamer Seelenführer. Anders als seine Mentorin Teresa von
Ávila hatte er jedoch weder Neigung noch Talent zu praktischer
Organisation und Gestaltung. Aus Leitungsämtern im Orden
haben ihn weltgewandte und machtbewusste Mitbrüder ver-*

drängt, sein Werk aber hat bis heute Bestand und zählt zum Bedeutendsten der mystischen Literatur.

Denkbar schwierig war der Start ins Leben für den 1542 in Fontiveros auf der kargen Kastilischen Hochebene geborenen Juan de Yepes Alvares, wie der bürgerliche Name des späteren Ordensmannes Johannes vom Kreuz (Juan de la Cruz) lautet. Nach dem frühen Tod seines Vaters lebte die Familie unter ärmlichen Verhältnissen, denn sein zwölf Jahre älterer Bruder und die Mutter mussten die Familie nun allein mit Webarbeiten durchbringen. Juan beziehungsweise Johannes versuchte später, in verschiedenen Handwerksberufen zum Unterhalt beizutragen, war damit aber wenig erfolgreich. Mehr Talent hatte er zum einfühlsamen Umgang mit anderen Menschen. Im Seuchenhospital von Medina del Campo, wo die Familie seit 1551 lebte, bewährte er sich als Pfleger und leistete aufopferungsvolle Arbeit. Der Leiter des Krankenhauses erkannte die Begabung des jungen Mannes aus einfachen Verhältnissen, der es mit seinem Lerneifer schon in der Armenschule zu einer recht ordentlichen Grundbildung gebracht hatte, und ermöglichte ihm die Teilnahme am weiterführenden Unterricht im neu gegründeten Kolleg der Jesuiten. Johannes profitierte also bereits vom Jugendbildungswerk des neuen, von Ignatius von Loyola gegründeten Ordens. Im Anschluss an das vierjährige gründliche Studium am Jesuiten-Kolleg hatte er alle Voraussetzungen für die Priesterweihe und hätte sein Auskommen als Weltgeistlicher finden können, entschied sich aber, seinem Hang zur stillen Zurückgezogenheit folgend, für ein klösterliches Leben im kontemplativen Orden der Karmeliten. 1563 trat er in den Karmel von Medina del Campo ein und erhielt den Ordensnamen Juan de Santo Matía. Er hoffte, in diesem aus einer Eremitensiedlung auf dem Karmelgebirge im Heiligen Land hervorgegangenen Orden seine Vorstellungen von einem dem Gebet gewidmeten Leben verwirklichen zu können. Aber auch hier, wie in vielen Orden der Zeit, war der

Ursprungsgedanke bereits verwässert worden, und an Stelle der alten, strengen Regel galt nun eine deutlich abgemilderte. Johannes richtete davon unbeeindruckt sein eigenes klösterliches Leben nach der alten aus, blieb aber auch damit unbefriedigt. Nach dem Studium in Salamanca, das er unter anderem bei dem bedeutenden Theologen und Dichter Fray Luis de León (1527–1591) absolvierte, spielte er mit dem Gedanken, zu den Kartäusern überzutreten, deren entsagungsvolles, zurückgezogenes Leben ihm entsprach. Kartäuser leben überwiegend schweigend und allein in abgelegenen Einsiedeleien, die um einen Gemeinschaftsbereich und die Kirche herum angelegt sind. Die schicksalhafte Begegnung mit Teresa von Ávila wies dem frisch zum Priester geweihten, fünfundzwanzigjährigen Pater dann aber den Weg zu einem klösterlichen Leben nach seinen Vorstellungen, das er im eigenen Orden der Karmeliten verwirklichen konnte.

Teresa von Ávila, die bereits mit der Reformierung des weiblichen Ordenszweiges begonnen hatte, hielt sich 1567 in Medina del Campo auf, um dort ihr zweites Reformkloster der Unbeschuhten Karmelitinnen zu gründen. Gleichzeitig suchte sie Mitstreiter für die Reformierung der Brüderklöster des Ordens. Tatsächlich wurde sie überraschend schnell fündig. Der Prior des Karmelitenklosters am Ort, Pater Antonio Heredia, und der junge Pater Johannes erklärten sich zur Mitwirkung bereit. Und schon ein Jahr später, im November 1568, bezogen die beiden ein baufälliges Haus im weltentlegenen Dorf Duruelo, das Teresa als Schenkung von einem wohlhabenden Adeligen erhalten hatte. Johannes nahm den neuen Ordensnamen Johannes vom Kreuz (Juan de la Cruz) an, unter dem er als bedeutender Dichter und Mystiker bekannt werden sollte. Teresas Schilderungen dieser ersten Gründung eines Männerklosters der Karmeliten nach den Regeln des Unbeschuhten Reformzweiges veranschaulichen die harten Lebensbedingungen der Anfangszeit, die durch selbst auferlegte asketische Verzichte der Mönche noch verschärft wurden. Als Kirche diente der baufällige Dachboden des Hauses, in unbeheizten, winzigen Kammern waren primitive Schlafstätten aus Heu, Steine ersetzten die Kissen, und statt die üblichen Sandalen aus Bast zu benutzen, gingen die beiden Priester auch im Winter barfuß – eine Selbstkasteiung, die Teresa zu weit ging, denn sie strebte mit ihrer Reform nicht in erster Linie nach einer Verschärfung der Strenge, sondern nach der Vertiefung und Verinnerlichung des Gebetslebens. Mit der konsequenten klösterlichen Abgeschiedenheit ihrer Reformklöster wollte sie dafür nur die Voraussetzungen schaffen. Bald zeigte sich auch, dass die neue Gründung für die beiden Priester zu abgelegen war, um seelsorgerisch wirken zu können. Zudem wurden die Räumlichkeiten zu klein, weil tatsächlich Novizen den Weg nach Duruelo fanden, um in die Neugründung einzutreten. 1570 zog der kleine, auf vier Brüder angewachsene Konvent daher in ein größeres und günstiger gelegenes Haus in Mancera de Abajo um. In Pastrana war inzwischen ein weiteres Unbeschuhtes Karmelitenkloster entstanden. Johannes vom Kreuz, der sich als Novizenmeister und Seelsorger bewährt und selbst auch zu einer maßvollen Regelauslegung mit Schwerpunkt auf dem inneren Beten gefunden hatte, wie es Teresa lehrte, wurde nach Pastrana geschickt, um dort die Novizenausbildung zu ordnen. Nach verschiedenen ähnlichen Einsätzen rief ihn Teresa 1571 nach Ávila, wo sie als Priorin das Kloster Encarnatión reformieren sollte, in dem sie ihre ersten orientierungslosen Jahre als Nonne verbracht hatte. Johannes sollte ihr dabei als Beichtvater des hundertfünfzig Schwestern zählenden Konvents zur Seite stehen. Mit dem Vorbild seiner beschaulichen Haltung und seiner einfühlsamen Art erreichte er zusammen mit Teresa bald einen Umschwung des klösterlichen Lebens in dem verweltlichten Konvent. Den Schwestern gab er auf Merkzetteln Ratschläge, um ihre Fehlhaltungen zu korrigieren und ihren geistlichen Fortschritt zu fördern. Diese kurzen Merksätze weisen ihn bereits als geistlichen Schriftsteller und erfahrenen Mystiker aus. Teresa berichtet von seinen ekstatischen Erfahrungen während dieser Zeit in Ávila, wo er zurückgezogen im Gartenhaus des Klosters lebte. Doch stand für ihn wie für Teresa der selbstlose Gottesbezug im Vordergrund. Außerordentliche Erfahrungen sind Geschenke, die nicht zum Selbstzweck werden dürfen. Einer der Nonnen, die er betreute, schrieb er folgende Regel für ein angemessenes Gebetsleben auf: „Die Fliege, die am Honig klebt, behindert ihren Flug; und ein Mensch, der sich am geistlichen Verkosten festhalten will, behindert sein Freiwerden und seine Kontemplation."

Johannes war ein begnadeter Seelenführer, der im direkten persönlichen Umgang segensreich Einfluss auf die ihm Anbefohlenen nehmen konnte. Im Orden aber verlor er rasch an Einfluss, obwohl er zu den Männern der ersten Stunde gehörte, denn ihm lag nichts an Ämtern. Die Machtspiele des höheren Klerus waren dem aus kleinen Verhältnissen kommenden Johannes fremd, und mit seiner selbstvergessenen Art konnte er sich in Leitungsgremien nicht durchsetzen. Andere, weltgewandte Ordensbrüder besetzten die hohen Leitungspositionen. Der zur adeligen Oberschicht gehörende Jerónimo Gracián, der erst 1572 eingetreten war, wurde bereits kurz nach seinem Noviziat zum Visitator beider karmelitischer Ordenszweige bestellt. Trotzdem gehörte Johannes zu den Unbeschuhten Karmeliten, die 1577 vom nicht reformierten Stammorden in Klostergefängnissen festgesetzt wurden, denn er blieb eine Symbolfigur der Reform. Bereits länger hatte der Stammorden versucht, die Reformbewegung Teresas aufzuhalten und möglichst ganz zu unterdrücken. Teresa selbst war 1575 verboten worden, weitere Klöster zu gründen. Sie musste sich in ein Kloster zurückziehen und ihre Reformaktivitäten einstellen. Ende 1577 eskalierte die Auseinandersetzung in einer Verhaftungswelle. Johannes wurde unter Zwang nachts aus dem Kloster Encarnatión geholt, wo er in Ávila auch nach dem Weggang von Teresa weiter als Beichtvater gewirkt hatte. Man brachte ihn nach Toledo in ein nicht reformiertes Kloster der Karmeliten. Ein Ordenstribunal versuchte dort, ihn mit Drohungen und Lockungen zur Abkehr von der Reform Teresas zu bewegen. Da Johannes standhaft blieb, hielt man ihn in einem zur Gefängniszelle umfunktionierten Abort des Klosters gefangen. Seine Kost war karg, und nur selten durfte er auf dem angrenzenden Gang etwas auf und ab gehen. Meist war er in dem dunklen, muffigen Gelass für sich allein und seinen Ängsten und der Ungewissheit über sein Schicksal ausgeliefert. Doch nur seinen Körper konnte man einsperren, seine Seele schwang sich auch in der Dunkelheit des Gefängnisses frei auf zu mystischen Erhebungen, die ihm immer wieder Trost spendeten. Für das, was er dabei erfuhr, fand er poetische Bilder, die er als seinen *Geistlichen Gesang* aufzeichnete. Damit entstand ein Gedicht, das eines der bedeutendsten spanischer Zunge wurde und zugleich ein ausdrucksstarker Versuch, das Unaussprechliche in Worte zu fassen. Papier und Schreibzeug dafür hatte ihm ein Mönch gegeben, der als Aufseher für ihn bestellt war, sich aber heimlich bemühte, die Haftbedingungen zu mildern. In Bildern nach dem Vorbild des alttestamentlichen Hohenliedes, als Liebesgesang der Seelenbraut an den göttlichen Bräutigam, lässt Johannes im *Geistlichen Gesang* die Erfahrung der zärtlichsten göttlichen Berührung aufscheinen – als *Musik der Stille*, schmeichelnden Hauch *liebkosender Winde*, liebreizenden Blick und betörende Düfte, wie etwa in der sechzehnten Strophe:

Deiner Fußspur nach
strömen die Mädchen auf den Weg,
auf die Berührung des Funkens,
auf den gewürzten Wein hin,
Ausströmungen göttlichen Balsams.

Johannes vom Kreuz erläutert dazu im später entstandenen ausführlichen Kommentar zum Gedicht, „dass die *Berührung des Funkens*, von der hier die Rede ist, ein äußerst zartes Angerührtwerden ist, das der [göttliche]

Geliebte der Menschenseele ab und zu erweist" – eine Erfahrung, von der Johannes aus eigener Anschauung sprechen konnte.

Im August 1578, nach neunmonatiger Haft im Klostergefängnis, gelang dem körperlich schon stark Geschwächten endlich die Flucht. Nachts konnte er das Schloss seiner Zellentür aufbrechen, dessen Schrauben er vorher heimlich gelockert hatte. Von einem Fenster des angrenzenden Raumes hangelte er sich an zusammengeknoteten Decken herunter und flüchtete zum Unbeschuhten Kloster der Karmelitinnen. Die Blätter mit dem Geistlichen Gesang trug er bei sich. Anderthalb Monate dauerte es, bis sich der schwer von der langen Haft Gezeichnete wieder erholt hatte. Seine Ordensoberen schickten ihn anschließend nach Andalusien, einerseits wohl, um ihn in Sicherheit zu bringen, andererseits aber auch, um ihn fern der Ordenszentrale kaltzustellen. Selbst als sich 1581 die Reform mit der päpstlichen Genehmigung einer unabhängigen Unbeschuhten Provinz der Karmeliten endgültig durchgesetzt hatte, verwehrte man ihm die Rückkehr in seine kastilische Heimat, um die er eindringlich bat. Auch Teresa konnte mit ihrer Fürsprache nichts erreichen. Gracián, der zum ersten Provinzial der Unbeschuhten Karmeliten gewählt worden war, ordnete an, dass er in Andalusien bleiben musste.

Insgesamt zehn Jahre wirkte Johannes in Andalusien, mit unterschiedlichen Aufgaben in Beas, Calvario, Beanza und schließlich ab 1582, Teresas Todesjahr, für sechs Jahre in Granada als Prior des Konventes Los Mártires. Hier begann der Vierzigjährige ein reiches literarisches Schaffen. Seine mystischen Werke entstanden aus dem Erfahrungsschatz langjähriger seelsorgerischer Tätigkeit und als Frucht eigener mystischer Erfahrungen. Immer hat er zuerst in Gedichten seinem ursprünglichen mystischen Erleben Ausdruck zu geben versucht. Sie gingen im Orden von Hand zu Hand, und die Schwestern, die er in den Klöstern Andalusiens seelsorgerisch betreute, drängten ihn, sie ihnen auszulegen. So entstanden die

Werke von Johannes vom Kreuz als Interpretationen seiner Gedichte: *Der Geistliche Gesang* als Auslegung seiner während der Haft in Toledo verfassten Gedichtstrophen, *Aufstieg auf den Berg Karmel* und *Dunkle Nacht* als Kommentar zu Gedichten, mit denen er traumatische Erinnerungen an die Zeit beständiger Dunkelheit in seinem Klostergefängnis verarbeitet hat, *Die lebendige Liebesflamme* als Erläuterung zu einem Gedicht, das er für die Adelige Doña Ana del Mercado y Peñalosa geschrieben hat, die bei der Gründung des Karmelitinnenklosters in Granada hilfreich war. Im Unterschied zu Teresa, die vor allem aus eigenem Erleben schrieb, sind diese Interpretationen seiner Gedichte, die selbst ganz ursprünglich sind, mit neuplatonischer Philosophie befrachtet. Weltverneinung und das Erschauern vor dem dunklen Abgrund Gottes mit seiner *formlosen Leere* etwa prägen den *Aufstieg auf den Berg Karmel*. Radikal muss für Johannes die Ablösung von allem Irdischen sein. So heißt es im *Aufstieg*: „Derartig ist es, dass wir in dieser Hinsicht sagen können, dass alle Geschöpfe nichts sind und die Neigungen zu ihnen noch weniger als nichts, denn sie verhindern und entziehen die Gleichgestaltung mit Gott." Nur indem wir die *dunkle Nacht der Sinne* durchschreiten, also die Wahrnehmung und das Denken von allem Vergänglichen abwenden, können wir in das Geheimnis Gottes eintreten. In *Der Geistliche Gesang* und *Die lebendige Liebesflamme* kommt dann mehr die beglückende Erfahrung göttlicher Nähe zum Ausdruck, und auch der Eigenwert der Geschöpfe als eine *Spur des Hindurchschreitens Gottes*. Klar betont er hier gegen die neuplatonische Vorstellung vom Einswerden mit einem göttlichen Urgrund, dass der Abstand von Geschöpf und Schöpfer nicht überwunden werden kann und dass es der dreieinige, personale Gott ist, der uns in der mystischen Erfahrung begegnet.

Unterdessen ging seit Teresas Tod die Auseinandersetzung um die Führung im Orden weiter. Die Intimität der ersten Gründerjahre verflüchtigte sich in die zunehmende Anonymität der entstehenden internationalen

Großorganisation. Nicolás Doria, ein ehemals erfolgreicher Geschäftsmann, war als Spätberufener zum Orden gestoßen und hatte bald die Fäden der Macht in seiner Hand vereinigt. 1585 verdrängte er Gracián aus dem Amt des Provinzials, und nach der vollständigen Ablösung der Unbeschuhten vom Stammorden im Jahr 1587 wurde er Generalvikar des neuen unabhängigen Ordens. Johannes vom Kreuz erhielt 1588 den Auftrag, das Kloster in Segovia zur neuen Ordenszentrale auszubauen, sodass er endlich in seine kastilische Heimat zurückkehren konnte. Auch er gehörte zunächst zum Leitungsgremium des neuen Ordens. Bald aber drängte man alle, die der neuen Führung kritisch entgegenstanden, rigoros ins Abseits. Johannes, der Partei für Gracián, den Rivalen Dorias, ergriff und sich gegen eine übertriebene Formalisierung des Ordenslebens aussprach, erhielt beim Generalkapitel vom Juni 1591 keine Ämter mehr, sogar von einem Ausschluss aus dem Orden war zunächst die Rede. Der Plan, ihn als Missionar nach Mexiko abzuschieben, scheiterte, weil er schwer erkrankte. Angefeindet, verleumdet und vereinsamt starb er am 14. Dezember 1591 in Andalusien im Konvent von Úbeda, fernab seiner Heimat. 1726 wurde er heiliggesprochen, 1926 zum Kirchenlehrer erhoben.

Schlüsseltext aus dem Werk des Johannes vom Kreuz:

Johannes vom Kreuz hat stets nach poetischen Bildern für seine mystischen Erfahrungen gesucht; so spricht er unter anderem vom *köstlichen Hauch*. Er ist sich aber stets klar darüber, dass er auch mit den Mitteln der Poesie an die Grenzen des Sagbaren stößt. Das betont er in seinem Werk *Die lebendige Liebesflamme* (gesperrt gedruckt sind Zitate aus dem Gedicht, das er in diesem Werk kommentiert):

Über dieses v o n G u t e m u n d H e r r l i c h k e i t u n d z a r t e r G o t t e s l i e b e zum Menschen erfüllte H a u c h e n habe ich nie gern gesprochen und möchte es auch jetzt nicht. Denn ich sehe klar, dass ich es nicht im Geringsten zu sagen verstünde, und wenn ich es sagte, erschiene es so, als wäre das alles. Denn es ist ein H a u c h , den Gott zur Seele hin atmet, in dem er ihr durch dieses E r w a c h e n zur hohen Erkenntnis der Gottheit nach Maßgabe der Gewahrwerdung und Einsicht in Gott den Heiligen Geist zuhaucht, womit er sie zutiefst in den Heiligen Geist hineinsaugt und mit göttlicher Einmaligkeit und Zartheit v e r l i e b t m a c h t, nach dem Maß dessen, was sie in Gott gesehen hat. Denn da der H a u c h v o n G u t e m u n d H e r r l i c h k e i t e r f ü l l t ist, erfüllte der Heilige Geist die Menschenseele mit Gutem und Herrlichkeit, wodurch er sie in den Tiefen Gottes über alle Sprache und allen Sinn hinaus in sich v e r l i e b t machte. (Johannes vom Kreuz: Die lebendige Liebesflamme. Freiburg, 2000, 190f)

MYSTIKER DER NEUZEIT

Die Neuzeit war und ist der Mystik nicht günstig. Seit der Renaissance richtet der Mensch seinen Blick vor allem auf sich selbst und sein Fortkommen in der Welt. Während noch die Mystik in ihren spanischen Vertretern an der Schwelle zur Neuzeit einen letzten großen Höhepunkt fand, zerriss die Reformation (ab 1517) die Glaubenseinheit der christlichen Welt, und der dreißigjährige Bruderkrieg der christlichen Bekenntnisse (1618–1648) in ihrem Gefolge war das erste große Trauma der europäischen Geschichte. Religion und damit auch die Mystik gerieten seitdem mehr und mehr durch eine Doppelbedrohung ins Abseits: einerseits durch politischen Druck und staatliche Zwangsmaßnahmen, andererseits durch die innere Aushöhlung der Glaubenssubstanz.

Ein erster äußerer Schlag war die Aufhebung der Klöster und Orden in den protestantisch gewordenen Ländern, also in großen Teilen Deutschlands und den nordischen Ländern, wodurch hier dieser fruchtbare Wurzelgrund der Mystik vollständig ausgerodet wurde. Viele Landesfürsten instrumentalisierten die Reformation, um den Einfluss der übernational agierenden katholischen Kirche in ihrem Machtbereich abzuschütteln und um sich deren Besitzungen, insbesondere die der Klöster mit ihren Gütern und Ländereien, anzueignen. Nachdem das Reformkonzil von Trient (1545–1563) einen Neuaufschwung des kirchlichen Lebens und des Klosterwesens ermöglicht hatte, kam es dann während der Französischen Revolution (1789–1799) zu einer radikalen Unterdrückung der Kirche bis hin zum Versuch, das Christentum durch einen *Kult der Vernunft* zu ersetzen. Ein Jahrzehnt herrschte nackte Gewalt mit Verfolgungen und massenweisen Hinrichtungen von Priestern, dem Verbot des Gottesdienstes, der Umwidmung von Kirchen und Klöstern zu säkularen Zwecken, gerne zu Fabriken, Kasernen oder Gefängnissen, wie etwa bei Clairvaux geschehen, dem Kloster des großen Mystikers Bernhard, das bis heute Strafanstalt ist. Zahllose andere Klöster wurden zerstört, wie das einst mit einer großen angeschlossenen Kongregation weithin ausstrahlende Cluny in Burgund, von dem nur noch Ruinen existieren. Die sogenannte Säkularisation, also die Enteignung von Kirchen- und Klostereigentum ab 1803, führte dann zur Aufhebung der Klöster in fast allen europäischen Ländern. Trotz dieser flächendeckenden, einem Todesstoß gleichenden Maßnahmen kam es im 19. Jahrhundert zu einer außerordentlich erfolgreichen Wiederbelebung des kirchlich-klösterlichen Lebens fast aus dem Nichts heraus. Der wieder wachsende Einfluss der Kirche führte aber bald zu Gegenmaßnahmen. In Deutschland versuchte das wilhelminische Kaiserreich mit antikatholischen Gesetzen und Repressionsmaßnahmen während des sogenannten Kulturkampfes (1871–1887), den Lebensnerv der Kirche und ihrer Laienverbände zu treffen, scheiterte aber am zähen Widerstand des deutschen Katholizismus. Unter den faschistischen und kommunistischen Diktaturen des zwanzigsten Jahrhunderts schließlich wurden bekennende Christen wieder über Jahrzehnte benachteiligt oder verfolgt. Sie endeten nicht selten im Konzentrationslager oder als Verbannte in Arbeitslagern des Gulag.

Alle diese Maßnahmen trafen die Religion nicht ins Herz, sie erschwerten nur das religiöse Leben und entzogen der Mystik ihren Entfaltungsraum kontemplativer Lebensbereiche. Aber wie hoher Druck Kristalle besonderer Reinheit und Härte ausbildet und Pflanzen auf kargem Boden besonders widerstandsfähig sind und tief wurzeln, so brachten gerade Zeiten der Verfolgung außergewöhnliche religiöse Persönlichkeiten hervor. Augustin de Lestrange (1754–1827) etwa, Novizenmeister im Trappistenkloster La Trappe, flüchtete 1791 mit 24 Mönchen vor den Zwangsmaßnahmen der Revolution erst in die Schweiz, dann, nachdem die Revolutionsarmeen auch dort einmarschierten, weiter durch halb Europa, bis diese versprengte Gruppe 1814, also nach dreiundzwanzigjähriger Odyssee, wieder in ihr Heimatkloster zurückkehren konnte. Johannes Maria Vianney (1786–1859), der als Kind und Jugendlicher während der schlimmsten Zeit der Französischen Revolution aufwuchs und nur an geheimen Messen der Untergrundkirche teilnehmen konnte, wurde Priester und als Pfarrer von Ars ein begnadeter Beichtvater und Seelenführer, zu dem die Menschen in Scharen pilgerten. Gleich dem besonders intensiven Aufblühen der Natur im Regen nach langer Dürre entfaltete sich dann bald nach Ende der Repression im 19. Jahrhundert ein außerordentliches spirituelles Leben. In dieser Zeit wirkten Persönlichkeiten wie die später zur Kirchenlehrerin erhobene Karmelitin Thérèse von Lisieux (1873–1897), der Neubegründer des Benediktinertums in Frankreich, Dom Prosper Guéranger (1805–1875), und die auf Schloss Darfeld im Münsterland aufgewachsene Maria Gräfin Droste zu Vischering (1863–1899), die sich noch während des Kulturkampfes für ein Leben als Nonne entschied und dann bei den Schwestern vom Guten Hirten in Münster eintrat. Ihre mystischen Visionen veranlassten Papst Leo XIII. zur Weihe der Menschheit an das Herz Jesu.

Schwerwiegender als alle staatlichen Zwangsmaßnahmen war jedoch die langsame innere Aushöhlung der Glaubenssubstanz, die schließlich zur heute in Europa weit verbreiteten religiösen Gleichgültigkeit geführt hat. Bereits im dreizehnten Jahrhundert begannen einflussreiche philosophische Strömungen damit, die Vernunft als unabhängiges Vermögen zu verselbstständigen, während sie bis dahin als auf den Glauben hingeordnet verstanden wurde. Glaube und Vernunft traten zunächst als getrennt, aber gleichberechtigt nebeneinander. Kants Philosophie besiegelte diese Scheidung der Religion vom Glauben. Mit der Aufklärung begannen die Vertreter einer allein auf sich selbst gestellten Vernunft, deren Sprachrohr Voltaire (1694–1778) war, den Glauben zu bekämpfen und seine Berechtigung grundsätzlich zu bestreiten. Ihr grundstürzender Einfluss wirkt im modernen säkularen Denken fort, das nur noch die Vernunft als berechtigte Sinnstiftungs- und Deutungsmacht anerkennt. Dabei stützt sich das neuzeitliche Weltbild fast ausschließlich auf das Zähl- und Messbare, wie es die modernen Wissenschaften benötigen, um die technische Handhabung und Nutzung der Natur immer weiter zu perfektionieren. Bald wurde auch der Mensch selbst nach dem Vorbild der Mechanik als Maschine gedacht, als *L'homme machine,* wie zuerst bei dem materialistischen Aufklärungsdenker Julien Offray de La Mettrie (1709–1751). Heutige neurophysiologische Theorien kleiden das Bild des Maschinenmenschen nur in ein modernes, kybernetisches Gewand. Und die modernen Massenmedien verbreiten popularisierte kosmologische Theorien der Naturwissenschaften mit einer versimplifizierten, zum Dogma erhobenen Evolutionslehre als eine Art Ersatzreligion.

In diesem verkürzten, einseitigen Weltbild kann Religion nur noch als veralteter, ja gefährlicher Aberglaube gelten, die Mystik erst recht. Geistig-Seelisches hat in einer auf Zähl- und Messbares reduzierten Welt keinen Platz mehr. Das Seelenauge der religiösen Innerlichkeit ist stumpf geworden, und der breite Strom der Mystik, der anderthalb Jahrtausende ungebrochen war, versickerte weithin in der Dürre einer auf reine Zweckrationalität ausgerichteten Welt. Er versiegte jedoch nie ganz, denn die großen Urfragen der Menschheit nach dem Ursprung des Seins selbst und nach dem Sinn, zusammen mit der Erfahrung unserer eigenen Begrenztheit, führen uns immer wieder zur Erkenntnis einer seinstragenden Wirklichkeit, also zu Gott. Während diese Erkenntnis bis zur Neuzeit gleichermaßen vom Glauben unterbaut und durch streng philosophische Argumentation von der Vernunft her begründet war, verlor sie sich dann in ein unsicheres Tasten nach dem, „was die Welt im Innersten zusammenhält" (Faust). Die Lösungen der den Zeitgeist bestimmenden Strömungen reichten von den unscharfen Bildern der Romantik mit ihrem Sehnen nach dem Dunklen, Fernen, Tiefen über den *Weltwillen* bei Schopenhauer, dem *élan vital* in Bergsons Lebensphilosophie, der *Lebens-kraft* im Vitalismus bis hin zum heute weit verbreiteten Humbug der kommerziellen Esoterik mit ihren abstrusen Angeboten. In der modernen Literatur, insbesondere in der Poesie, finden sich immer wieder Texte, die ein ursprüngliches religiöses Erleben, in Ansätzen wohl sogar mystische Erfahrungen ausdrücken, aber meist über ein gänzlich unverstandenes Ahnen nicht hinauskommen.

Dazu kam, dass es in den protestantischen Gebieten kein Verständnis mehr für die Mystik gab. Der Protestantismus lehnte sie von Anfang an aus seiner ausschließlichen Orientierung am biblischen Wort heraus ab. Geleitet von Luthers Losung *sola scriptura* (*allein die Schrift*), musste er jedes Streben nach einer unmittelbaren Gottesbegegnung im *inneren Wort* zurückweisen. Das Luther'sche *sola gratia* (*allein durch Gnade*) ließ jeden Weg eines mystischen Aufstieges als anmaßende menschliche Selbstüberhebung erscheinen. Der reformierte Theologe Emil Brunner (1889–1966) brachte diesen Einspruch protestantischer Theologie gegen die Mystik mit scharfer Entgegensetzung auf die Formel: „Entweder Mystik, oder das Wort." Allerdings brach sich auch im Protestantismus das Bedürfnis nach religiöser Innerlichkeit immer wieder in entsprechenden Bewegungen Bahn, vom Pietismus im 17. Jahrhundert mit seinem Verfechter Philipp Jacob Spener (1635–1705) bis hin zu den heutigen evangelikalen Gruppierungen. Wo ursprüngliche Mystik im Protestantismus auftrat, bestand jedoch die Gefahr, dass sie rasch ins sektiererische Abseits geriet und sich in einer bodenlosen, teils abstrusen Spekulation verlor. Bedeutende Vertreter solcher Strömungen waren protestantische Laien wie Jakob Böhme (1575–1624) und Pfarrer wie Johann Valentin Andreae (1586–1654). Böhmes Gedankenwelt lebte fort in den Konventikeln der Theosophie, etwa bei den von Johann Georg Gichtel (1638–1710) ins Leben gerufenen *Engelsbrüdern*, und hat bis zur pantheistischen Philosophie des Deutschen Idealismus mit Hegel (1770–1831) als seinem bedeutendsten Vertreter weitergewirkt. Andreae

fand Nachfolger in den obskuren Zirkeln der Rosenkreu-
zerbewegung, die in verschiedensten Ablegern bis heute
blüht. Die protestantische Theologie hatte aufgrund ihrer reinen biblischen Orientierung das über Jahrhunderte
scharf geschliffene Instrument der christlichen Philosophie, das hier bei der Unterscheidung der Geister geholfen hätte, selbst aus der Hand gegeben.

Mystik im engeren christlichen Sinne hat sich in der
Neuzeit vor allem dort noch entfalten können, wo der
Katholizismus seine Lebenskraft bewahrt hat. In der
glaubensgesättigten Substanz sakraler Kunst und in
der Liturgie, vor allem in ihrem Zentrum, der Eucharistiefeier, haben immer wieder Menschen jenseits der
Worte etwas von dem unergründlichen Geheimnis, nach
dem sie sich sehnten, unmittelbar erfassen können. Oft
streiften solche Erfahrungen an mystisches Erleben und
wurden sogar Anlass zur Konversion kirchenferner Menschen. Bedeutende Persönlichkeiten wie Jacques Loew
(1908–1999), später ein führender Kopf der Bewegung
der Arbeiterpriester, der Diplomat und Dramatiker Paul
Claudel (1868–1955) und der Schriftsteller Alfred Döblin
(1878–1957) haben dies für ihren eigenen Weg bezeugt.

Die Reihe der großen neuzeitlichen Mystiker reicht bis
in die jüngste Zeit. Unterschiedlichste Persönlichkeiten
gehören dazu: der adelige Bischof und Ordensgründer
Franz von Sales (1567–1622), die stigmatisierte Seherin
Anna Katharina Emmerick (1774–1824), der Barockdich-
ter Angelus Silesius (1624–1677), die Philosophin und
spätere Karmelitin Edith Stein (1891–1942), die sozialistische Aktivistin Simone Weil (1909–1943) und der Trappist
und geistliche Schriftsteller Thomas Merton (1915–1968).
Die Letzteren sind exemplarisch für den modernen Menschen, der oft erst nach einer Zeit der Glaubensferne und
auf verschlungenen Wegen zur religiösen Orientierung
findet.

Franz von Sales (1567–1622)

Franz von Sales (François de Sales) war ein moderner Geist, dessen Persönlichkeit sich bereits im spannungsvollen Kräftefeld gegensätzlicher Strömungen der Neuzeit bilden musste. Seine hohe religiöse Empfindsamkeit führte ihn zum Priestertum. Als Seelenführer und geistlicher Schriftsteller hat er den Weg zu einem religiösen Leben mitten in der Welt gewiesen und die Laienspiritualität gleichrangig neben die der Klöster und der Geistlichkeit gestellt. Die Spiritualität des Franz von Sales, bis hin zur mystischen Erfahrung der „Liebesvereinigung mit Gott", ist für jedermann, unabhängig von seinem Beruf oder seiner besonderen Lebenslage, also auch für den modernen, in das Getriebe einer unruhigen Welt geworfenen Menschen. In zahlreichen Briefen an Gläubige, die sich seinem Rat anvertrauten, und in seinem religiösen Hausbuch, der „Philothea", hat er weltweise und einfühlsam dazu angeleitet.

Achtzehn Jahre lang hatte Franz eine intensive Ausbildung in Internaten und an den Universitäten von Paris und Padua durchlaufen, als er 1592 als frisch gebackener Doktor des bürgerlichen und des Kirchenrechts in seine Heimat im Bergland von Hoch-Savoyen zurückkehrte. Nicht auf dem Stammschloss bei Thorens, wo er am 21. August 1567 geboren wurde, sondern auf einem Landgut am See von Annecy traf er mit der Familie zusammen. Seine Eltern waren mit den jüngeren Kindern dorthin geflüchtet, weil im Norden des Herzogtums Savoyen immer wieder bewaffnete Banden aus der calvinistisch gewordenen Stadt Genf einfielen, um zu rauben und zu brandschatzen. Johannes Calvin (1509–1564) hatte Genf zur Hochburg seiner Richtung des Protestantismus gemacht und den Bischof 1531 vertrieben, der seitdem im katholisch gebliebenen Savoyen residierte. Die kleine Stadt Annecy am gleichnamigen See beherbergte den improvisierten Bischofssitz. Der junge, vierundzwanzigjährige Franz von Sales war während der langen Jahre in der

Ferne gereift. Mit seinem stets ausgleichenden Zugang zu den Problemen, die sich ihm stellten, überwand er den Skeptizismus des Michel de Montaigne (1533–1592), der ihn mit seinen Essays in jungen Jahren beeinflusst hatte. Und er rettete sich aus einer tiefen Krise, in die ihn das Gottesbild der calvinistischen Richtung des Protestantismus gestürzt hatte, wonach der Mensch unabhängig von seinen Verdiensten oder seiner Schuld durch Gottes Willen zur Seligkeit oder zur ewigen Verdammnis bestimmt sei (*Prädestinationslehre*). Er wusste bereits, in welche Richtung er sein Leben lenken wollte. Das Studium der Rechte hatte er nur im Gehorsam gegenüber seinem Vater absolviert, der für den ältesten Sohn als das kommende Familienoberhaupt eine führende gesellschaftliche Stellung wünschte. Franz musste sich beugen, aber schon in Paris studierte er heimlich auch Theologie, weil er gerne Priester werden wollte. Er selbst wagte nicht, sich seinem Vater zu offenbaren, und ließ sich wunschgemäß als Rechtsanwalt registrieren. Die Versuche der Eltern, ihn zu verheiraten, boykottierte er jedoch zum Ärger seines Vaters. Schließlich verweigerte er sich auch dem Plan, ihn zum Senator von Chambéry zu machen, wofür der gesamte Einfluss der Familie eingesetzt worden war. Eine Lösung, der sein Vater, wenn auch enttäuscht und murrend, zustimmen konnte, war dann das angesehene kirchliche Amt des Domprobstes, für das Franz als Kirchenrechtler und studierter Theologe beste Voraussetzungen hatte. Freunde hatten Franz hinter seinem Rücken beim Bischof vorgeschlagen, der gerne den gebildeten und adeligen Franz als Vorsteher des Domkapitels gewinnen wollte. Sobald die Genehmigung dafür aus Rom kam, ergriff Franz erleichtert und glücklich diese Möglichkeit für eine geistliche Laufbahn. Sofort begann er mit der Vorbereitung auf die Priesterweihe, die er am 18. Dezember 1593 vom exilierten Bischof von Genf, seinem künftigen Vorgesetzten, erhielt.

Franz bewährte sich bald als engagierter Seelsorger und volkstümlicher Prediger. Das direkte, klare und einprägsame Wort sollte ihn später auch als geistlichen Schriftsteller auszeichnen. Kaum ein Jahr war seit seiner Weihe vergangen, als er vor die erste große Herausforderung gestellt wurde. Der Bischof suchte Priester, die im Chablais, einem Gebiet südlich des Genfer Sees, missionarisch tätig werden sollten. Dieser Landstreifen gehörte offiziell zum Herzogtum Savoyen, stand aber unter dem Einfluss der Stadt Genf und war überwiegend calvinistisch geworden. Franz meldete sich für diesen äußerst gefährlichen Auftrag, den er zusammen mit seinem Vetter Ludwig, der bereits länger Priester war, zunächst nur unter dem Schutz der herzoglichen Burg Les Allinges angehen konnte. Trotz anfänglicher Anfeindungen und Risiken bis hin zu Überfällen gelang es den beiden Priestern mit ihrer nachhaltigen Überzeugungsarbeit und mit Erfindungsreichtum, die Menschen des Chablais wieder für den katholischen Glauben zu gewinnen. Unter anderem setzte Franz Flugschriften ein, in denen er auf verständliche Weise gegen den Calvinismus argumentierte. Kraftquell war für Franz zweifellos die erfahrene Gottesnähe, wie unter anderem ein mystisches Selbstzeugnis aus dem Jahr 1595 belegt. Auf einem Zettel hat er notiert, was ihm in einsamer Meditation in einer Waldkapelle beim Flüsschen Dranse begegnet ist. Anders als die mittelalterlichen Menschen, die ausführlich über ihre mystischen Erfahrungen berichteten, wurde man in der Neuzeit sehr zurückhaltend damit. Franz hat den Text bis auf wenige Stellen unkenntlich gemacht, allein die folgenden Sätze sind zu entziffern, die uns das Überwältigende der Erfahrung ahnen lassen: „Herr, gebiete der Glut deiner Liebe Einhalt. Das Übermaß der innigen Zuneigung halte ich nicht aus. Ich liege hier flach auf dem Boden." 1598, also nach vierjährigem, unermüdlichem Einsatz, war die Arbeit im Chablais weitgehend geleistet. Durch den Herzog, der inzwischen vertraglich seine Herrschaft über das Gebiet sichern konnte, wurden die letzten Calvinisten vertrieben – eine Maßnahme, die nicht im Sinne von Franz war, der lieber auf die Überzeugungskraft von Argumenten setzte.

Der Bischof hatte schon länger geplant, Franz zu seinem Nachfolger aufzubauen. Die erfolgreiche Arbeit im Chablais ließ keinen Zweifel an der Eignung des jungen Priesters, der zudem aus einer der führenden Familien Hoch-Savoyens stammte, sodass Franz zunächst 1599 mit allgemeiner Zustimmung zum Koadjutor, also zum Stellvertreter des Bischofs, ernannt und 1602 nach dessen Tod sein Nachfolger wurde. Franz konzentrierte seine ganze Kraft auf diese Aufgabe und war bestrebt, die Kirche in seiner Diözese im Sinne des Reformkonzils von Trient (1545–1563) zu erneuern. Er lebte bescheiden und blieb zum Ärger des Adels demonstrativ auf Abstand zum veräußerlichten Prunk, der während der Renaissance mit repräsentativen Bauten, aufwändigen Umzügen und Festen bis zum Äußersten gesteigert wurde. Lebenslang blieb er seinem Bistum treu, obwohl er das Angebot hatte, als Kardinal nach Paris berufen zu werden.

Sehr einfühlsam nahm er sich der Frauen an, die bei ihm Rat und Anleitung für ein geistliches Leben suchten. Immer noch galt das Kloster als Königsweg zu einem frommen Leben, und die einseitige Auslegung der spanischen Mystiker, insbesondere Teresas, die in religiösen Kreisen äußerst populär war, schien allein den Weg nach innen in völliger Abschließung von der Welt zu kennen. In Gesprächen und mit langen Briefen, die oft zu einer Art Abhandlung wurden, dabei aber immer persönlich in der Ansprache, bemühte sich Franz darum, einseitige Vorstellungen zu korrigieren und gangbare Wege zu weisen. Aus diesem seelsorgerischen Dialog entstanden seine Anleitungen für eine Laienspiritualität, die ohne Abstriche an der Verantwortung für Beruf und Familie ein vertieftes religiöses Leben anstrebt. Es waren Frauen in gesellschaftlich bedeutender Stellung, die Franz als Seelenführer begleitete: Madame Acarie etwa, die in Paris einen Salon führte. Sie berichtete ihm von regelmäßigen ekstatischen Zuständen und bat ihn um Rat. Während er zu Ostern 1604 die Fastenpredigten in Dijon hielt, wurde er mit Johanna Franziska Frémyot von Chantal (1572–

1641) bekannt, der Tochter des Parlamentspräsidenten Benignus Frémyot und Schwester des Erzbischofs Andreas Frémyot. Johanna und ihre Freundin, die mit dem Dijoner Gerichtspräsidenten verheiratete Marguerite Brulart, schlossen sich Franz an und ließen sich von ihm geistlich leiten. Die Freundschaft mit Angelique Arnauld, der resoluten und eigenwilligen Äbtissin des Klosters Port Royal, das im Streit um die Gnadenlehre des Jansenismus im Leben von Blaise Pascal eine zentrale Rolle spielen sollte, versandete rasch wieder. Mit ausführlichen Briefen begleitete er seit 1607 die junge Louise de Chastel, eine ehemalige Hofdame, die mit dem Gutsverwalter des Herzogs von Nemours verheiratet war. Der Jesuit Jean Fourier, der Louise de Chastel auf Empfehlung von Franz weiter geistlich betreute, bekam diese Briefe in die Hand und erkannte ihren literarischen Rang. Er überzeugte Franz, sie zu veröffentlichen. 1609 erschien unter dem Titel *Philothea – Anleitung zum frommen Leben* die erste Fassung. Zur Überraschung von Franz wurde das Buch ein Bestseller und zählt heute in der über mehrere Auflagen bis 1619 verbesserten Form zu den klassischen christlichen Hausbüchern neben der *Nachfolge Christi* des Thomas von Kempen. Philothea, die *Gott liebende Seele*, nennt Franz darin den Adressaten seines spirituellen Leitfadens. Mit seinen Ratschlägen und Deutungen folgt er den klassischen Auffassungen der christlichen Mystik: Am Anfang des Weges muss der Entschluss zur grundlegenden Änderung und Besserung des Lebens stehen. Das Streben nach erbaulichen religiösen Gefühlen darf nicht Selbstzweck werden. Im Vordergrund soll die selbstlose Gottesliebe stehen, die nicht ohne Nächstenlieben möglich ist. Mystische Erfahrung ist gnadenhaftes Geschenk und nur Vorahnung der ewigen Seligkeit, niemals lässt sie uns erfassen, was Gott wesenhaft ist. Vor allem im Gebet und beim Empfang der Sakramente öffnen wir uns für Gott. Die Echtheit einer mystischen Erfahrung lässt sich daran erkennen, ob sie uns zum Positiven hin verwandelt, uns „geduldiger, verträglicher, liebevoller und barmherziger mit unseren Mitmenschen" macht. Erst dann können wir sicher sein, dass die erlebten „geistlichen Freuden von Gott" sind. Dies ist bekanntes, durch die Jahrhunderte immer wieder bestätigtes Wissen. Die besondere Leistung von Franz war seine Betonung des Eigenwertes der Laienspiritualität, die Anleitung zu einem frommen Leben mitten in der Welt, die sich an alle Menschen richtet und für alle zugänglich ist. Es ist eine Spiritualität, die realistisch mit den Schwächen des Menschen und mit Rückschlägen auf dem geistlichen Weg umgeht, aber doch klar zeigt, dass ein verinnerlichtes Gebetsleben auch den ganz normalen Alltag prägen und heiligen kann: „Die echte Frömmigkeit schadet keinem Beruf und keiner Arbeit; im Gegenteil, sie gibt ihnen Glanz und Schönheit", heißt es dazu in der *Philothea*. Wie die Perle im Meer undurchdringlich bleibt für das Wasser – so das Bild dazu von Franz –, so kann man trotz aller aufreibenden Anforderungen in Familie und Beruf fähig bleiben, sich auf eine andere, geistige Ebene zu erheben, in eine innere Einsamkeit, wie Franz erläutert: „Führe also dein Herz immer wieder in die Einsamkeit, *während du nach außen hin im Gespräch oder bei Geschäften bist.* Diese geistige Einkehr kann in keiner Weise durch die Gegenwart vieler Menschen behindert werden; sie umgeben dich ja nur äußerlich, während dein Herz ausschließlich in der Gegenwart des alleinigen Gottes bleibt." Sobald man damit einen inneren Haltepunkt gefunden hat, gibt das die rechte Gelassenheit, Geduld und Milde, um die äußeren Herausforderungen zu bewältigen.

Schicksalhaft für Franz war besonders die Seelenfreundschaft mit Johanna von Chantal, die sich über die Jahre vertiefte. Sie ist eines der Beispiele gegenseitig inspirierender geistlicher Verbindungen zwischen bedeutenden religiösen Frauen und Männern, wie wir sie etwa von Franziskus und Klara von Assisi kennen, von Johannes Tauler und Margarete Ebner, Heinrich Seuse und Elsbeth Stagel, Teresa von Ávila und Johannes vom Kreuz, in neuerer Zeit zwischen dem bedeutenden Theologen Hans

Urs von Balthasar (1905–1988) und der Ärztin und geistlichen Schriftstellerin Adrienne von Speyr (1902–1967). Die Freundschaft mit der verwitweten Johanna von Chantal, die noch für ihre vier Kinder zu sorgen hatte, mündete schließlich in dem gemeinsamen Plan, eine religiöse Gemeinschaft für Frauen zu gründen, die auch für Witwen offen war, die noch familiäre Verpflichtungen hatten, und für gesundheitlich Schwächere, die einem harten Klosteralltag nicht gewachsen waren. Die Gemeinschaft sollte mit karitativen Werken nach außen wirken, und der Kontakt mit den Familien der Frauen sollte weiter möglich sein. Die 1610 in Annecy mit zunächst drei Frauen unter der Leitung von Johanna gegründete Schwesternschaft *Von der Heimsuchung Mariens* wuchs rasch und hatte noch zu Lebzeiten von Franz dreizehn Niederlassungen, erhielt aber keine kirchliche Anerkennung für ihre neue, offene Lebensform. Sie musste in einen herkömmlichen Orden mit Klausur umgewandelt werden. Erst Vinzenz von Paul (1581–1660), den Franz in Paris traf und den er mit der Seelsorge der dortigen Niederlassung seiner Schwesterngemeinschaft betraute, gelang es, mit der Gründung der karitativ tätigen Vinzentinerinnen das ursprüngliche Konzept von Franz zu verwirklichen.

Das zweite, diesmal dickleibige Werk von Franz über die Gottesliebe konnte an den Erfolg der *Philothea* nicht anknüpfen. Es erschien 1616 unter dem Titel: *Theotimus – Abhandlung über die Gottesliebe*. Wirksam geworden ist es unter anderem durch die Betonung der Verehrung des *Herzens Jesu* als Ort der göttlichen Liebe, wie sie bereits die mittelalterliche Mystik kannte. Margareta Maria Alacoque (1647–1690), Nonne in dem von Franz gegründeten Orden, war davon angeregt und hat mit ihren Visionen zur Verbreitung der Herz-Jesu-Verehrung beigetragen. Der Plan zum Bau der Basilika Sacré-Cœur auf dem Montmartre in Paris geht auf ihre Visionen zurück.

Ab 1619 immer stärker von Krankheiten geplagt und nach jahrelanger Anspannung ausgelaugt, starb Franz am 28. Dezember 1622 in Lyon während einer dienstlichen Reise. 1665 wurde er heiliggesprochen, 1877 zum Kirchenlehrer erhoben, 1923 wegen seiner erfolgreichen Flugschriftenaktion im Chablais zum Patron der katholischen Schriftsteller und Journalisten und 1869 wegen der liebevollen Fürsorge für seinen gehörlosen Hausdiener zum Patron der Gehörlosen ernannt.

Schlüsseltext aus dem Werk des Franz von Sales:

Franz von Sales empfiehlt eine nüchterne, gelassene Haltung, die allein die selbstlose Gottes- und Nächstenliebe im Auge hat, ohne nach besonderen mystischen Erfahrungen zu streben. Werden sie uns aber geschenkt, dürfen wir sie dankbar annehmen:

Es gibt Dinge, die manche für Tugenden halten, die es aber keineswegs sind, nämlich Ekstasen, Verzückungen, Verklärungen, Schwebezustände und Ähnliches, wovon gewisse Bücher sprechen, um die Seele zur „rein geistigen Beschauung", zur „wesentlichen Geistesvereinigung" und zum „übererhabenen Leben" zu führen.

Sieh, all das ist nicht Tugend, sondern eher eine göttliche Belohnung für ein Leben der Tugend, ja mehr noch ein Vorgeschmack des Jenseits, der manchen Menschen gegeben wird, damit sie sich nach der vollen Seligkeit des Himmels sehnen. Aber deswegen brauchen wir nach diesen Gaben nicht zu streben; sie sind keineswegs notwendig, um Gott zu dienen und ihn zu lieben, was unser einziges Verlangen sein soll. Außerdem sind sie im Allgemeinen nicht Gaben, die wir durch unseren Eifer und unser Bemühen erwerben können; sie sind eher erlittene Zustände denn Handlungen, die wir wohl auf uns nehmen, nicht aber selbst hervorrufen können.

Ich füge noch hinzu, dass wir nur unternommen haben, anständige und fromme Menschen zu werden; darauf müssen wir hinarbeiten. Gefällt es Gott, uns zur Vollkommenheit der Engel zu erheben, dann werden wir auch gute Engel sein. Vorläufig aber üben wir uns einfach, demütig und eifrig in den kleinen Tugenden. (Franz von Sales: Philothea – Anleitung zum frommen Leben. Eichstätt, 2009, 135)

Angelus Silesius (Johannes Scheffler) (1624–1677)

Das Leben von Johannes Scheffler, der unter dem Namen Angelus Silesius bekannt geworden ist, war zutiefst durch die konfessionellen Gegensätze beeinflusst, die nach der Reformation die europäischen Völker in verfeindete Lager teilten. Als Kind und Jugendlicher erlebte er die Wirren des dreißigjährigen Glaubenskrieges (1618–1648), der weite Teile Mitteleuropas verheerte. Er wuchs in einem streng protestantischen Elternhaus auf, aber früh schon zog ihn die katholische Geisteswelt an. Bei ihren großen Heiligen und theologischen Lehrern entdeckte er das innere, göttliche Wort der Mystik, also die religiöse Erfahrung. Nach Konflikten mit der lutherischen Orthodoxie konvertierte er zur katholischen Kirche, wurde Priester und Aktivist der Gegenreformation. Zu dieser neuen geistlichen Heimat fand er über den Umweg der theosophischen Spekulation, insbesondere Jakob Böhmes, die gegen den rein biblisch orientierten Protestantismus an der Möglichkeit einer unmittelbaren Gotteserfahrung festhielt. Die mystischen Lehren, die sich Angelus Silesius aus überliefertem Schrifttum aneignete, schmolz er um zu prägnanten, meist zweizeiligen „Sinn- und Schlussreimen". Unter dem Titel „Cherubinischer Wandersmann" hat er sie veröffentlicht. Es ist sein poetisch-mystisches Hauptwerk, das als Weisheitsschatz und Meisterwerk der Barockdichtung bis heute Bestand hat.

Als Johannes Scheffler in Breslau (polnisch: Wrocław) im Dezember 1624 geboren wurde, tobte bereits seit sechs Jahren der verheerende Glaubenskrieg zwischen dem protestantischen Bündnis und der katholischen Liga. Johannes selbst erlebte als Kind, wie der Krieg nach dem Eingreifen des schwedischen Königs Gustav Adolf eskalierte. Dessen Truppen siegten in mehreren Schlachten gegen das katholische Heer unter Tilly und Wallenstein. 1632 zogen sie auch in Breslau ein. Johannes war sieben Jahre alt. Sein Vater, ein überzeugter Protestant, wird diesen Siegeslauf mit Genugtuung verfolgt haben. Um seinem Glauben treu bleiben zu können, hatte er zu Beginn des Krieges seine polnische Heimat verlassen und sich in Breslau angesiedelt. Noch während die Kämpfe andauerten und sich zu einem Ringen zwischen den europäischen Großmächten wandelten, wurde Johannes Frühwaise. Sein Vater starb 1637, nur zwei Jahre später auch seine Mutter. Das hinterlassene Vermögen des Vaters, der in Polen ein Gut besessen hatte, sicherte den Unterhalt des gerade erst Vierzehnjährigen und ermöglichte ihm eine gediegene Ausbildung. Nach dem Schulabschluss am Elisabeth-Gymnasium in Breslau, wo er bereits mit ersten Gedichten hervortrat, studierte er ab 1643 in Straßburg, Leiden und Padua mit Schwerpunkt Medizin.

Mit dem Titel eines Doktors der Philosophie und Medizin kehrte Johannes Scheffler 1648 in seine schlesische Heimat zurück und trat beim Herzog Sylvius Nimrod von Württemberg in Oels bei Breslau als Hof- und Leibarzt in Dienst. Seine Interessen reichten längst über die des Brotberufes als Arzt hinaus. Während des Studiums in Padua hatte er katholische Wallfahrtsorte aufgesucht, und in Leiden war er mit religiösen Zirkeln in Berührung gekommen, die ihn in mystische Literatur einführten. Die Bekanntschaft mit dem Theosophen Abraham von Franckenberg (1593–1652), der ab 1650 auf einem Anwesen in der Nähe von Oels lebte, erschloss ihm die ganze Fülle der mystischen Tradition, allerdings einseitig gefärbt durch die Gedankenwelt der Theosophie. Diese schwärmerische Bewegung der Renaissance wollte unmittelbaren, intuitiven Zugang zu den Weltgeheimnissen erlangen und neigte zu einer bodenlosen, teils abstrusen Spekulation. In ihrer Ablehnung der Vernunft als Korrektiv, vor dem Glaube und auch Mystik sich bewähren müssen, also des katholischen *fides et ratio* (Glaube *und* Vernunft), stimmte sie mit dem Protestantismus überein, aus dem sie im Übrigen als Seitenströmung hervorgegangen ist. Franckenberg war Schüler und Anhänger des Schusters und Theosophen Jakob Böhme (1575–1624), für dessen Werk er Scheffler begeistern konnte. Böhme hat mit seinen pantheistischen Tendenzen und mit Lehren, die von der Mystik Meister Eckharts und dem Neuplatonismus des Paracelsus angeregt sind, den christlichen Boden verlassen. Sein brennendes Verlangen nach einer Schau Gottes bis in dessen *Grund,* ja sogar seinen tiefsten *Ungrund* hinein traf aber offenbar in Scheffler auf einen verwandten Geist. Böhmes Werk hat Scheffler damit nach dessen eigener Aussage auf den Weg zur katholischen Kirche geführt, die ihm Lebensraum für seine mystische Spiritualität bot. Über die Autorität der biblischen Schrift hinaus, die im Protestantismus die einzige zugelassene Quelle des Glaubens ist, wollte Scheffler auch auf das innere, von Gott in die Seele gesprochene Wort horchen. Einer seiner *Sinn- und Schlussreime* ist programmatisch gegen das protestantische *sola scriptura (allein die Schrift)* gerichtet, durch das er sich von wesenhaften, inneren Quellen abgeschnitten fühlte:

Schrift ohne Geist ist nichts

Die Schrift ist Schrift, sonst
nichts. Mein Trost ist Wesenheit
Und dass Gott in mir spricht das Wort der Ewigkeit.

Dieser Zweizeiler gehört zu den Sinnsprüchen, die in seinem mystisch-poetischen Hauptwerk *Cherubinischer Wandersmann* zusammengefasst sind. Die ersten dieser 302 Sinnsprüche hat Scheffler in einem viertägigen Schaffensrausch wie unter Diktat niedergeschrieben, wahrscheinlich um 1652, als sich seine Entscheidung zum Eintritt in die katholische Kirche vorbereitete. In dieser Zeit kam es wegen seiner offen bekundeten Anschauungen zu Auseinandersetzungen mit dem lutherischen Hofprediger des Herzogs in Oels, und die Druckerlaubnis für eine Sammlung mystischer Texte der katholischen Tradition wurde ihm verweigert. So schmerzlich das Druckverbot für ihn war, bei der Beschäftigung mit den Texten – wobei er reichlich aus der riesigen Bibliothek Franckenbergs schöpfen konnte – war ein Same in seine Seele gelegt worden, der bald aufgehen sollte. Intensiv studiert hatte er unter anderem Augustinus, Dionysius Areopagita, Bernhard von Clairvaux, Wilhelm von St. Thierry, Gertrud von Helfta, Bonaventura, Jan van Ruysbroeck, Meister Eckhart und Tauler, also die Klassiker der christlichen Mystik. Dies alles muss sich bei ihm zu einem beseligenden Gefühl der Sicherheit und neuen Beheimatung verdichtet haben, das ihn in den kreativen Rausch der vier Schaffenstage versetzte.

Scheffler kündigte das unhaltbar gewordene Arbeitsverhältnis am Hof des Herzogs in Oels. Er wirkte nun als Arzt am St.-Matthias-Stift der Kreuzherren in Breslau, wo er sich eher angenommen fühlte und sozial wirken konnte. Dort wurde er am 12. Juni 1653 auch gefirmt und damit in die katholische Kirche aufgenommen. Fortan nannte er sich Angelus Silesius, also schlesischer Engel oder Bote. Bote seines neu gewonnenen Glaubens wollte er sein. Er wurde radikaler, ja fanatischer Aktivist der Gegenreformation, schrieb zahlreiche polemische Traktate gegen den Protestantismus und nahm an öffentlichen Kundgebungen teil, unter anderem an der demonstrativ begangenen Wallfahrt zum Grab der hl. Hedwig in Trebnitz (polnisch Trzebnica), zu der er 1656 mit dem Kruzifix in der einen, einer Fackel in der anderen Hand und mit einer Dornenkrone auf dem Kopf erschien. Und er zeugte mit dem Vorbild seines eigenen Lebens, gönnte sich selbst wenig und stiftete den größten Teil seines ererbten Vermögens für wohltätige Zwecke. Ganz im Sinne der verbreiteten Anleitungen zu einem frommen Leben, etwa der *Nachfolge* des Thomas von Kempen, dichtete er:

Die guten Werke

Mit Speise, Trank und Trost, Beherbergen, Bekleiden,
Besuchen in der Not heißt Gottes Lämmlein weiden.

1657 erschienen in Wien seine gesammelten *Geistrei-chen Sinn- und Schlussreime*, die ab der sechsten Auflage von 1675 den Titel *Cherubinischer Wandersmann* erhielten. Die Cherubim als Engel, die Gott am nächsten sind, stehen hier für eine unmittelbare Gotteserkenntnis, zu der hin ein Gottsucher stets auf geistiger Wanderschaft bleibt. Hohe Einfühlung in das mystische Erleben, umfassende Kenntnis der überlieferten Lehren und dichterische Begabung sind im *Cherubinischen Wandersmann* eine glückliche Verbindung eingegangen. Der kunstvolle Umgang mit Metaphern und das Vermaß der Alexandriner, dem seine Reime folgen, gehen auf Einflüsse der von Martin Optiz (1597–1639) begründeten Schlesischen Dichterschule zurück. Einen ihrer Großen, Daniel Czepko von Reigersfeld (1605–1660), kannte Angelus Silesius auch persönlich.

Die im *Cherubinischen Wandersmann* versammelten Zweizeiler sind ein hoch verdichteter Extrakt des überlieferten Wissens, prägnant und auf bildhafte Weise dargestellt. Alle zentralen Lehren der großen Mystiker nimmt Angelus Silesius darin auf: die Notwendigkeit der Lebensumkehr und des tugendhaften Lebens, die Brautmystik, die Herz-Jesu Mystik, die Liebe als das eigentliche Erkenntnisorgan, mit dem allein Gott geschaut werden kann, Jesus als Mittler, die Gottesgeburt in der Seele, die Warnung vor dem Haften an süßlichen, frommen Gefühlen als Selbstzweck, die geistlichen Sinne der Seele, die uns auf analoge Weise die göttliche Nähe vermitteln. In diesem analogen Sinne können wir Gott *schmecken*, seinen geistlichen Kuss empfangen, in unserem Innersten sein Wort vernehmen und ihn mit den Augen der Seele schauen, wie einer seiner Zweizeiler verdeutlicht:

Die Augen der Seele

Zwei Augen hat die Seel: eins schauet in die Zeit,
Das andre richtet sich hin in die Ewigkeit.

All das ist nicht systematisch und nicht ohne Wider-
sprüche. Einmal etwa ist Gott der ewig Gleiche, dann
wieder wird er erst in der Zeit. Zwischen den Perlen
mystischer Poetik findet sich auch Unausgewogenes, wo
Angelus theosophische Spekulationen Böhmes einfließen
lässt und die gewagt überspitzten Thesen Meister Eckharts übernimmt. So vor allem in den Zweizeilern, die
eine Identitätsmystik mit ihren Vergottungsvorstellungen
nahelegt, wonach der Mensch Gott gleich werden kann –
„durch Gott in Gott verwandelt", „ganz durchgöttet" und
„mit Gott in eins geschmelzet":

Du musst, was Gott ist, sein

Soll ich mein letztes End und ersten Anfang finden,
So muss ich mich in Gott und Gott in mir ergründen
Und werden das, was er: Ich muss ein Schein im Schein,
Ich muss ein Wort im Wort, ein Gott in Gotte sein.

Ein durchgehender Zug bei Angelus Silesius ist seine
einseitige Bevorzugung der negativen Theologie neuplatonischer Färbung, nach der man sich der Erkenntnis
Gottes nur annähern kann, indem man ihm Eigenschaften abspricht, also sich darauf beschränkt zu sagen, was
er *nicht* ist. Dementsprechend neigt er zu einem Gottesbild, bei dem die Vorstellung von einem abstrakten göttlichen *Ungrund* Böhme'scher und Eckhart'scher Lesart
immer wieder das Antlitz des christlichen Vatergottes
zu verdecken droht. Damit verbunden sind dann Bilder vom Ertrinken der Seele *im Meer der Gottheit*, in dem
ihre Individualität untergeht. Da alles Zeitlich-Irdische
nach dieser Auffassung Gott radikal entgegengesetzt ist
und uns von ihm trennt, ist radikale Weltverneinung die

Folge, wonach die Dinge nichts sind als flüchtiger *Rauch* und der Mensch nichts ist als *Staub, Asch und Kot* – eine unchristliche Sicht, die Eigenwert und Würde der Schöpfung verkennt.

Im selben Jahr wie der *Cherubinische Wandersmann* erschien in Breslau ein zweites bedeutendes Werk, die Liedersammlung *Heilige Seelen-Lust oder geistliche Hirten-Lieder*. Ähnlich wie die Lieder des rheinischen Jesuiten und Bekämpfers der Hexenprozesse, Friedrich Spee (1591–1635), werden Lieder dieser Sammlung von beiden Konfessionen gesungen und leisten so einen Beitrag zum ökumenischen Brückenschlag.

1661 wurde Angelus Silesius zum Priester geweiht und wirkte nun am St.-Matthias-Stift in Doppelfunktion als ärztlicher Heiler des Leibes und priesterlicher der Seele. Ab 1667 war er selbst krank und lebte zurückgezogen im Stift. Am 9. Juli 1677 ist er dort gestorben.

Schlüsseltexte aus dem Werk von Angelus Silesius:

Im Sinne der negativen Theologie ist Gott für Angelus Silesius der ganz und gar Unerkennbare, er ist sogar jenseits des Seins, denn das wäre bereits eine positive Eigenschaft, die wir ihm zusprechen müssten:

Der unerkannte Gott

Was Gott ist, weiß man nicht. Er ist nicht Licht, nicht Geist,
Nicht Wahrheit, Einheit, Eins, nicht was man Gottheit heißt.
Nicht Weisheit, nicht Verstand, nicht Liebe, Wille, Güte,
Kein Ding, kein Unding auch, kein Wesen, kein Gemüte.
Er ist, was ich und du und keine Kreatur,
Eh wir geworden sind, was er ist, nie erfuhr.

Auch von Gott

Gott ist noch nie gewest und wird auch niemals sein
Und bleibt doch nach der Welt, war auch vor ihr allein.

(Zitate aus: Angelus Silesius: Sämtliche poetische Werke in drei Bänden. Band 3, München 1952. Digital auf: www. zeno.org)

ANNA KATHARINA EMMERICK (1774–1824)

Anna Katharina Emmerick ist als „Mystikerin des Münsterlandes" vor allem durch ihre umfangreichen Visionen vom Leben und Leiden Jesu bedeutend. Der Dichter Clemens Brentano (1778–1842) hat sie nach ihrem Bericht aufgezeichnet. Die einfache Tochter eines Kleinbauern, die so gut wie keine Schulbildung erhalten hatte, schilderte Ereignisse, Personen und Orte des Evangeliums und der Apostelgeschichte so lebendig und mit zahlreichen Einzelheiten, als seien sie ihr, Zeit und Raum überwindend, unmittelbar gegenwärtig. Die Gabe dieser Schau hatte sie seit frühester Jugend. Ein Haus bei Ephesus, in dem nach ihrem Bericht Maria, die Mutter Jesu, gelebt hat, wurde 1891 an der von ihr beschriebenen Stelle entdeckt. Bekannt wurde sie, nachdem auf ihrem Körper die Wundmale Jesu erschienen waren. Einmal an die Öffentlichkeit getreten, geriet sie in die politischen und konfessionellen Auseinandersetzungen der Zeit. Für die katholische Erweckungsbewegung im Münsterland wurde sie zur Symbolfigur in der Auseinandersetzung mit der Fremdbestimmung durch den protestantisch dominierten preußischen Staat, dem das Fürstbistum Münster im Wiener Kongress (1815) zugeschlagen wurde. Preußische Regierungsstellen wiederum sahen in dem öffentlichen Interesse an der Stigmatisierten eine bedrohliche Manifestation katholischer Eigenständigkeit und unterzogen die inzwischen bettlägerige Seherin einer entwürdigenden Zwangsuntersuchung, um sie als Betrügerin zu entlarven, was jedoch ohne Ergebnis blieb.

Die ärmliche Kate im ländlichen Umland von Coesfeld, in der Anna Katharina Emmerick am 8. September 1774 geboren wurde und aufgewachsen ist, kann heute als Gedenkstätte besichtigt werden. In der aufgeräumten Wohlordnung des kleinen Museums lässt sich nur vage ahnen, wie der tatsächliche harte Alltag der kinderreichen Kleinbauernfamilie ausgesehen hat. Clemens Brentano hat das Bauernhaus, in dem noch Anna Katharinas ältester Bruder mit seiner Familie lebte, im Oktober 1818 besucht und sich folgende Eindrücke notiert: „In dem leeren viereckigen Raum des Hauses fand ich keine Stube, was man so nennen kann, ein Winkel war abgeschlagen, worin der plumpe bäurische Webstuhl des einen Bruders stand, einige von Rauch geschwärzte Laden zeigten, so man sie öffnete, in große Bettladen voll Stroh, auf welchen einige Federkissen lagen, da schliefen die Leute, auf der entgegengesetzten Seite schaut das Vieh hinter Pfählen hervor. Alle Gerätschaften stehen und hängen umher, oben von der Balkendecke hangen Stroh und Heu und Spinnweben voll Rauch und Ruß herab, und das Ganze war undurchsichtig voll Rauch." Ab dem dreizehnten Lebensjahr musste Anna Katharina als Magd, Hausmädchen und Näherin selbst ihren Lebensunterhalt verdienen. Ihr früh schon gefasster Plan, ins Kloster einzutreten, scheiterte zunächst. Mehrmals wurde sie abgewiesen, weil ihr das Geld für die Mitgift fehlte, die eine Nonne aufzubringen hatte, und da sie wegen ihrer seit Kindertagen angegriffenen Gesundheit zu schwach erschien für das Klosterleben. Mit Unterstützung des Kantors Söntgen von Coesfeld, bei dem sie ab 1799 in Dienst war, wurde sie schließlich im September 1802, also mit achtundzwanzig Jahren, im Kloster Agnetenberg der Augustinerinnen in Dülmen aufgenommen.

Ihr Lebenstraum war damit in Erfüllung gegangen, aber das Einleben in den Konvent fiel ihr schwer, denn sie stieß auf Ablehnung bei den Mitschwestern. Früh schon hatten visionäre Gesichte sie immer wieder in eine andere, geistige Welt gezogen, sodass ihr das gewöhnliche, bewusste Leben nur noch wie „ein dumpfer, verwirrter Traum" vorkam. Man kann bei den anderen Schwestern nicht unbedingt Verständnis voraussetzen für diese andauernde „innere Abgezogenheit des Geistes", wie sie ihren Zustand Brentano gegenüber selbst umschrieb. In dem kleinen Konvent, der eine Schule und ein Asyl für psychisch Kranke zu führen hatte, wird sie mit dieser Selbstvergessenheit Anstoß erregt haben. Befremdlich muss es für ihre Mitschwestern gewesen sein, wenn sie grundlos während der Messe in Tränen ausbrach, in ihrer Zelle laut zu Gott sprach oder nachts ekstatisch, mit ausgestreckten Armen betend vor der Klosterkirche aufgefunden wurde. Dazu kam dann, dass sie häufig schwer erkrankte. Sechs Jahre nach ihrem Klostereintritt setzten dann regelmäßige ekstatische Zustände ein, deren Intensität sich immer weiter steigerte. Es waren tröstliche, von himmlischer Pracht schillernde Visionen, die sie dabei schaute, ähnlich denen der mittelalterlichen Mystikerinnen von Helfta. Unter anderem sah sie Christus als himmlischen Bräutigam zu ihr „niederschweben", um ihr einen Ring an den Finger zu stecken. Gleichzeitig zeigten sich in einem heftigen Brennen an Händen und Füßen die ersten, von ihr noch ganz unverstandenen Vorboten der Stigmatisation. Bereits mehrere Jahre vor ihrem Klostereintritt hatten sich bei ihr stechende Schmerzen entwickelt, die sich wie ein Ring um ihren Kopf zogen, als trüge sie eine Dornenkrone. So gut wie möglich versuchte sie, all diese Dinge mit sich selbst abzumachen, denn von ihrem Konvent, der nur wenig schwesterlichen Zusammenhalt hatte, konnte sie kein Verständnis erwarten. Bezeichnend für die innere Verfassung der Klostergemeinschaft war, dass die Schwestern das Frühstück allein in ihrer Zelle einnahmen. Die Nonnen hatten auch selbst dafür zu sorgen, sodass die mittellose Anna Katharina sich ihren Morgenkaffee aus dem fortgeworfenen Kaffeesatz ihrer Mitschwestern aufbrühen musste. Nur in Clara Söntgen, der zusammen mit ihr eingetretenen Tochter des Kantors von Coesfeld, fand sie etwas freundschaftliche Unterstützung. Von ihren Krankheiten und der mentalen Anstrengung häufiger Ekstasen war sie schließlich so ausgezehrt, dass ihr Beichtvater, der Dominikanerpater Alois Josef Limberg (1782–1852), sich nach eigenem Bericht oft dachte: „Lebt das arme Mensch noch", wenn er ihr im Kloster begegnete.

Trotz all dieser Schwierigkeiten im Konvent war für Anna Katharina die Zeit im Kloster die schönste ihres Lebens, sodass dessen Aufhebung im Dezember 1811 für sie einen schweren Schlag bedeutete. Bereits 1803 hatte die flächendeckende Enteignung von Kircheneigentum begonnen, um damit Fürsten zu entschädigen, die nach dem Frieden von Lunéville Gebiete auf dem linken Rheinufer an das revolutionäre Frankreich abtreten mussten. Im Zuge dieser Maßnahmen wurden in Deutschland achtzig reichsunmittelbare Abteien und zweihundert Klöster mit ihrem gesamten Besitz weltlichen Fürsten übereignet. Darunter war eben auch Kloster Agnetenberg in Dülmen, das wohl wegen seiner sozialen Aufgaben relativ spät an die Reihe kam. Perspektivlos und krank blieb Anna Katharina nach der Aufhebung zunächst noch im Kloster und verlies es erst im Mai 1812 als letzte der Schwestern. Beim ehemaligen Klostergeistlichen, Abbé Jean Martin Lambert (1753–1821), kam sie als Wirtschafterin unter. Der vor den Verfolgungen der Revolution geflohene französische Pater bezog eine Pension des Herzogs von Croy und hatte in Dülmen eine Wohnung gemietet. Bald aber schon konnte Anna Katharina ihre Aufgaben im Haushalt nicht mehr erfüllen. Ab August des Jahres prägten sich blutende Male an ihrem Leib aus, bei gleichzeitigem körperlichem Verfall mit Lähmungserscheinungen, die sie ab November meist ans Bett fesselten. Ihre Schwester Gertrud übernahm die Pflege. Nacheinander waren während andauernder Ekstasen ein lateinisches Kreuz auf dem Magen, ein Gabelkreuz auf dem Brustbein, die Wundmale an Händen und Füßen sowie die Seitenwunde an ihrem Körper erschienen. Nach dem Bericht mehrerer Augenzeugen kam es an diesen Malen immer wieder zu spontanen Blutungen oder zum Austritt großer Mengen wässeriger Flüssigkeit. Auch die zunächst jahrelang nur als Schmerz gespürte „Dornenkrone" war jetzt mit einer Vielzahl blutender Punkte in einem ringförmigen

Bereich um den Kopf sichtbar geworden, wie es auch Clemens Brentano beobachtet hat: „Hier sah man das Blut wie Schweißtropfen aus vielen Punkten dringen, ohne dass, so es abgewaschen wurde, Wunden oder sonst Verletzungen zu sehen waren."

Ihre geistlichen Betreuer, der Beichtvater Limberg und Abbé Lambert, waren zunächst eher skeptisch und versuchten, die Angelegenheit vertraulich zu behandeln. Als auch auf den Handrücken blutige Male erschienen, reagierte Abbé Lambert entnervt und fuhr sie verärgert an: „Du musst nicht meinen, ma Soeur, du bist eine Catharina Senensis" (gemeint war die stigmatisierte italienische Nonne und Mystikerin Katharina von Siena, 1347–1380). Bald aber kam man an der Unabweisbarkeit des Phänomens nicht mehr vorbei. Anna Katharina selbst war nicht am Bekanntwerden ihres Zustandes gelegen, doch ihre Freundin und ehemalige Mitschwester Clara Söntgen verbreitete die Nachricht in Dülmen. Bald strömte Bauernvolk in das Krankenzimmer, um sich bei der Stigmatisierten Rat für die Kümmernisse des Lebens zu holen, sodass man den Zugang zu ihr beschränken musste. Das öffentliche Aufsehen veranlasste den Generalvikar des Bistums, Clemens August von Droste zu Vischering (1773–1845), eine kirchliche Untersuchung anzuordnen, die vom 10. bis 19. Juni 1813 stattfand. Während dieser gesamten Zeit war Anna Katharina unter Beobachtung, ohne dass Eigen- oder Fremdbeibringung der Male festgestellt wurde.

Auch Prominenz machte sich auf den Weg nach Dülmen, um sie aufzusuchen. Insbesondere die Mitglieder des Kreises um Gräfin Amalie von Gallitzin (1748–1806) interessierten sich für die Stigmatisierte. Die Gräfin hatte sich nach einer Phase, in der sie unter dem Einfluss der französischen Aufklärung stand, wieder dem Glauben zugewandt und war 1786 zur katholischen Kirche zurückgekehrt. Sie wurde Mittelpunkt eines elitären Kreises der Münsteraner Führungsschicht, der sich nach dem Kahlschlag durch Revolution und Säkularisation für die

Neubelebung des Katholizismus einsetzte. Generalvikar Droste zu Vischering, der Graf von Stolberg (1750–1819) sowie die Bildungsreformer Freiherr von Fürstenberg (1729–1810) und Bernhard Overberg (1754–1826) gehörten dazu. Das außerordentliche Phänomen schien ihnen geeignet, den katholischen Glauben zu stärken. Da der Kreis über die Grenzen des Münsterlandes hinaus einflussreich war, verbreitete sich die Nachricht von den Dülmener Ereignissen bald in ganz Deutschland. Durch einen Aufsatz des Grafen von Stolberg erfuhr der Dichter Clemens Brentano von der Seherin im fernen Münsterland. Bald sprach man auch in den Berliner Salons, wo er verkehrte, von den seltsamen Vorgängen. Brentano, der 1817 nach einer Lebenskrise zur katholischen Kirche zurückgekehrt war, stand am 24. September 1818 zum ersten Mal am Bett Anna Katharinas. Was nur ein kurzer Besuch sein sollte, wurde zu einem mehr als fünf Jahre andauernden Aufenthalt in Dülmen bei regelmäßigem vertrautem Umgang mit der kranken Visionärin.

Brentano gewann schnell das Vertrauen der stigmatisierten Mystikerin. Täglich saß er mehrere Stunden bei ihr und notierte ihre Visionen. Vor seiner Ankunft war sie bereits sechs Jahre schwer krank und bettlägerig gewesen. Sie nahm kaum Nahrung zu sich und erstarrte regelmäßig in heftigen Ekstasen. Brentano sorgte für die Verbesserung ihrer Pflege und versuchte vergeblich, sie vor einer staatlichen Zwangsuntersuchung zu schützen. Preußische Regierungsstellen sahen mit Misstrauen, wie führende katholische Kreise die Dülmener Ereignisse für ihre Erneuerungsbestrebungen zu nutzen versuchten, und unterstellten Betrug. Aber auch die drastischen Maßnahmen einer dreiwöchigen staatlichen Untersuchung im August 1819 konnten nichts dergleichen nachweisen. Brentano begleitete die Seherin bis zu ihrem Tod am 9. Februar 1824. Seine Aufzeichnungen aus dieser Zeit umfassen vierzehntausend Blatt Folio. Die von Bluthusten, fiebrigen Schweißausbrüchen und Magen-Darm-Beschwerden fortwährend gequälte Frau hatte die mentale

Kraft aufgebracht, über fünf Jahre mehrere Stunden täglich Brentano von ihren Visionen zu berichten und seine Fragen zu beantworten. Meist konnte Brentano nur in Stichworten ihre oft spontan in Ekstase einsetzenden Visionsberichte notieren, die er dann später erst ausgearbeitet und zu Büchern zusammengestellt hat. 1833 erschien *Das bittere Leiden unseres Herrn Jesu Christi*, 1852 das *Leben der heiligen Jungfrau Maria* und ab 1858 das dreibändige Werk *Lehrjahre Jesu*. Bei der Ausarbeitung dieser Notizen sind wohl auch dichterische Vervollständigungen Brentanos eingeflossen, aber in der Substanz sind die Visionsberichte ihr selbst zuzuordnen. Erstaunlicher Beleg für ihre visionäre Kraft ist die Entdeckung eines Hauses bei Ephesus, in dem nach ihren Visionen Maria, die Mutter Jesu, gelebt haben soll. 1891 machte sich ein Pater Jung anhand der Angaben dieser Vision auf die Suche nach dem Haus und wurde fündig. Genau an der beschriebenen Stelle, auf dem Bülbül Dag (Nachtigallenberg), in der angegebenen Entfernung zu den Ruinen von Ephesus beim heutigen Selçuk fand er eine Hausruine, die genau der Schilderung entsprach. Ausgrabungen legten sogar „den in der Mitte angelegten Feuerherd" frei, den sie erwähnt.

Ihre Visionsberichte sind das eigentlich Bedeutende, das uns vom Leben der Mystikerin Anna Katharina Emmerick überliefert ist. Es sind sogenannte einbildliche Visionen, also mit der inneren geistlichen Wahrnehmung der Seele geschaute Bilder. Nach der mystischen Theologie sind sie zwar nicht direkt von Gott eingegeben, aber mittelbar vom eigentlichen Kern der mystischen Erfahrung, der göttlichen Berührung im Seelengrund, hervorgerufen. Anna Katharina selbst hat ihre Visionen von der bildlosen Gotteserfahrung unterschieden, die sie vor allem als Mystikerin ausweist. Sie nennt es „so ein Ziehen nach Christus, das ist nicht auszusprechen", „einen wunderbaren hingerissenen Zustand", eine „unaussprechliche Süßigkeit". Die Gewissheit dieser inneren Erfahrung ist für den Mystiker untrüglich. Allerdings können zusammen mit den nur mittelbar göttlich verursachten Visionen auch subjektive Bilder aus dem persönlichen, zeitgebundenen Erfahrungsraum des Mystikers vor dessen geistigem Auge auftreten, wie es bei manchen Mystikerinnen des Mittelalters offenkundig ist. Einige der Schauungen Anna Katharina Emmericks, insbesondere, wenn sie von Ereignissen der Vergangenheit berichtet, ließen sich auch als parapsychologisches Phänomen der Fernschau (*Telästhesie*) erklären. Karl Rahner hat darauf hingewiesen. Die genaue Beschreibung des Hauses von Maria könnte so zu deuten sein. Man darf aber annehmen, dass ihr die dafür erforderliche außergewöhnliche Verstärkung ihrer Seelenkräfte wiederum aus einer besonderen göttlichen Berührung zugewachsen ist. Verschiedene Mystiker, so Ignatius von Loyola und Hildegard von Bingen, berichten von einer plötzlichen überscharfen Hellsicht als Folge der mystischen Erfahrung. Auch Teresa von Ávila hatte möglicherweise als Auswirkung ihrer mystischen Erfahrungen paranormale Fähigkeiten: Sie sah im Jahr 1570 in einer Vision „das Martyrium der 40 brasilianischen Märtyrer in dem Augenblick, als es sich abspielte" (Karl Rahner). Die Wundmale der Anna Katharina Emmerick, für die sich ihre Zeitgenossen besonders interessierten, müssen ebenso wenig wie die Visionen als direkt gottgewirktes Wunder angesehen werden, also als „von den Naturgesetzen abweichend", wie es etwa Brentano sehen wollte. Sie lassen sich gänzlich natürlich aus psychophysischen Zusammenhängen erklären, denn die alle menschliche Fassungskraft übersteigende mystische Erfahrung greift in der Regel auch auf den Leib über. Die ekstatische Erstarrung und der häufig von Mystikern berichtete Wonneschmerz, wie von einer tief innerlichen Wunde, belegen das. Stigmatisation kann also als Auswirkung einer inneren göttlichen Berührung auftreten, ohne dass dabei die natürlichen psychophysischen Zusammenhänge durch ein Wunder außer Kraft gesetzt werden müssten. Auch Krankheiten, wie die bei Anna Katharina angenommene Hauttuberkulose, mögen bei der Entstehung ihrer Male mitgespielt haben. Intensiv meditierte Vorstellungsbilder von einem „gekreuzigten Körper" und der unbedingte Wille, das Leiden Christi auch zu empfinden, wie bei Anna Katharina, lenken dann die in der mystischen Erfahrung gewonnene mentale Kraft in Richtung entsprechender somatischer Auswirkungen. Dabei können auf die Art der Ausprägung von Wundmalen, wie bei den Visionen, wieder subjektiv-zeitgenössische Erfahrungen des Mystikers einwirken. So ist ganz schlüssig verständlich, warum das Brustkreuz der Anna Katharina die Form eines Gabelkreuzes hatte, wie das von ihr besonders verehrte frühgotische Kreuz der Coesfelder St.-Lamberti-Kirche. Dessen Christusfigur trägt übrigens auch eine besonders ausgeprägte Dornenkrone, die in ihrem mystischen Erleben zentral war. Die bis heute andauernde Diskussion darum, ob es sich bei der Stigmatisation Anna Katharina Emmericks um ein Wunder gehandelt hat, geht also am Wesen ihrer Person als Mystikerin vorbei.

Beispieltext aus den von Brentano aufgezeichneten Visionen der Anna Katharina Emmerick:

Die eindringlichen Visionsschilderungen Anna Katharina Emmericks von der Passion Christi haben viele Menschen berührt. Die Entscheidung des Dichters Paul Claudel für die Konversion war davon beeinflusst, und Mel Gibson hat sie seinem Film *Die Passion Christi* zugrunde gelegt. Den Weg Jesu nach Golgota schildert der folgende Auszug aus Brentanos Aufzeichnungen nach ihrem Bericht:

Als der Haufen der Henkersdiener mit allem Martergeräte triumphierend nahte, zitterte und wimmerte die Mutter Jesu und rang die Hände. Sie war bleich wie eine Leiche, und ihre Lippen waren blau. Die Pharisäer ritten vorüber, da kam der Knabe mit der Inschrift, und ach, ein paar Schritte hinter ihm Gottes Sohn, ihr Sohn, der Heilige, der Erlöser – da ging er schwankend und gebückt, ihr lieber Sohn Jesus. Er blickte mit seinen blutigen, tiefliegenden Augen so ernst und mitleidig un-

ter dem schrecklichen, verwirrten Dornengeflecht seiner Krone hervor gegen seine peinvolle Mutter und sank strauchelnd zum zweiten Mal unter der Last des Kreuzes auf die Knie und Hände nieder zur Erde. (Anna Katharina Emmerick: Jesus mitten unter den Seinen. Aufgezeichnet von Clemens Brentano. Kevelaer, 1986, 215).

EDITH STEIN (1891–1942)

Edith Stein (Ordensname: Teresia Benedicta a Cruce) ist den Weg des modernen Menschen gegangen, der oft erst durch existenzielle Krisen und Phasen des Sinnverlustes zurück- oder überhaupt erst hinfindet zu einer religiösen Orientierung. Vom jüdischen Glauben, in dem sie erzogen wurde, wandte sie sich bereits während der Schulzeit ab. Erst als junge Philosophin öffnete sie sich wieder für das Religiöse. Über ihr bohrendes Fragen nach der Wahrheit religiöser Erfahrungen drang sie immer tiefer in die Welt des Christentums ein. Vorbilder in ihrer Umgebung und schließlich auch eigene religiöse, ja mystische Erfahrungen, die sie in den Werken der großen spanischen Mystikerin Teresa von Ávila wiedererkannte, führten sie schließlich zum Glauben. Ihre Neigung zur Mystik war ausschlaggebend für den Eintritt in die katholische Kirche und dann in den hochkontemplativen Orden der Karmelitinnen. Als geistliche Schriftstellerin hat sie nach ihrer Konversion die kontemplative Schau und das streng methodische Denken, „fides et ratio", Glaube und Vernunft, zu verbinden gesucht. Die überlieferten scholastischen Lehren der mystischen Theologie hat sie von einer modernen philosophischen Sichtweise aus neu ausgelegt und bestätigt. Als christlich-jüdische Märtyrerin ist sie in Auschwitz dem menschenverachtenden Atheismus und Rassismus des NS-Regimes zum Opfer gefallen.

Anders als viele bekannte jüdische Intellektuelle des 19. und 20. Jahrhunderts, deren Familien sich in ihrem Assimilationsstreben vom Judentum entfernt hatten, ist Edith Stein noch in dieser Tradition aufgewachsen. Am

12. 10. 1891 wurde sie in Breslau (polnisch: Wrocław), der damaligen Provinzhauptstadt von Schlesien, geboren. Ediths Mutter führte nach dem frühen Tod ihres Mannes den Holzhandel der Familie erfolgreich weiter und ermöglichte ihren Kindern eine gute Schulbildung. Als gläubige Jüdin legte sie Wert auf religiöse Erziehung, kam damit aber offenbar gegen die Einflüsse der säkularen Gesellschaft nicht an. Auf dem Abiturzeugnis Ediths vom 3. März 1911 jedenfalls fehlte der Eintrag für den Religionsunterricht. Edith Stein selbst sprach später rückschauend von der *Sünde des radikalen Unglaubens*, der sie verfallen war. Als säkular denkende und allein dem Weg der Vernunft verschriebene junge Intellektuelle begann sie ihr Studium zunächst in Breslau mit den Fächern Germanistik, Geschichte, Psychologie und Philosophie. 1913 wechselte sie nach Göttingen, um bei Edmund Husserl (1859–1938) zu studieren, dessen phänomenologische Methode die Philosophie aus der Sackgasse einer sterilen Wissenschaftstheorie befreit hatte. Eine lebensprägende Entscheidung, denn Husserls Art des Philosophierens lehrte sie, die Welt vorurteilslos und unmittelbar in den Blick zu nehmen, wozu auch Religion und religiöse Erfahrung gehörten. Mit der Phänomenologie wollte Husserl wieder zum objektiven Wesen der Dinge vorstoßen, das nach Kants Philosophie, die bis ins 20. Jahrhundert hinein an den Universitäten vorherrschte, für unser Erkenntnisvermögen unerreichbar schien. Relativismus und Psychologismus, die selbst in der Logik nur beschränkt gültige Denkgewohnheiten sehen wollen, widerlegte Husserl durch Nachweis ihrer inneren Widersprüchlichkeit. Mit der Annahme einer objektiven Wahrheit war damit aber auch wieder die Frage nach einem absoluten Sein und nach Gott gestellt. Mehrere bedeutende Schüler Husserls hat das Philosophieren darüber zum Glauben und schließlich zur Konversion geführt, unter anderem Adolf Reinach (1883–1917) und Hedwig Conrad-Martius (1888–1966). Edith Stein, die als begabte Studentin Aufnahme im Philosophenkreis um Husserl fand, war mit beiden

befreundet und konnte ihren Weg aus persönlicher Nähe verfolgen. Auch den bekannten, zu dieser Zeit engagiert katholischen Philosophen Max Scheler (1874–1928) lernte sie im Husserl-Kreis, der sogenannten *Philosophischen Gesellschaft Göttingen*, kennen. Husserl selbst äußerte gegenüber Adelgundis Jaegerschmid (1895–1996), einer seiner ehemaligen Studentinnen, die Benediktinernonne geworden war und den schwerkranken, vom NS-Regime verfemten Philosophen während seiner letzten Jahre betreute, dass seine Phänomenologie letzlich eine Methode sei, den Menschen „wieder den Rückweg zu Gott zu zeigen".

Auch an Edith Stein sollte sich das erweisen. 1915 – die Schlachtfelder des Ersten Weltkrieges verschlangen bereits seit einem Jahr die Jugend Europas – bestand sie ihr Staatsexamen. Nach kurzem Dienst als Hilfsschwester in einem Lazarett des Roten Kreuzes in Mährisch-Weißkirchen (tschechisch: Hranice) absolvierte sie in Breslau ihre Referendarzeit und folgte dann 1916 Husserl, der von der dortigen Universität einen Ruf erhalten hatte, nach Freiburg. Sie schloss ihre Doktorarbeit ab und bestand im August des Jahres auch die mündliche Prüfung. Das Thema, das sie mit der phänomenologischen Methode ihres akademischen Lehrers bearbeitet hatte, war die Einfühlung in das Erleben anderer Menschen. Dabei blickte sie auch in das ihr selbst noch verschlossene Erleben religiöser Natur. Sie entdeckte die Seele als Trägerin der menschlichen Personalität und kam zu dem Schluss: „Innerhalb ihrer individuellen Gestalt treffen wir auf einen unwandelbaren Kern: die personale Struktur." Eine Entdeckung, die sie bis zuletzt in ihrem Werk beschäftigen sollte. Sie wurde auch bestimmend für ihre mystische Theologie, denn sie hatte damit bereits einen Zipfel vom alten Verständnis des Seelengrundes als Ort der Gottesbegegnung in der Hand. In der abschließenden Passage der Arbeit stellt sie die überraschende Frage nach der gegenseitigen Einfühlung reiner Geistwesen, also theologisch gesprochen der Engel, denn für die Menschen hatte sie gefunden, dass de-

ren Wechselverkehr nur über das Medium ihrer Leiblich-
keit, über Mimik, Gestik und andere sinnliche Zeichen,
erfolgt. Und sie stellt fest: „Es hat Menschen gegeben, die
in einem plötzlichen Wandel ihrer Person das Einwirken
göttlicher Gnade zu erfahren meinten", ergänzt aber unsicher: „Ob hier echte Erfahrung vorliegt, … wer will es
entscheiden?" Jedenfalls hatte sie offenbar bereits erste
Bekanntschaft mit der mystischen Theologie gemacht.

Dieses Fragen nach dem religiösen Bewusstsein ließ
sie nicht mehr los. In ihrem unmittelbaren Umfeld, beim
Ehepaar Reinach und Hedwig Conrad-Martius, sah sie
ihr wichtige Menschen auf dem Weg zum Christentum.
Mit den neu geöffneten Augen für die Einfühlung in
religiöses Erleben fiel ihr etwa bei der Besichtigung des
Frankfurter Domes eine Frau mit Marktkorb auf, die sich
zwischen ihren alltäglichen Beschäftigungen Zeit für ein
stilles Gebet genommen hatte. Erschüttert stand sie im
Frankfurter Museum dann vor den Skulpturen einer flämischen *Grablegung Jesu* mit eindrucksvoll dargestellten
Trauernden um Maria und Johannes, deren Gefühlswelt
sich ihr jetzt unmittelbar erschloss. T.S. Eliot und Thomas
Merton hatten ähnliche Erfahrungen angesichts religiöser Kunst, Paul Claudel unter dem Eindruck liturgischer
Musik. In solchen Momenten kann etwas überspringen
vom Glauben des Künstlers, der uns in seinen Werken
objektiviert entgegentritt. Überraschend war für Edith
Stein auch die gefasste Haltung von Anne Reinach, deren Mann 1917 in Flandern gefallen war. Die Stärke, die
sie im christlichen Glauben fand, half ihr, mit dem Ver-
lust umzugehen. All das blieb nicht ohne Wirkung auf
Edith Stein, und bereits in einem Brief vom 10. 10. 1918
an den mit ihr befreundeten polnischen Philosophen und
ehemaligen Kommilitonen Roman Ingarden (1893–1970)
konnte sie vermelden, dass sie sich „mehr und mehr" zu
einem „durchaus positiven Christentum durchgerun-
gen" hatte. Dies sei für sie wie eine „Wiedergeburt" gewesen und habe ihr geholfen, das „Leben aufs Neue und
dankbar wieder aufzunehmen". In einer zu dieser Zeit

entstandenen Schrift über *Psychische Kausalität* stellt sie fest – dabei immer zugleich auch reflektierende Philosophin: „Einzige Voraussetzung für solche geistige Wiedergeburt scheint eine gewisse Aufnahmefähigkeit zu sein, wie sie in der dem psychischen Mechanismus enthobenen Struktur der Person gründet." Sie nimmt hier also die Entdeckung des unwandelbaren seelischen Zentrums auf, mit dem ihre Dissertation geschlossen hat, und erkennt in diesem Personkern bereits den Ort der religiösen Erfahrung. Inzwischen hatte sie auch eigene religiöse, ja sogar mystische Erfahrungen, die ihr das bestätigten, was sie bisher nur einfühlend nachempfunden hatte. In der genannten Schrift beschreibt sie dies als „Ruhen in Gott" und „belebenden Zustrom" aus „einer Kraft, die nicht die meine ist".

Nach ihrer Promotion nahm sie mit großen Erwartungen die Stelle der wissenschaftlichen Assistentin von Husserl an, sah sich aber bald nur noch mit dem Ordnen und Aufbereiten seiner zahllosen Manuskriptblätter beschäftigt. Enttäuscht gab sie die Stelle auf und versuchte sich zu habilitieren, was für eine Frau zu dieser Zeit noch äußerst schwierig war. Alle Versuche scheiterten, sodass sie nach Breslau in ihr Elternhaus zurückkehren und sich mit Privatunterricht durchschlagen musste. Sie hielt aber weiter Kontakt zu ihren Fachkollegen. Im März 1921 fuhr sie zu Hedwig Conrad-Martius, deren Haus in Bad Bergzabern ein Treffpunkt der phänomenologischen Bewegung war. Als Reiselektüre hatte sie die Lebensbeschreibung der Teresa von Ávila im Gepäck. Damit war ihr ein Buch in die Hände gefallen, das nach ihren eigenen Worten „unerbittlich in die verborgensten Falten der eigenen Seele hineinleuchtet", wie sie es selbst in ihren Studien der Einfühlung geübt hatte. Und sie wird mit Überraschung festgestellt haben, wie gut ihre eigenen Erfahrungen, die sie in ihrer Schrift *Psychische Kausalität* beschrieben hatte, mit der Darstellung der Kontemplation durch Teresa übereinstimmen. Wo Edith Stein vom *belebenden Zustrom* spricht, verwendet Teresa das Bild vom lebendigen, himmlischen Wasser, das uns in der Tiefe der Kontemplation zuströmt und allein vermag, die Sehnsucht nach Gott zu stillen. Der Widerhall ihrer eigenen Erfahrungen bei der Lektüre des Buches muss so überraschend und eindringlich für Edith Stein gewesen sein, dass sie sich zum Eintritt in die katholische Kirche entschloss. Bereits am Neujahrstag 1922 wurde sie getauft und am 2. Februar des Jahres vom Bischof von Speyer gefirmt.

Gerne wäre sie gleich nach ihrer Konversion in ein Karmelitinnenkloster eingetreten, denn die Mystik Teresas und die Spiritualität des Karmels zogen sie an. Vor allem die Rücksicht auf ihre Mutter, für die ihre Konversion bereits schwer zu verkraften war, hielten sie zunächst davon ab. Auch ihre geistlichen Berater meinten, dass sie als Philosophin besser außerhalb des Klosters für die Kirche wirksam sein könnte. Man vermittelte ihr eine Stelle als Lehrerin in den Bildungseinrichtungen des Klosters St. Magdalena der Dominikanerinnen in Speyer, die ihr ein Auskommen sicherte und zugreich genug Zeit für schriftstellerische Arbeiten ließ. Im Grunde führte sie schon hier ein zurückgezogenes, klösterliches Leben, sofern sie nicht zu einem der zahlreichen Vorträge unterwegs war, zu denen sie immer öfter von katholischen Verbänden eingeladen wurde. Tastend nach einer philosophischen Orientierung, die mit ihren neuen religiösen Auffassungen in Einklang war, versuchte sie die Phänomenologie mit dem Thomismus, der offiziellen philosophischen Lehrmeinung der katholischen Kirche, zu verbinden. Sie übersetzte die *Quaestiones disputatae de veritate* des Thomas von Aquin ins Deutsche und schrieb 1931 unter dem Titel *Potenz und Akt* eine Schrift, die eine Synthese beider Denkansätze durchführen sollte. Der Versuch, sich damit zu habilitieren, scheiterte wiederum, aber sie hatte sich Klarheit verschafft über ihre neue geistige Ausrichtung, mit der sie einen harmonischen Ausgleich von *fides et ratio*, von Glauben und Vernunft, anstrebte. Die unmittelbare mystische Schau trat dabei noch neben das begriffliche Schließen und den Glauben als seltene, dann aber die beiden anderen Erkenntniswege übertreffende Einsicht. Ihre Erläuterung dazu lässt den eigenen Erfahrungshintergrund durchblicken: „Es gibt sodann eine Gewissheit des absoluten Gehaltenseins, eine Gewissheit von der Gegenwart Gottes, die über die Glaubensgewissheit hinausgeht und nicht mehr blind ist: Jeder Mystiker weiß davon zu berichten."

Zwar scheiterte der erneute Habilitationsversuch, aber eine wissenschaftliche Laufbahn schien sich ihr doch noch zu öffnen, als sie 1932 eine Stelle beim *Deutschen Institut für Wissenschaftliche Pädagogik* in Münster erhielt. Kaum hatte sie dort Fuß gefasst, verlor sie nach der Machtübernahme der Nationalsozialisten im April 1933 durch die antisemitischen Gesetze diese Stelle wieder. Damit hielt sie nichts mehr ab vom lange ersehnten Eintritt bei den Karmelitinnen. Im Oktober 1933 wurde sie in den Kölner Karmel aufgenommen. Sie war 42 Jahre alt und mitten in einem philosophischen Neuansatz begriffen. Ihren Ordensoberen ist es zu verdanken, dass sie auch im Kloster ihre wissenschaftliche Arbeit fortsetzen konnte und dort 1936 ihr philosophisches Hauptwerk *Endliches und ewiges Sein* abschloss, das die Vorarbeiten von *Potenz und Akt* aufnahm und weiterführte. Es war Thomas von Aquin, mit dem sie sich vor allem hatte befassen wollen, letztlich aber neigte sie mehr Augustinus zu, dessen sehnsuchtsvolles Herz des Mystikers ihr jetzt mehr entsprach. Und in voller Reife ist in diesem Werk erfasst, was sie als junge Phänomenologin erst erahnt hatte: „Das Innerste der Seele ist ein Gefäß, in das der Geist Gottes (das Gnadenleben) einströmt, wenn sie sich ihm kraft ihrer Freiheit öffnet."

Wirklich zur Ruhe konnte Edith Stein auch im Kloster nicht kommen, denn die Judenverfolgungen, die sich gegen alle Menschen jüdischer Abstammung richteten, verschärften sich von Jahr zu Jahr. Sehr früh erkannte sie, was vom NS-System noch zu erwarten stand. Bereits im April 1933 hatte sie in einem Brief an Papst Pius XI. unter Hinweis auf die ersten beginnenden Zwangsmaßnahmen gefordert, „dass die Kirche Christi ihre Stimme erhebe, um diesem Missbrauch des Namens Christi Einhalt zu tun". Nach dem Pogrom im November 1938 war die Lage so bedrohlich geworden, dass ihr Orden sich veranlasst sah, sie in den Niederlanden in Sicherheit zu bringen. Im Karmel in Echt, der im Kulturkampf von den Kölner Karmelitinnen als Ausweichniederlassung gegründet worden war, fand sie Aufnahme. Im Mai 1940 rückte die Bedrohung mit dem Einmarsch deutscher Truppen in die Niederlande wieder bis an die Klosterpforte heran. Die bald einsetzenden Deportationen der jüdischen Bevölkerung sparten getaufte Juden wie Edith Stein zunächst aus. Etwas Zeit blieb ihr noch, um ihr Werk weiterzuführen. Sie übersetzte Werke des Dionysius Areopagita, des Urvaters der mystischen Theologie, und schrieb dann 1941/42 für ihren Orden eine Auftragsarbeit über Johannes vom Kreuz, den großen Karmeliten und Mystiker, dessen 400. Geburtstag für den 24. Juni 1942 bevorstand. Dieses unvollendet gebliebene Werk, die *Kreuzeswissenschaft*, zeigt sie auf der Höhe der bis zur Perfektion geübten phänomenologischen Methode und zugleich als hoch befähigt zu einer präzisen Innenschau. Ihre an das Werk von Johannes anknüpfenden eigenen Analysen nähern sich den religiösen und mystischen Erfahrungen, die sie auch aus eigenem Erleben kannte, ganz eigenständig und bestätigen mit neuem Blick die alten scholastischen Interpretationen. So zeigt sie etwa, wie sich das unmittelbare *Spüren* der göttlichen Berührung entwickeln kann, wenn ein noch formloses *Ur-Leben* am *Grunde des Herzens* als Antwort auf die göttliche Berührung aufsteigt, sich langsam als *inneres Wort* und Vorstellung ausformt, um dann der inneren Wahrnehmung bewusst zu werden. Und wieder nimmt sie den schon in ihrer Doktorarbeit erfassten Gedanken einer *inneren Struktur* der Person auf, die sie jetzt im klassischen Sinne als *Wohnstätte Gottes* und *Ort der Vereinigung der Seele mit Gott* versteht. Auch ihre von Johannes angeregten Ausführungen zur *Dunklen Nacht der Sinne* zeigen eindrucksvoll, wie sie ausgehend von ihrem phänomenologisch erhellten Erfahrungshintergrund die traditionellen Lehren vertiefend auslegen kann. Das Bild der Nacht symbolisiert für sie zunächst „ein tiefes dankbares Ruhen". Und wie in der „kosmischen Nacht", die „von mildem, sanftem Licht durchflutete", gibt es auch in der mystischen Nacht „ein *nächtliches Licht,* das eine neue Welt tief im Innern erschließt und die Welt gleichsam von innen her erhellt, sodass sie uns als eine völlig veränderte wiedergeschenkt wird". Etwas Unfassbares scheint in beidem auf: in der kosmischen Nacht die Unendlichkeit des Seins, in der mystischen Nacht aber das Göttliche.

Das Manuskript der *Kreuzeswissenschaft* blieb unvollendet auf ihrem Schreibtisch liegen, als die Gestapo sie am 2. 8. 1942 zusammen mit ihrer Schwester Rosa, die im Karmel Unterschlupf gefunden hatte, aus dem Kloster abführte. Als Vergeltung für einen gegen die Judenverfolgung gerichteten Hirtenbrief der niederländischen Bischöfe wurden nun auch alle getauften Juden deportiert. Soweit man ihren Weg über die Sammellager in den Niederlanden und den anschließenden Bahntransport rekonstruieren kann, ist sie bereits am 9. 8. 1942 in den Gaskammern von Auschwitz-Birkenau ermordet worden. Als christlich-jüdische Märtyrerin wurde Edith Stein 1998 heiliggesprochen.

Schlüsseltext aus dem Werk von Edith Stein:

Deutlich vor ihrer Konversion hatte Edith Stein mystische Erfahrungen, die sie in ihrem frühen Werk beschrieb. Das folgende mystische Selbstzeugnis aus dieser Zeit (1918/19), das noch unbeeinflusst ist von ihrer späteren Kenntnis der mystischen Theologie, stimmt überein mit anderen Selbstzeugnissen der christlichen Tradition:

Es gibt einen Zustand des Ruhens in Gott, der völligen Entspannung aller geistigen Tätigkeit, in dem man keinerlei Pläne macht, keine Entschlüsse fasst und erst nicht handelt, sondern alles Künftige dem göttlichen Willen anheimstellt, sich gänzlich „dem Schicksal überlässt". Dieser Zustand ist mir etwa

zuteil geworden, nachdem ein Erlebnis, das meine Kräfte überstieg, meine geistige Lebenskraft völlig aufgezehrt und mich
aller Aktivität beraubt hat. Das Ruhen in Gott ist gegenüber
dem Versagen der Aktivität aus Mangel an Lebenskraft etwas
völlig Neues und Eigenartiges. Jenes war Totenstille. An ihre
Stelle tritt nun das Gefühl des Geborgenseins, des aller Sorge
und Verantwortung und Verpflichtung zum Handeln Entho-
benseins. Und indem ich mich diesem Gefühl hingebe, beginnt
nach und nach neues Leben mich zu erfüllen und mich – ohne
alle willentliche Anspannung – zu neuer Betätigung zu treiben. Dieser belebende Zustrom erscheint als Ausfluss einer Tätigkeit und einer Kraft, die nicht die meine ist und, ohne an die
meine irgendwelche Anforderungen zu stellen, in mir wirksam
wird. (Edith Stein: Psychische Kausalität. Edith Stein Gesamt-
ausgabe, Bd. 6, 73)

SIMONE WEIL (1909–1943)

Simone Weil war lebenslang beseelt von einem selbstlosen
Engagement für die Benachteiligten und Unterdrückten. Als
junge Philosophielehrerin beteiligte sie sich an Aktionen der
Gewerkschaften und revolutionären Linken, gab unentgeltlich
Weiterbildungskurse für Arbeiter und unterstützte bedürftige
Familien. Von ihren Eltern, die jüdischer Abstammung waren,
hat sie keinerlei religiöse Erziehung erhalten. Noch als Studentin war sie atheistisch und ausgesprochen kirchenfeindlich eingestellt. Doch ihre hohe Wertschätzung für die Würde der Person, ihr tiefes Mitgefühl für den leidenden Mitmenschen und
ihr Wissen um das Geistige in der Welt, das ihr aus intensiver
Beschäftigung mit Philosophie und Mathematik gewiss war,
führte sie in die Nähe des christlichen Glaubens. Die Begegnung mit der Liturgie und den Sakramenten der katholischen
Kirche weckte schließlich geistige Kräfte in ihr, die sie zu außerordentlichen mystischen Erfahrungen befähigten. In der Tiefe
ihres Erlebens ist sie gleichrangig mit den größten christlichen
Mystikern. Zentrale Lehren der mystischen Theologie hat sie
aus eigenem, hoch reflektiertem Erleben bestätigt. Sie sah sich

schließlich „an der Schwelle der Kirche", hat aber den letzten Schritt der Konversion nicht getan. Manches Unausgereifte und Widersprüchliche in ihrem Werk konnte sie nicht mehr überwinden, denn zu früh hat die Intensität ihres rastlosen und kompromisslosen Schaffens ihren Lebensstoff aufgezehrt. Schwer erkrankt an Tuberkulose und zusätzlich geschwächt durch Nahrungsverzicht, weil sie nicht mehr zu sich nehmen wollte, als der französischen Bevölkerung an Lebensmittelrationen unter der deutschen Besatzung zugeteilt wurde, starb sie 1943 erst vierunddreißigjährig im englischen Exil.

Ihre außerordentliche, frühreife Begabung zusammen mit einer unangepassten, spröden Art hatten Simone Weil schon als Kind zur Außenseiterin werden lassen. Gemeinsam mit ihrem ebenfalls hochbegabten älteren Bruder André, der später einer der herausragenden Mathematiker seiner Zeit werden sollte, knobelte sie lieber an mathematischen Aufgaben oder las das anspruchsvolle, klassische Literatur, während andere Kinder spielten. Die gutbürgerliche Arztfamilie, als deren zweites Kind sie am 3. Februar 1909 in Paris geboren wurde, konnte ihrem geistigen Expansionsdrang alle Möglichkeiten einer höheren Bildung eröffnen. Religion blieb allerdings außerhalb des Bewusstseinshorizonts der Familie. Ihre Eltern hatten den jüdischen Glauben vollständig abgestreift. Simone Weil selbst wurde erst mit elf Jahren überhaupt bewusst, dass sie Jüdin war. Nach ihrem Schulabschluss schwankte sie bei der Wahl einer Studienrichtung zwischen Mathematik und Philosophie, denen sie gleichermaßen zugeneigt war. Sie entschied sich schließlich für Philosophie, aber Mathematik beschäftigte sie weiterhin, und häufig illustrierte sie ihre philosophischen Überlegungen mit mathematischen Vergleichen. Am renommierten Pariser Lycée Henri IV bereitete sie sich auf die Aufnahmeprüfung für die Eliteuniversität École normale supérieure (ENS) vor. Ihr Philosophielehrer Émile Chartier (1868–1951), nach seinem Pseudonym allgemein nur Alain genannt, erkannte und förderte ihr Ausnahmetalent. In der kleinen, ambitionierten Kulturzeitschrift *Libres propos* Alains konnte sie ihre ersten Artikel veröffentlichen. Die linkspolitische und pazifistische Orientierung ihres Lehrers bestärkte sie in ihrem politischen Engagement. An der ENS, wo sie nach glanzvoll bestandener Aufnahmeprüfung ab 1928 studierte, war sie bald unter dem Beinamen *Rote Jungfrau (Vierge rouge)* bekannt. Als sie Ende September 1931 ihre erste Stelle als Lehrerin in der abgelegenen Kleinstadt Le Puy in der Auvergne antrat, hatte sie bereits Verbindungen zur Gewerkschaftsbewegung und zur radikalen syndikalistischen Linken um die Zeitschrift *La révolution prolétarienne* geknüpft.

Neben ihrer Berufstätigkeit setzte sie sich für die Arbeiterbewegung ein, gab unentgeltlich Kurse für Vereine der Arbeiterbildung, wirkte mit an Streiks der Gewerkschaften und trat bei Protestaktionen von Arbeitslosen als deren Sprecherin auf. Den Gewerkschaftern in der nahe gelegenen Bergarbeiterstadt Saint-Étienne war sie freundschaftlich verbunden. Am 1. Mai 1932 ging sie mit ihnen im Demonstrationszug und trug die rote Fahne voran. Bald gehörte sie zum engeren Kreis der syndikalistischen Linken und publizierte politische Artikel in verschiedenen sozialistischen Zeitschriften. Natürlich blieben die Aktivitäten der frisch angestellten Gymnasiallehrerin den Behörden nicht verborgen. Es dauerte nicht einmal ein Vierteljahr, bis man sie zum ersten Mal zur Schulaufsicht einbestellte und ermahnte. Die junge Radikale aber blieb unbeirrt und beantwortete die drohende Ankündigung von Konsequenzen mit provokanter Verachtung: „Herr Inspektor, ich habe die Amtsenthebung stets als die normale Krönung meiner beruflichen Laufbahn betrachtet." Die Strafversetzung war nur eine Frage der Zeit. Im Herbst 1932 wurde sie nach Auxerre, ein Jahr später nach Roanne geschickt.

Ihre politischen Verbindungen waren inzwischen so weitreichend, dass sie im Dezember des Jahres 1933 für Leo Trotzki (1879–1940), den unterlegenen und vertriebenen Rivalen Stalins, ein konspiratives Treffen mit seinen Anhängern in der Wohnung ihrer Eltern arrangierte. Sie bekam damit ausführlich Gelegenheit, einen der ehemals ranghöchsten kommunistischen Führer Sowjetrusslands zu sprechen, der zu dieser Zeit im Begriff war, eine „vierte kommunistische Internationale" nach seinen politischen Vorstellungen zu gründen. Trotzki reagierte befremdet und verärgert auf die freiheitlichen Gedanken Simone Weils, die sie wie immer direkt und bestimmt, aber in sachlicher Ruhe vortrug. Instinktiv spürte dieser Techniker des politischen Machtstrebens, dass ihm hier jemand gegenüberstand, der etwas völlig Gegensätzliches vertrat, nämlich die unbedingte Achtung für die besondere Würde der Person. Aus Trotzkis Sicht war dieser Einsatz für die Persönlichkeit des Menschen idealistisch und reaktionär, er zeige, dass Simone Weil für den Marxismus verloren sei, wie er später dem unabhängigen Kommunisten Victor Serge (1890–1947) schrieb. Im Gespräch mit ihr beantwortete Trotzki die Frage nach der blutigen Unterdrückung des Aufstandes der Matrosen von Kronstadt, die sich 1921 gegen die Parteidiktatur und für mehr Basisdemokratie eingesetzt hatten, mit der Gegenfrage, ob sie etwa von der Heilsarmee sei. Und in der Tat war es so etwas wie das Heil, das Heile und Ganzheitliche, das Simone Weil schon immer vorgeschwebt hatte, wenn sie sich für die Verbesserung der Lebensumstände benachteiligter Bevölkerungsgruppen einsetzte. Für ein kaltes Machtspiel, in dem die Arbeiterschaft nur Mittel im Kampf zur Erringung einer Parteidiktatur ist, hätte sie sich nie hergegeben. Eine politische Konzeption, die das Geistige im Menschen verneint und den Einzelnen zum bedeutungslosen Teil eines Kollektivs machen will, widerstrebte ihr zutiefst. Ihr schwebte eine freiheitliche Gesellschaft vor, in der sich jeder zur voll entfalteten Persönlichkeit entwickeln kann. In ihrem letzten Werk, *Die Einwurzelung* (*L'Enracinement*), das im englischen Exil während ihrer letzten Lebensmonate entstand, fordert sie eine neue *Verwurzelung*, zu der die entwurzelten Menschen der Neuzeit geführt werden müssten. Damit meint sie vor allem die Stiftung von Lebenssinn durch Erkenntnis der ewigen Wahrheiten, des Schönen und des Guten, letztlich also die bis auf Platon zurückgehende Grundorientierung des abendländisch-christlichen Denkens.

Diese Sehnsucht nach Heil war es, die sie Schritt für Schritt dem Christentum näher brachte und schließlich ihr Seelenauge sogar für die mystische Gottesbegegnung öffnete. Ein erstes, noch vages Erkennen, wie sehr ihr das Christliche entsprach, erschloss sich ihr während eines Urlaubs im August 1935 in Portugal. Im Jahr davor hatte sie sich vom Schuldienst freistellen lassen, um ab Dezember 1934 als Arbeiterin in verschiedenen Fabriken die Lebensumstände der Industriearbeiter selbst zu erfahren. Es war für sie eine harte Zeit, oft am Rande der vollständigen körperlichen und seelischen Erschöpfung. Noch unter dem frischen Eindruck dieser Erfahrung stieß sie in einem ärmlichen portugiesischen Fischerdorf zufällig auf den Prozessionszug der Fischersfrauen zum Patronatsfest der Dorfkirche. Im Getragenen der katholischen Tradition mit ihren schwermütigen, altüberlieferten Gesängen erkannte sie eine Sehnsucht nach Mitmenschlichkeit, die sie zutiefst bewegte und für die sie nach ihrer Fabrikzeit unmittelbar Verständnis entwickelte, jenseits allen Theoretisierens. In Bourges, wo sie ab Oktober 1935 wieder unterrichtete, entdeckte sie dann in der Kathedrale die Schönheit des gregorianischen Chorals und besuchte bereits katholische Messen. Ihr politisches Engagement blieb unvermindert. Sie half politischen Flüchtlingen, die sich vor den Verfolgungen des NS-Regimes nach Frankreich gerettet hatten. 1936 nahm sie sogar für wenige Wochen von August bis September auf republikanischer Seite am spanischen Bürgerkrieg teil. Sie schloss sich den bewaffneten Verbänden der anarcho-syndikalistischen Confederación Nacional del Trabajo (CNT) an, die für die Ablösung des Staates und des Parteiensystems durch eine Arbeiterselbstverwaltung auf genossenschaftlicher Basis eintrat und in scharfem Gegensatz zum stalinistischen Kommunismus und allerdings auch zu jeglicher Religi-

on und Kirche stand. Ein Unfall zwang sie zum Abbruch
des Einsatzes. Auch nach ihrer Genesung kehrte sie nicht
ins Kriegsgebiet zurück, ernüchtert von den Gräueltaten
an unbeteiligten Zivilisten und Geistlichen, abgestoßen
vom kalten Zynismus und unverhohlenen Behagen, mit
dem die Kämpfer von diesen Taten berichtet hatten. Ein
weiteres Schlüsselerlebnis, das sie auf ihrer religiösen
Suche weiterführte, ereignete sich im Frühjahr 1937 während einer Reise nach Assisi. In der kleinen, ärmlichen
Kapelle des Franziskus von Assisi überwältigte sie eine
Ehrfurcht, die sie nach ihren eigenen Worten zum ersten
Mal in ihrem Leben *zwang* (*obligée*), sich „auf die Knie zu
werfen". Ein Jahr später dann, während der Ostertage
1938, kündigte sich an, was ihr bald geschenkt werden
sollte: die Erfahrung des unmittelbaren Kontaktes zwischen Mensch und Gott, der sie unerwartet traf und den
sie nicht für möglich gehalten hätte. Während der Karwoche war sie mit ihrer Mutter zu Gast in der Benediktinerabtei Solesmes, um dort die Osterliturgie mitzuerleben,
dabei schwer gequält durch ständigen bohrenden Kopf-
schmerz, an dem sie seit Jugendzeiten immer wieder litt.
Durch den Schmerz hindurch gelang es ihr dennoch, „in
der unerhörten Schönheit der Gesänge und Worte eine
reine und vollkommene Freude zu finden". Ein junger
Engländer, der ebenfalls zur Mitfeier der Osterliturgie in
Solesmes war, erschloss ihr die Bedeutung der Eucharistie und machte sie auf eine philosophisch orientierte eng-
lische Dichtergruppe aufmerksam, die sogenannten me-
taphysischen Dichter des 17. Jahrhunderts. Unter ihren
Werken fand sie das Gedicht *Love* von Georges Herbert
(1593–1633), wo es unter anderem mit Anklängen an das
Altarsakrament heißt: „Du musst, spricht Liebe, nieder-
sitzen und mein Mahl genießen. So setzte ich mich denn
und aß." Sie meditierte es immer wieder wie ein Gebet,
bis sich dann plötzlich das Unerhörte ereignete: „Einmal,
während ich es sprach, ist […] Christus selbst hernieder-
gestiegen und hat mich ergriffen. In meinen Überlegungen über die Unlösbarkeit des Gottesproblems hatte ich

diese Möglichkeit nicht vorausgesehen: die einer wirklichen Berührung, von Person zu Person, hienieden, zwischen dem menschlichen Wesen und Gott. Ich hatte wohl unbestimmt von dergleichen Reden hören, aber ich hatte es niemals geglaubt … Im Übrigen waren an dieser meiner plötzlichen Übermächtigung durch Christus weder Sinne noch Einbildungskraft im Geringsten beteiligt; ich empfand nur durch das Leiden hindurch die Gegenwart einer Liebe gleich jener, die man in dem Lächeln eines geliebten Antlitzes liest." Die wahre und wirkliche Gegenwart, die sie erfahren hatte, war für sie umso gewisser, als sie niemals vorher mystische Literatur gelesen hatte, von der eine suggestive Wirkung hätte ausgehen können.

Ihre Aufzeichnungen und Schriften, die erst nach ihrem Tod veröffentlicht wurden, lassen erkennen, mit welchem äußersten Ernst sie seit dieser Erfahrung bemüht war, sich Klarheit über Fragen der Religion zu verschaffen. Wesentliche Erkenntnisse, die sie aus eigener spiritueller Erfahrung gefunden hat, befinden sich in Übereinstimmung mit der christlichen mystischen Theologie: Immer wieder betont sie, dass es darum geht, aufmerksam auf Gott hin geöffnet zu sein, ohne dabei etwas erzwingen zu wollen, denn sie weiß: „Wir können auch nicht einen einzigen Schritt gegen den Himmel hinauf tun. Die senkrechte Richtung ist uns versagt." Wie alle großen Mystiker warnt sie vor egozentrischer Selbstfixierung. Und die Gottesliebe, so sagt sie, darf die irdische Liebe nicht zum Verlöschen bringen. Unsere Augen müssen geöffnet bleiben für die Schönheiten der Welt und das Geistige, das in ihr wirkt, denn darin zeigt sich Gott. Wie authentisch ihre mystische Erfahrung war, belegt auch ihre unendliche Ernüchterung und Enttäuschung nach der Rückkehr aus der ekstatischen Erhebung in die endliche Wirklichkeit, die ganz ähnlich von vielen erfahrenen Mystikern berichtet wird. Im sogenannten *Prolog*, einem kurzen verschlüsselten Text aus ihren letzten Aufzeichnungen vor der Emigration, lässt sie das im Gleichnis von einem Freund durchblicken, der sie zu seiner innersten

Kammer *hinaufsteigen* ließ, um mit ihr dort Brot und Wein zu teilen – zweifellos ein Bild für die Eucharistie. Als sie ihn verlassen musste und sich allein auf der Straße wiederfand, war ihr das Herz *wie in Stücke zerrissen* (*comme en morceaux*).

Nach dem Kriegsausbruch 1939 wurden rasch all ihre Zukunftshoffnungen zunichte. Im Mai und Juni 1940 stießen deutsche Armeeverbände innerhalb weniger Wochen weit auf französisches Gebiet vor. Bereits am 14. Juni zogen sie in Paris ein, und am 22. Juni unterzeichnete Frankreich den Waffenstillstandsvertrag. Simon Weil flüchtete mit ihren Eltern in den unbesetzt gebliebenen Süden Frankreichs, wo sich unter Marschall Pétain ein mit Deutschland kollaborierendes, autoritäres Regime konstituierte. Auch und gerade unter diesen dramatischen Umständen blieb sie politisch aktiv. In Marseille nahm sie Kontakt mit der christlichen Widerstandsgruppe *Témoignage chrétien* auf, deren Zeitschrift sie verbreiten half. Aufgrund der antijüdischen Gesetze, die von der Pétain-Regierung schon im Oktober 1940 erlassen wurden, erhielt sie Berufsverbot. Die beschäftigungslose Zeit nutzte sie für intensive Studien und ihre Aufzeichnungen, die ein Dokument ihrer spirituellen Suche sind. Ab Juni 1941 vertraute sie sich mit ihren religiösen Fragen dem Dominikanerpater Joseph-Marie Perrin (1905–2002) an. Im Sprechzimmer des Dominikanerklosters von Marseille führte sie lange Gespräche mit dem nahezu blinden Geistlichen, um auszuloten, ob sie sich taufen lassen könnte, denn die katholische Kirche zog sie an. Auf Vermittlung Perrins beschäftigte sie der autodidaktische Bauernphilosoph und katholische Literat Gustave Thibon (1903–2001) im Herbst des Jahres als Erntehelferin auf seinem Hof bei Saint-Marcel d'Ardèche. Zwischen dem konservativ-katholischen Monarchisten Thibon und Simone Weil mit ihrer syndikalistischen Vergangenheit entstand rasch eine fruchtbare geistige Spannung. Sie las mit ihm Platon und das Vaterunser auf Griechisch. Dieses christliche Gebet wurde zu einem

Schlüssel für erneute außerordentliche mystische Erfahrungen. Sie meditierte es jeden Morgen vor der Arbeit mit „unbedingter Aufmerksamkeit", wobei sie regelmäßig entrückt wurde: „Mitunter reißen schon die ersten Worte meinen Geist aus meinem Leibe und versetzen ihn an einen Ort außerhalb des Raumes, wo es weder eine Perspektive noch einen Blickpunkt gibt. Der Raum tut sich auf. Die Unendlichkeit des gewöhnlichen Raumes unserer Wahrnehmung weicht einer Unendlichkeit zweiten oder manchmal auch dritten Grades. Gleichzeitig erfüllt diese Unendlichkeit der Unendlichkeit sich allenthalben mit Schweigen, mit einem Schweigen, das nicht die Abwesenheit des Klanges ist, sondern das der Gegenstand einer positiven Empfindung ist, sehr viel positiver als die eines Klanges. Die Geräusche, wenn deren da sind, erreichen mich erst, nachdem sie durch dieses Schweigen hindurchgegangen sind. Mitunter auch ist während dieses Sprechens oder zu anderen Augenblicken Christus in Person anwesend, jedoch mit einer unendlich viel wirklicheren, durchdringenderen, klareren und liebevolleren Gegenwart als jenes erste Mal, da er mich ergriffen hat."

Thibon war es auch, dem sie im April 1942 eine Aktentasche mit ihren Aufzeichnungen zur Aufbewahrung und gegebenenfalls Veröffentlichung übergab, kurz bevor sie mit ihren Eltern über Algerien und Marokko in die USA emigrierte. Ihr Bruder war bereits im Januar 1941 mit seiner Familie in die USA gegangen. Im Juli kamen die Weils in New York an. Simone Weil aber hielt es nicht lange im sicheren Amerika. Bereits im November wagte sie auf einem schwedischen Frachtschiff die gefährliche Überfahrt nach England, um sich dort den französischen Exilkräften anzuschließen. Am liebsten wäre sie als Untergrundkämpferin nach Frankreich gegangen, wurde aber stattdessen in der Dienststelle von Maurice Schumann (1911–1998), dem Sprecher der französischen Exilregierung, eingesetzt. Getrieben von ihrem kompromisslosen Streben, sich immer mit all ihrer Kraft einzubringen, und zwar in absoluter Rücksichtslosigkeit gegen sich selbst, rieb sie sich zunehmend auf. Am 15. April 1943 musste sie ins Krankenhaus eingeliefert werden, extrem erschöpft und ausgezehrt. Trotz einer Tuberkuloseerkrankung hatte sie nicht mehr essen wollen, als den Rationen entsprach, die ihren Landsleuten in Frankreich über Lebensmittelkarten zugeteilt wurden. Schon Gustave Thibon hatte erfahren, dass es mühsam war, „ihr ein Ei aufzureden", obwohl durch die Selbstversorgung auf dem Land genügend Lebensmittel zur Verfügung standen. Alle ärztliche Hilfe kam für den ausgezehrten Körper zu spät. Am 24. August 1943 starb sie im Sanatorium in Ashford/Kent.

Trotz mancher Berichte über eine Nottaufe in letzter Minute ist Simone Weil der Kirche wohl bis zuletzt nicht beigetreten. Zwar blieb sie immer mit dem Gedanken daran beschäftigt, denn die katholische Kirche war der wichtigste Resonanzboden für ihre Spiritualität. Vor allem das Neue Testament, die Mystiker, die Liturgie und die Messe betrachtete sie als einen *unzerstörbaren Wahrheitskern*, dem sie sich innerlich zugehörig fühlte. Aber zu sehr war sie noch ihrer individualistischen und anarchistischen Vergangenheit verhaftet, um sich einer Großinstitution anzuschließen, die in der Inquisition schuldig geworden war. In ihrem Streben nach Vollkommenheit und Reinheit glich sie jenen Strömungen in der Kirche, die nur die Sündlosen und Heiligen in ihren Reihen dulden wollten, wie etwa die Donatisten in Nordafrika, mit denen sich Augustinus auseinandersetzen musste. Sie sah nicht, dass der unzerstörbare Wahrheitskern, den sie zutiefst verehrte, nur umgeben vom unvollkommenen institutionellen Gefäß der Kirche bewahrt und durch die Zeiten getragen werden kann. So wie ihr die abgeklärte, realistische Einschätzung der Unvollkommenheit des Menschen fehlte, so sind auch manche Ausführungen in ihren nachgelassenen Schriften überzogen einseitig – so etwa ihre harsche Verwerfung der hebräischen Tradition. Manch andere sind noch keimhaft, widersprüchlich und unausgereift – so ihre romantische Verklärung der Katharer und ihr noch nicht voll entwickeltes personales Gottesverständnis. Sie fühlte selber, dass vieles, was sie in sich trug, „noch unentwickelt" war, wie sie Thibon auf dem Weg ins Exil aus Oran schieb. Pater Perrin und Gustave Thibon ist es zu verdanken, dass ihr Werk, das in seiner weit ausgreifenden Suchbewegung bedeutend ist, erhalten blieb und veröffentlicht wurde, zunächst als Sammlung von Texten aus ihren *Cahiers* zusammen mit Briefen und kurzen Abhandlungen in den beiden Büchern *Schwerkraft und Gnade* (*La Pesanteur et la Grace*) und *Das Unglück und die Gottesliebe* (*Attente de Dieu*). Inzwischen ist ihr gesamtes Werk veröffentlicht worden.

Schlüsseltext aus dem Werk von Simone Weil:

Im Oktober 1941, gegen Ende der Arbeit in der Weinlese an der Ardèche und nach intensiven Gebetserfahrungen, schieb Simon Weil ihr Gedicht *Das Tor* (*La porte*). Es ist ein eindringliches Dokument ihrer religiösen Sehnsucht. Sie bestätigt damit die Einsicht der christlichen Mystik, dass sich eine Erhebung zur göttlichen Nähe auch mit der größten Anstrengung nicht herbeimeditieren lässt. Wir können anklopfen, müssen aber warten, bis uns aufgetan wird. Zugleich ist sie sicher, dass jemand, der um Brot bittet, keine Steine erhalten wird. Die Bilder der Stille, der Leere und des Lichts sind im Sinne der negativen Theologie als Chiffren für das alles übersteigende unfassbare Sein Gottes zu lesen. Die Stille, wenn sie alle irdisch denkbare Stille überschreitet, ist Sinnbild für vollendeten, überirdischen Klang, wie Simone Weil in ihren Briefen an Pater Perrin verdeutlicht hat, und zugleich Zeichen der Gegenwart einer persönlich erfahrenen Liebe. Die unendliche Leere von allem geschöpflichen Seienden, wiederum in ihrer höchsten göttlichen Potenz gedacht, ist höchste Fülle, die in der mystischen Berührung dem Menschen zuströmt.

Das Tor also öffne, damit wir die Fruchtgärten sehen,
Und trinken aus kühlen Quellen, wo Mondlicht schimmert
am
  Grund.
Lang und feindlich dem Fremden der Weg, auf dem wir gehen.
Wir irren umher, doch nirgends ein Ort, zu keiner Stund.

Wir wolln die Blumen sehen. Hier müssen wir verdursten.
Wartend, voll Pein, stehn wir jetzt vor dem Tor.
Unter unsern harten Schlägen muss es bersten.
Wir schieben und stoßen, doch der Riegel ist zu stark davor.

Umsonst ist alles Streben und erwartungsvolle Schauen.
Hier ist das Tor, verschlossen, felsenfest und undurchdring-
lich.
Wir halten es im Blick und weinen unter Pein und Grauen;
Fest und fester steht es da; die Zeit scheint schwer und unbe-
weg-
  lich.

Vor uns das Tor, doch was nützt alles Sehnen?
Die Hoffnung lohnt doch nicht, wohl dem der sie verlor.
Kein Zutritt ist, und müde fühlen wir, wie sich die Stunden
  dehnen …
Bis langsam öffnend aus dem Tor unfassbar tiefe Stille drang
  hervor.

Doch keine Gärten zeigten sich, nicht Blumen und nicht
Früchte,
Allein ein ungeheurer Raum, wo Leere war und Licht,
Strömte mehr und mehr dem Herzen zu wie ferne Nächte
Und wischte allen Staub aus blinden Augen und Gesicht.

(Nach Simone Weil: Oeuvres complètes. Cahiers VI (sep-
tembre 1941-février 1942). Paris, 1997, 148f. In der deutschen Nachdichtung des Verfassers).

Thomas Merton (1915–1968)

Thomas Merton hat als Autor geistlicher Tagebücher und Verfasser zahlreicher Bücher über Kontemplation und Mystik enorme Breitenwirkung erzielt. Sein Bestseller „Der Berg der sieben Stufen" wird bis heute immer wieder neu aufgelegt. Merton schildert darin seinen Weg, der ihn aus völliger Glaubensferne zur Konversion und schließlich zum Eintritt in ein Trappistenkloster führte. Generationen haben sich von ihm für eine kontemplative Spiritualität begeistern lassen. Seine letzten Lebensjahre verbrachte er als Eremit in einer Einsiedelei auf dem Klostergelände. Bleibend gültig sind die Zeugnisse geistlicher Suche in seinen autobiografischen Büchern und spirituellen Tagebüchern. Seine mystische Theologie orientiert sich an Klassikern wie Teresa von Ávila und Johannes vom Kreuz, ist aber in ihren Vereinfachungen teilweise irreführend. Mertons letztes großes Ziel war ein Brückenschlag vom Christentum zu den asiatischen Heilslehren, wobei er sich auf ein gemeinsames Grundverständnis von Kontemplation stützen wollte. Eine Asienreise, auf der er mit dem Dalai Lama und anderen bedeutenden spirituellen Lehrern des Zen-Buddhismus und Taoismus zusammentraf, sollte ihn dem näher bringen. Ein tragischer Unfall während dieser Reise setzte jedoch seinem Leben ein vorzeitiges Ende.

Als Merton am 31. Januar 1915 im kleinen südfranzösischen Ort Prades geboren wurde, herrschte seit einem halben Jahr Krieg in Europa. Prades lag zwar weit entfernt vom Kampfgeschehen, aber die Mertons entschieden sich doch dafür, Europa zu verlassen. Mertons Vater, ein neuseeländischer Maler, war in Frankreich auf Motivsuche gewesen – kein dringender Grund also für den Verbleib in einem Land, das sich im Krieg befand. Die Familie ging nach New York, der Heimatstadt von Mertons Mutter. Dies sollte nur der erste frühe Auftakt für Mertons zunächst unstetes Leben sein. Nachdem er bereits mit sechs Jahren seine Mutter verloren hatte, lebte er abwechselnd bei den Großeltern in Douglaston/New York, in Internaten in England und Frankreich oder reiste mit seinem Vater durch die Welt. Als kurz vor seinem sechzehnten Geburtstag auch sein Vater starb, war er auf sich alleine gestellt. Sieben ziemlich wirre Jahre der Orientierungslosigkeit folgten, zeitweise haltlos dem Alkohol hingegeben. Seine schnell wechselnden, flüchtigen Beziehungen konnten ihn nicht stabilisieren. Seit Oktober 1933 war er an der Cambridge University eingeschrieben, hielt sich aber lieber in Bars auf als im Hörsaal. Sein Vormund, ein Schulfreund seines Vaters, zog schließlich die Notbremse und veranlasste den Wechsel Mertons an die Columbia University in Manhattan, sodass er unter der Obhut seiner Großeltern im nahen Douglaston leben konnte.

Nur wenig Zeit hatte er mit seinem Vater verbringen können, aber dessen Einfluss war nachhaltig genug gewesen, um seinem Sohn in besonderer Weise den Zugang zu Kunst und Literatur zu erschließen. Schon als Schüler hatte Merton sich selbst als Romanautor versucht, und während des Studiums hegte er dann ernsthafte literarische Ambitionen. Im intensiven Erleben von Kunst und Literatur ging er auch erste Schritte auf seiner spirituellen Suche, die ihn langsam aus der völligen Glaubensferne herausführte. William Blakes (1757–1827) Gedichte vermittelten ihm eine Ahnung des Religiösen; eine Reise nach Rom im Frühjahr 1933 vor dem Studienbeginn wurde zur Initialzündung auf seinem Weg zum Glauben. Aus den großen Werken der christlichen Kunst in den alten Kirchen Roms las er etwas heraus, das er zwar noch nicht richtig verstand, das ihn aber zutiefst berührte. Er kaufte sich eine lateinische Bibel, um den geistigen Gehalt besser zu verstehen, der ihm in diesen Kunstwerken objektiviert entgegentrat. In den Kirchen, die er nun häufig besuchte, fand er einen ihm unbekannten *innere Frieden*. Eines Abends erlebte er zusammen mit dem intensiven Gefühl, sein Vater sei anwesend, eine außerordentliche persönliche Erschütterung: „Das Ganze verlief wie ein

Blitz; aber in diesem Blitz packte mich augenblicklich eine plötzliche, tiefe Einsicht ins Elend und die Verderbnis meiner Seele … Nun begann ich zum ersten Mal in meinem Leben wirklich zu beten, nicht mit den Lippen, dem Verstand und der Fantasie, sondern aus den Wurzeln meines Lebens und Seins heraus – und zu Gott, den ich nie gekannt hatte: Er möge aus Seiner Verborgenheit zu mir herabblicken und mir helfen, mich von den tausend furchtbaren Sachen, die meinen Willen geknechtet hielten, zu befreien." Diesem ersten Impuls zur Umkehr konnte er noch nicht folgen, doch die religiösen Einflüsse verdichteten und verstärkten sich. Ein Buch des katholischen Philosophen Étienne Gilson (1884–1978) brachte ihm die Tiefe des christlich-personalen Gottesbegriffs nahe, rational nachvollziehbar verstanden als Aseität, also als eine alles übersteigende Wirklichkeit, die ihr Sein aus sich selbst hat. Die Lektüre der *Nachfolge Christi* von Thomas von Kempen, eine Vorlesung über Thomas von Aquin und die durch seinen Philosophieprofessor vermittelte persönliche Begegnung mit Jacques Maritain (1882–1973), dem damals einflussreichsten katholischen Philosophen, bestärkten ihn in der eingeschlagenen Richtung. Im August 1938 besuchte er in der Corpus-Christi-Kirche in New York zum ersten Mal eine Messe, und nach fünfjähriger tastender Annäherung seit der ersten religiösen Erfahrung in Rom wurde er im November 1938 mit Taufe und Kommunion in die Kirche aufgenommen.

Seine Berufung führte ihn noch weiter. Vor allem das in ganzer Tiefe erfahrene Mysterium der Eucharistie zog ihn zum Priesterberuf und zum Eintritt in einen Orden. Ein erster Anlauf bei den Franziskanern scheiterte noch an seiner Unentschiedenheit. Nur als Übergangslösung betrachtete Merton, der im Februar sein Studium mit einem M.A. in Englisch abgeschlossen hatte, eine Tätigkeit als Englischlehrer an der St. Bonaventure University der Franziskaner in Olean/New York, wo er im September 1940 eine Anstellung gefunden hatte. Entscheidend für die endgültige Neuausrichtung seines Lebens wurde dann die Begegnung mit der Spiritualität der Trappisten. Die Karwoche 1941 verbrachte er mit Exerzitien in deren Abtei Gethsemani/Kentucky. Die Zurückgezogenheit und Strenge dieses Schweigeordens entsprach seinen Vorstellungen von einem kontemplativen Leben, nach dem er sich sehnte. Bereits im Advent desselben Jahres bat er in Gethsemani um Aufnahme. 1947 legte er seine ewigen Gelübde ab, mit denen er sich auf Lebenszeit an den Orden band. 1949 wurde er zum Priester geweiht, und ab 1955 war er selbst mit der Ausbildung junger Mönche beauftragt.

Was als völliger Rückzug von der Welt gedacht war, verkehrte sich jedoch ins Gegenteil, nachdem er als geistlicher Autor weltweit bekannt geworden war. Überbordende Post begeisterter Leser und zahlreiche Besucher störten zunehmend die Stille und geistliche Konzentration, die er im Kloster gesucht hatte. Er selbst wollte die literarische Betätigung, die schon seit der Schulzeit seine große Passion war, nach dem Klostereintritt zunächst aufgeben, da er sie für unvereinbar hielt mit seiner neuen Berufung. Der Abt aber erkannte den Nutzen der schriftstellerischen Begabung des jungen Mitbruders für die Außenwirkung des Klosters. Unter anderem wurde Merton damit beauftragt, eine Ordensgeschichte und verschiedene Heiligenviten zu verfassen. Aber auch seine private Schriftstellerei wurde von den weitsichtigen Ordensoberen toleriert, ja gefördert. So ließ man ihn auch weiter dichten. Einen ersten Band mit seinen Gedichten konnte er 1944 unter dem schlichten Titel *Dreißig Gedichte* (*Thirty Poems*) veröffentlichen. Ein zweiter Band mit dem Titel *Ein Mann im gespaltenen Meer* (*A Man in the Divided Sea*) folgte 1946. Sie zeigen ihn getragen vom Rhythmus des klösterlichen Gebetslebens und zuinnerst berührt von dessen Mystik, so etwa im Gedicht *Nach dem nächtlichen Offizium* (*After the Night Office*) über das Nachschwingen des soeben beendeten nächtlichem Chorgebetes, der Matutin, in der Klosterkirche (in deutscher Übersetzung erschienen in der Gedichtauswahl *Grazians Haus*):

Macht unsern Geist zu seinem Tempel-Zelt:
Schlage des Glaubens heimlich Auge auf
Und trinke diese Tiefen unschaubaren Lichts.

Unsrer Welt
Schwache Wand fällt,
Der Himmel, in Fluten, strömt herein:
Versink aus deinen seichten Wassern, Seele, in die Ewigkeit
Und stille dein Verlangen am Urquell dieses Sees.
Wir rühren Strahlen an, die wir nicht sehen,
Fühlen das Licht, das zu singen scheint.

1946 erschien auch sein autobiografisches Buch *Der Berg der sieben Stufen* (*The Seven Storey Mountain*), in dem er auf seinen verwickelten Weg der Glaubenssuche zurückblickt. Es wurde ein außerordentlicher Erfolg, der ihn weltweit bekannt machte. Merton hat danach zahlreiche weitere Bücher verfasst – insgesamt mehr als siebzig –, am überzeugendsten ist er aber immer da, wo er sich aus unmittelbarem Erleben in Gedichtform ausdrückt und wo er so persönlich wie in seinem ersten großen Bucherfolg über die eigenen spirituellen Erfahrungen berichtet, insbesondere in seinen geistlichen Tagebüchern *Weltliches Tagebuch* (*The Secular Journal*), das die Zeit zwischen Konversion und Klostereintritt umfasst, und *Das Zeichen des Jonas* (*The Sign of Jonas*) über seine ersten Klosterjahre. Vor allem wenn er sich der Poesie bedient, erweist er sich als mystischer Mensch. Sein Gedicht *Nächtlich blühender Kaktus* (*Night-Flowering Cactus*) spricht verschlüsselt vom Verschwiegenen und Flüchtigen der mystischen Erfahrung im Bild der in nächtlicher Heimlichkeit sich nur kurz zeigenden Blüte des Kaktus. Das Außerordentliche dieser zarten Erscheinung berührt wie das Unsagbare und innerlich Verwandelnde der mystischen Erhebung. Die letzten beiden Strophen des Gedichts aus dem Band *Zeichen einer Zeit der Wut* (*Emblems of a Season of Fury*) von 1963 lauten (in deutscher Übersetzung erschienen in der Gedichtauswahl *Grazians Haus*):

Wer meine Reinheit sieht,
Wagt nicht, davon zu sprechen.
Öffne ich unwiderruflich meine makellose Glocke,
Befragt keinen mein Schweigen:
Der allwissende Vogel der Nacht fliegt auf aus meinem Mund.

Sahst du ihn? Und wenn meine Wonne auch bald vergangen
ist,
Lebst du auf immer in ihrem Echo;
Nie wirst du mehr der gleiche sein.

Mertons Bücher zu Kontemplation und Meditation sind dagegen eher konventionell. Er bereitet darin das klassische Wissen der mystischen Theologie für ein Breitenpublikum auf, wobei ihm durch Verkürzungen und Vereinfachungen manche Fehler unterlaufen. In *Keiner ist eine Insel* (*No Man is an Island*) von 1955 etwa spricht er davon, dass es das Ziel der Kontemplation sei, sich „aufzulösen und bei Christus zu sein" – ein Widerspruch in sich und unvereinbar mit dem Grundverständnis der christlichen Mystik, nach dem die mystische Erhebung höchste Nähe und liebende Einheit bedeutet, aber nicht Verlöschen der individuellen Person. In *Meditationen eines Einsiedlers* (*Spiritual Direction and Meditation*) von 1960 heißt es: „... dass die Meditation der Weg zur vollkommenen Seligkeit ist; denn sie schenkt das Wissen um den lebendigen Gott. Durch sie wird uns die Erfahrung zuteil, wer Gott in Wahrheit ist". Die vollkommene Seligkeit erfahren wir jedoch erst, so lehrt es die christliche Theologie, wenn wir verklärt im Auferstehungsleib Gott schauen dürfen. Wer Gott in Wahrheit ist, also sein Wesen, können wir in diesem Leben nie erfassen, denn „jetzt schauen wir in einen Spiegel und sehen nur rätselhafte Umrisse" (1 Kor 13,12), also eine für unsere begrenzte leib-geistige Natur fassbare Hindeutung.

Mit seiner großen Reputation als geistlicher Schriftsteller unterstützte Merton in den Sechzigerjahren die

Proteste der Friedensbewegung gegen den Vietnamkrieg und setzte sich für die Emanzipation der Schwarzen in den USA ein. Trotz der Breitenwirkung, die er mit seinen Publikationen erreichte, und den damit verbundenen Möglichkeiten zur gesellschaftspolitischen Einflussnahme blieb er vor allem ein Kontemplativer, dem die öffentliche Aufmerksamkeit zunehmend zur Last wurde. In der Anfangszeit seines Klosterlebens hatte er sogar mit dem Gedanken gespielt, zu den streng eremitisch lebenden Kartäusern zu wechseln. 1965, in seinem fünfzigsten Lebensjahr, erfüllte sich sein lange gehegter Wunsch nach größerer Zurückgezogenheit und Stille. Er durfte sich in eine Einsiedelei auf dem weitläufigen Klostergelände zurückziehen, abseits des großen Konvents mit seinen vielfältigen Gemeinschaftsaktivitäten und zahlreichen Besuchern, die ihn sprechen wollten.

Schon früh hatte Merton sich für asiatische Heilslehren interessiert. Ende der Sechzigerjahre begann er, verstärkt nach Gemeinsamkeiten zwischen der christlichen Mystik und den östlichen spirituellen Wegen zu suchen. Er meinte, in einem sehr verallgemeinerten Verständnis der Kontemplation als intuitiver Erfahrung der in reinster Bewusstheit erfassten Wirklichkeit diesen gemeinsamen Nenner gefunden zu haben. Schon in *Meditationen eines Einsiedlers* (*Thoughts in Solitude*) von 1958 hatte er geschrieben: „In der Einsamkeit werden wir mit dem nackten Sein der Dinge konfrontiert." Richtig gesehen ist hier, dass ein ursprüngliches, intuitives Erfassen einer alles durchwirkenden, letzten Wirklichkeit in jeder Religion als Grunderfahrung gegeben ist. Der einfache Blick auf die Wahrheit (*simplex intuitus veritatis*) nach Thomas von Aquin, auf den Merton sich bezieht, verweist aber auf höchste Fülle in Gott. Bei Merton dagegen trat die Leere im Verlöschen der Individualität als Ziel des kontemplativen Weges, wie es die asiatischen Wege lehren, nun mehr und mehr in den Vordergrund seiner kontemplativen Übungen. In der Begeisterung für den interreligiösen Dialog übersah er, dass nach dem Verständnis der christlichen Mystik ein Auslöschen des Sinnlichen im geistigen Dunkel nur Durchgangsstadium sein kann. Es macht den Tempel der Seele (1 Kor 3,16) leer, damit Gott zur inneren Berührung einziehen kann, und zwar der personale Gott, von dem wir als individuelles Du angerufen sind. Einträge in sein Tagebuch, das er während der Asienreise führte, zu der er Ende 1968 aufbrach, lassen vermuten, dass er dabei war, diesen christlichen Boden zu verlassen (auf Deutsch erschienen unter dem Titel *Wie der Mond stirbt*). Unter dem 31. 10. 1968 etwa hat er notiert: „Das Selbst ist bloß ein Ort, in dem der Tanz des Universums sich vollständig von Anfang bis Ende – und zurückkehrend zur Leere sieht." Dies ist das Bild einer pantheistisch verstandenen Welt, die sinnlos in sich selbst kreist, von Leere zu Leere. Ein Bild, das keine Ähnlichkeit mehr hat mit christlich-theistischen Auffassungen.

Ende 1968 trat Merton mit Genehmigung des Abtes und mit hohen Erwartungen seine Asienreise an, um die Versenkungstechniken des Zen zu erlernen und im direkten Austausch mit den Lehrern des östlichen Weges sein Wissen über den Zen-Buddhismus und den Taoismus zu vertiefen. Unter anderem traf er den Dalai Lama zum Gespräch. Während dieser Reise starb er am 10. Dezember 1968 an einem elektrischen Schlag. In Bangkok, wo er an einem Treffen der Äbte katholischer Mönchsorden teilnahm, war er im Bad seines Hotelzimmers mit einem defekten, unter Strom stehenden Ventilator in Berührung gekommen. Wir wissen nicht, wohin ihn seine spirituelle Suche noch geführt hätte. Möglicherweise wäre er in Asien geblieben, um seinen interreligiösen Weg fortzusetzen, wie es vor ihm schon die katholischen Mönche und Priester Henri Le Saux (1910–1973), Jules Monchanin (1895–1957) und Bede Griffiths (1906–1993) getan hatten. Im 1949 gegründeten christlichen Ashram Shantivanam in Südindien praktizierten sie den Brückenschlag zum Hinduismus, indem sie sich wie hinduistische Mönche kleideten, deren Meditationsformen einübten und vedische Gesänge in ihre Liturgie integrierten. Merton hatte geplant, während seiner Reise Le Saux aufzusuchen. Möglicherweise hätte er aber auch eine Richtung eingeschlagen, wie wir sie heute in esoterischen Strömungen sehen, die theistische Religionen als „Auslaufmodell" ansehen und ein an naturwissenschaftlichen Bildern orientiertes pantheistisches Weltbild vertreten. Asiatische Heilslehren und eine einseitig an Meister Eckhart orientierte Mystik werden zu einer eingängigen Lehre der Selbsterlösung zurechtgemacht. Der Mensch ist danach nur flüchtiges Moment in einer Allwirklichkeit, nicht bedeutungsvoller als die Welle im Meer. Mit dem Hinweis, dass dies alles *transrational* sei, wird es der Kritik entzogen – ein Merkmal sektiererischer Immunisierung gegen Zweifel. Christliche Mystik dagegen hat sich stets selbst der härtesten rationalen Überprüfung durch Philosophie und Theologie unterzogen. Der moderne Relativismus verwechselt Respekt und toleranten Dialog mit Beliebigkeit. Er will alles gleichberechtigt nebeneinander bestehen lassen, weil er die Wahrheitsfrage nicht mehr stellt. Damit wird aber auch alles gleich bedeutungslos und gleichermaßen entwertet.

Schlüsseltext aus dem Werk von Thomas Merton:

Mertons Aufzeichnungen aus der Zeit zwischen Konversion und Klostereintritt zeigen ihn bereits hoch empfänglich für alles Religiöse. Während einer Kubareise im April 1940 war er fasziniert vom reichen kirchlichen Leben des damals ausgeprägt katholischen Landes. In Camagüey geriet er in der Franziskanerkirche zufällig in eine Schulmesse und erlebte dabei eine innere Schau, die mit ihrer blitzhaften Überbewusstheit bei gleichzeitiger Wahrnehmung mit den äußeren, leiblichen Sinnen alle Merkmale einer mystischen Erfahrung hat. Das nachstehende Zitat zu diesem Erlebnis setzt nach der Wandlungsliturgie ein:

Noch ehe sich ein Kopf wieder aufgerichtet hatte, durchschnitt die Stille der helle Ruf des Bruders in der braunen Kutte mit den Worten: „Yo Creo… ich glaube", was ihm augenblicklich all die Kinder nachsprachen, mit so lauten, kräftigen und hellen Stimmen, mit solcher Einmütigkeit, Überzeugung und Wärme, dass sich etwas in mir wie ein Donnerschlag entlud; und ohne etwas zu sehen oder durch einen meiner übrigen Sinne irgendetwas Außerordentliches wahrzunehmen (meine Augen waren nur für das offen, was vor ihnen lag, für die Kirche), wusste ich mit unbedingter und fragloser Gewissheit: Vor mir, zwischen mir und dem Altar, irgendwo in der Mitte der Kirche, droben in der Luft (oder sonst irgendwo, weil nirgendwo), aber unmittelbar vor meinen Augen, oder doch irgendwelchen meiner den Sinnen überlegenen Wahrnehmungskräften unmittelbar gegenwärtig, war gleichzeitig Gott in Seiner ganzen Wesenfülle, all Seiner Macht, all Seiner Herrlichkeit, und Gott an sich und Gott umgeben von den strahlenden Gesichtern der unzählbaren Tausende und aber Tausende von Heiligen, die Seine Herrlichkeit schauen und Seinen heiligen Namen preisen. Und so traf mich die unerschütterliche Gewissheit, die klare und unmittelbare Erkenntnis, dass der Himmel vor mir dalag, wie ein Donnerkeil und durchfuhr mich wie ein Blitzstrahl und schien mich von der Erde glatt emporzureißen. (Thomas Merton: Weltliches Tagebuch. Einsiedeln, 1960, 62f. Originaltitel: The Secular Journal)

Nachwort: Mystik heute

So unterschiedlich und zeitgebunden die Bilder und Vergleiche auch sein mögen, die von den Mystikern herangezogen werden, um ihr kaum mitteilbares Grenzerleben zu umschreiben: Es sind Verweise auf etwas Zeitloses, auf die unmittelbare Erfahrung göttlicher Nähe. Unter der zeitbedingten Oberfläche zeigt sich bei allen Mystikern ein ähnlicher Erfahrungskern. Die mittelalterliche Mystikerin Mechthild von Magdeburg etwa berichtet vom *Überfluss göttlicher Liebe*, den sie erfahren hat. Mehr als sechs Jahrhunderte später spricht Simone Weil von der *Gegenwart einer Liebe*, in der Christus ihr gegenwärtig wurde. In der sogenannten Amplexus-Vision des Bernhard von Clairvaux neigte sich Christus zur Umarmung ihm entgegen vom Kreuz herab. Der Schriftsteller Alfred Döblin berichtet acht Jahrhunderte später, wie er in einem Augenblick tiefer Versenkung das Kruzifix *als eine strahlende Wärme* fühlte. Die beiden neuzeitlichen Mystiker waren dabei völlig frei von einer möglichen Vorprägung durch entsprechende Texte. Andere Mystiker haben sich zwar des Formel- und Bilderkanons bedient, der ihnen von den großen Schriften der christlichen Tradition bereitgestellt wurde, wohl aber vor allem deshalb, weil sie darin ihr eigenes Erleben wiedererkannten.

Auch die Deutung der mystischen Erfahrung und die Lehren der mystischen Theologie stimmen beim Hauptstrom der christlichen Mystik weitgehend überein. Je nach dem herrschenden Zeitgeist gibt es allerdings immer auch Irrwege. Die mittelalterliche Mystik war geprägt von übertriebener Askese, Weltverneinung und der Sucht nach Wunderzeichen. Der moderne Mensch will alles nach dem Vorbild technischer Machbarkeit verfügbar haben. Alles muss möglichst zum schnellen und unkomplizierten Konsum zur Verfügung stehen, selbst das Glück. Was einmal Religion war, verkommt wie beim

Humbug aus dem Esoterikladen vielfach zu einem Versuch der Selbstbeglückung. Schon die Romantiker neigten dazu, das eigene Ich schwärmerisch zur Göttlichkeit zu erheben. Heute ist das sterile Kreisen um sich selbst in einem Kult der „Selbstverwirklichung" weit verbreitet. Es führt in die Irre, denn wir werden auf diesem Weg nie etwas anderes finden können als eben unser eigenes begrenztes Selbst.

Die christliche Mystik lehrt dagegen, in Übereinstimmung mit der zentralen Botschaft des Christentums, dass wir uns selbst erst dann wahrhaft finden, wenn wir uns verlieren, wenn wir uns verlieren an die Aufgaben, vor die wir gestellt sind und die Anderen, für die wir Verantwortung tragen. Dann erst erfahren wir Glück, das sich eben nicht machen lässt, als ein Geschenk, als beglückendes Gefühl der Sinnhaftigkeit unserer Mühen. Entsprechend gilt dies für die religiöse Erfahrung. Wir können sie auch durch noch so ausgefeilte Meditationstechniken nicht hervorrufen. Sie kann uns nur geschenkt werden, und sie wird es vor allem dann, wenn wir uns einfach geduldig dafür bereit machen. Unter anderem Johannes vom Kreuz warnte davor, an andächtigen religiösen Meditationszuständen um ihrer selbst willen haften zu bleiben, weil man damit nur sich selbst meint, nicht aber Gott.

Die individualistischen Wege der modernen selbstgemachten Spiritualität können aus dieser Eigenfixierung nicht herausführen, denn die Frage nach Wahrheit und Wert einer spirituellen Praxis wird dabei gar nicht mehr gestellt. Abstruseste spiritistische Rückführungsriten in ein früheres Leben stehen mitunter gleichberechtigt neben widersprüchlichen Versatzstücken aus versunkenen Kulten und verkürzten Lehren der Weltreligionen. Man baut sich seine eigene „Religion" nach Vorlieben und dem, was gerade „angesagt" ist, selbst zusammen, etwa die Hochzeit mit Hawaiianischen Tänzen am Strand und die wöchentliche Joga-Sitzung als eine Art Ersatzgottesdienst. Alles bleibt dabei willkürlich, schlimmstenfalls gerät man in das Abseits von Sekten oder in die Fänge betrügerischer Esoterikkreise.

Beim christlichen Weg wird die Frage nach der Wahrheit nicht ausgeklammert – weder die Frage nach der Wahrheit der Glaubensaussagen, die Theologie und Philosophie stellen, noch die nach der Wahrheit eigener religiöser Erfahrungen. Übereinstimmend lehren die großen christlichen Mystiker, dass sich die Echtheit einer religiösen Erfahrung, und mehr noch die einer mystischen Berührung, an der vollständigen inneren Umwandlung des Menschen zum Guten hin erweisen muss. Ein spiritueller Weg bedarf auch der Formung durch Gemeinschaft und der Leitung auf sicher gebahnten Wegen, soll er nicht zum Holzweg subjektivistischen Selbstbetruges werden. Kirchliche Liturgie und Sakramente, das altüberlieferte gemeinsame Gebet, die Schriften der biblischen Offenbarung und der christlichen Mystiker sind eine breite Straße zur vertieften und echten Religiosität, oder wie es Karl Rahner in seinen *Schriften zur Theologie* (Bd. VII) zuspitzt: „Es gibt keinen Geist ohne Leib, es gibt kein ernsthaftes religiöses Leben, ohne dass der Mensch sich selbst eine Norm und Regel, Übung und Pflicht setzt." Rahner betont dabei allerdings auch, dass die religiöse Tradition von innen her neu erfahrungshaft verlebendigt werden muss, weil die heutigen Generationen nicht mehr selbstverständlich in sie hineinwachsen. Auch die Schriften der christlichen Mystiker können dazu anleiten. Kirche aber ist heute vielen nicht schick, nicht cool genug. Der Schatz der christlichen Spiritualität bleibt weithin unentdeckt und ungehoben, weil man um Kirche als Institution lieber einen Bogen macht. Der einseitige Blick auf die menschlichen Unzulänglichkeiten, die sich in jeder Institution finden, übersieht das, was uns Kirche an Zeitlosem übermitteln kann.

„Wer durstig ist, der komme. Wer will, empfange umsonst das Wasser des Lebens" (Offb 22,17)